데일 카네기
자기관리론

카네기 자기관리론

초판 1쇄 발행 2020년 5월 29일
초판 16쇄 발행 2024년 9월 9일

지은이 데일 카네기
옮긴이 하소연
펴낸이 남기성

펴낸곳 주식회사 자화상
인쇄,제작 데이타링크
출판사등록 신고번호 제 2016-000312호
주소 경기도 고양시 덕양구 꽃마을로 34, 1006호,1007호(향동동, DMC스타팰리스)
대표전화 (070) 7555-9653
이메일 sung0278@naver.com

ISBN 979-11-90298-77-3 00320

데일 카네기
자기관리론

How to Stop Worrying and Start Living

데일 카네기 지음

하소연 옮김

자화
상

이 책을 쓰게 된 이유는?

35년 전 나는 뉴욕에 사는 가장 불운한 젊은이들 중 한 사람이었다. 당시 나는 생계를 위해 트럭을 판매했다. 하지만 나는 트럭이 어떻게 움직이는지 알지도 못했을 뿐만 아니라 알고 싶지도 않았다. 나는 내 일이 싫었다. 그리고 싸구려 가게에 바퀴벌레가 우글거리는 웨스트 56번가에 있는 집에 산다는 사실 또한 너무 경멸스러웠다. 아직도 벽에는 수많은 넥타이가 걸려 있던 것을 기억한다. 아침이 되어 새 넥타이를 매려고 손을 뻗으면 바퀴벌레들이 사방으로 도망쳤다. 그런 내 방처럼 바퀴벌레가 우글거리는 더러운 싸구려 식당에서 밥을 먹어야 하는 것 또한 정말 지긋지긋했다.

나는 매일 밤 편두통을 느끼며 내 방으로 돌아왔다. 실망, 걱정, 비통, 반발로 인해 생기고 자라난 두통이었다. 이런 원인은 전에 내가 대학에 다닐 때 품었던 꿈이 악몽으로 변했기 때문이다. 이게 사는 건가? 이게 과연 내가 그렇게 기대하던 역동적인 모험인가? 과연 이런 인생이 내게 주는 의미가 무엇인가? 내가 경멸하는 일을 하고, 바퀴벌레와 함께 생활하며, 싸구려 음식을 먹고, 미래의 희망은 보이지 않고…… 나는 독서도 하면서 대학 시절에 꿈꾸던 책도 쓸 수 있는 시간을 가질 수 있기를 간절히 바랐다.

나는 내가 경멸하는 이 직업을 그만두더라도 좋아지면 좋아졌지 나빠질 것은 하나도 없다는 것을 잘 알고 있었다. 돈을 많이 벌려는 욕심은 없었지만 활기 넘치는 삶을 누리고 싶은 생각은 간절했다. 간단히 말해 나는 루비콘 강, 즉 이제 막 인생을 시작하려는 젊은이라면 누구나 직면하는 결단의 순간에 도달했다. 그리하여 나는 결심을 했고, 그것은 내 미래를 완전히 바꾸어놓았다. 그렇게 함으로써 나는 지난 35년 동안 내가 꿈꿀 수 있는 그 어떤 지상 낙원에 있는 것보다도 더 행복하고 보람차게 지낼 수 있었다.

내가 내린 결심은 다음과 같았다.

"나는 내가 싫어하는 일을 그만두겠다. 그리고 내가 미주리 주 위렌스버그에 있는 주립 교육대학에서 4년간 교육학을 공부했으니 야간 과정에서 성인들을 가르쳐 돈을 벌겠다. 그런 다음 가끔씩 쉬면서 책도 읽고 강의도 준비하고, 중편이나 단편 소설을 쓰겠다. 나는 '글을 쓰는 것과 생계를 꾸리는 것이 일체가 되는 삶'을 원한다."

야간에 성인들에게 어떤 과목을 가르쳐야 할까? 과거를 돌아보며 내가 대학에서 받은 교육을 평가해보고 나서, 나는 대중 연설에 관한 교육학 경험이 내가 대학에서 배운 다른 모든 것을 합친 것보다 사회생활이나 개인생활에서 현실적으로 훨씬 더 가치가 있다는 것을 깨달았다. 이런 결심을 한 이유가 무엇이냐고? 그로 인해 내 소극성과 자신감 부족이 사라지고 사람을 다룰 수 있는 용기와 확신이 생겼기 때문이다. 또한 그런 경험을 통해 나는 리더십이란 대개 용감하게 나서서 자신의 생각을 말할 수 있는 사람에게 부여된다는 사실을 분명하게 깨달았다.

나는 컬럼비아 대학과 뉴욕 대학의 야간 공개강좌에서 대중 연설 강좌로 일하고 싶다는 지원서를 냈으나, 이 두 대학은 내 도움 없이도 해나갈 수 있다는 결정을 내렸다.

당시에 나는 적잖이 실망했다. 하지만 지금 생각해보면 그 대학에서 나를 거절한 것이 얼마나 다행인지 모른다. 그로 인해 나는 YMCA 야간학교에서 강의를 시작하게 되었는데, 여기에서는 구체적인 결과를 단기간에 내놓는 게 필요했기 때문이다. 얼마나 커다란 도전이었겠는가! 성인들이 내게 온 이유는 대학 학점이나 사회적인 위신이 필요했기 때문이 아니었다. 그들이 온 이유는 단 하나, 자신들의 문제를 해결하는 것이었다. 그들은 사업상의 모임에서 겁에 질리지 않고 두 다리로 굳건히 서서 몇 마디 말을 할 수 있게 되기를 바랐다. 세일즈맨들은 한참이나 서성거리며 용기를 불러일으키지 않고도 까다로운 고객의 사무실 문을 열고 들어갈 수 있게 되기를 원했다. 그들은 침착성과 자신감을 얻고 싶어 했다. 사업적으로 성공하고 싶어 했다. 가족을 위해 돈을 더 많이 벌기를 원했다. 그리고 그들은 참가비를 분할해서 지불하고 있어서 만일 결과를 얻지 못하면 더 이상 돈을 지불하지 않아도 되었다. 게다가 나는 월급을 받는 것이 아니라 YMCA로부터 수입금의 일정액을 받기로 했으므로, 만일 내가 입에 풀칠이라도 하고 싶다면 나는 현실적이어야 했다.

그 당시 나는 불리한 상황에서 강의를 하고 있다고 느꼈다. 하지만 지금에 와서는 내가 돈을 주고도 살 수 없는 훈련을 받고 있었다고 깨닫는다. 나는 내 학생들에게 동기를 부여해야 했다. 나는 그들이 자신의 문제를 해결하도록 도와주어야 했다. 나는 수업 시간마다 그들로 하여금 무언가를 깨닫게 함으로써 그들이 계속 오고 싶어 하도록 만들어야만 했다.

그것은 정말 짜릿한 일이었다. 나는 그 일을 사랑했다. 거기에 온 비즈니스맨들이 너무도 빠르게 자신감을 갖게 되고, 또한 많은 사람들이 고속 승진을 하고 보수가 오르는 것을 보고 나는 깜짝 놀랐다. 강좌는 내가 기대했던 것을 훨씬 뛰어넘는 성공을 거듭했다. 세 번째 시즌이 지날 무렵이 되자 '급여 방식으로 하루 저녁에 5달러만 달라'는 제안도 거절했던 YMCA가 이익 배분 방식으로 내게 하루에 30달러라는 보수를 지급했다. 처음에 나는 대중 연설에 관한 강좌만 진행했다. 하지만 시간이 흐를수록 성인도 친구를 만들고 사람들을 설득하는 능력 또한 필요하다는 사실을 깨닫게 되었다. 인간관계에 대한 적당한 교재를 찾아보았지만 하나도 찾을 수 없었기에 내가 직접 책 한 권을 써냈다. 내가 썼다고 하지만 사실 그건 일반적인 방식으로 쓰인 게 아니었다. 그것은 강좌를 듣는 성인들의 경험 속에서 성장하고 진화했다. 나는 그 책에 『인간관계론(How to Win Friends and Influence People)』이라는 제목을 붙였다.

그 책은 순전히 내 강좌에 참여하는 성인들을 위한 교재로 사용되었고, 그 전에 내가 쓴 네 권의 책이 별로 알려지지 않았기에 나는 그 책이 이렇게 많이 팔릴 줄은 꿈에도 생각지 않았다. 나는 눈 깜짝할 새에 많은 것이 달라진, 몇 안 되는 작가들 중의 한 사람일 것이다.

시간이 흐르면서 나는 성인들에게 또 하나의 커다란

문제가 있다는 것을 깨달았다. 그것은 바로 '걱정'이었다. 내 강의를 들은 수강생들 대다수는 사업을 하는 사람들로서 경영인, 세일즈맨, 엔지니어, 공인회계사 등 모든 업종, 모든 직업의 사람들이 망라되어 있었는데, 그 사람들 대부분이 고민거리를 갖고 있었다. 수강하는 사람들 중에는 직장 여성이나 주부 등 여성들도 있었지만, 이들 역시 고민거리를 가지고 있었다. 나로서는 너무나 당연히 걱정을 어떻게 극복할 것인가에 관한 교재가 필요했다. 그래서 나는 다시 한 번 교재를 찾아보기로 했다.

나는 5번가와 41번가가 만나는 곳에 있는 뉴욕 최대의 공공 도서관에 갔다. 하지만 놀랍게도 제목에 '걱정(worry)'이라는 단어가 들어 있는 책은 단 스물두 권뿐이었다. 또 하나 놀라운 사실은 제목에 '벌레(worms)'라는 단어가 들어 있는 책은 189권이나 된다는 사실이었다. 걱정에 대한 책보다 벌레에 대한 책이 거의 아홉 배나 많다니! 놀라운 일이 아닌가?

걱정은 인류가 직면한 가장 골치 아픈 문제 가운데 하나이기 때문에, 여러분은 당연히 미국의 모든 고등학교와 대학교에서 '걱정을 없애는 방법'에 관한 교육 과정을 진행하고 있으리라고 생각할 것이다. 그렇지 않은가? 하지만 나는 미국에 그런 강좌가 있다는 말을 여태까지 한 번도 들어본 적이 없다.

데이비드 시베리가 자신의 책 『성공적으로 걱정하는 법』에서 "성인이 되었을 때 우리가 경험의 압력을 견디기 위한 준비를 하고 있는 정도는, 책벌레에게 발레를 시켰을 때 준비가 되어 있는 정도와 비슷하다."고 했는데 정말 그렇게 말할 만도 하다.

그 결과 어떤 일이 초래됐는가? 정서 불안으로 입원한 사람들이 병원 침대의 반 이상을 차지하고 있다. 나는 뉴욕 공립 도서관 책장 선반에 놓여 있던 이 스물두 권의 책을 꼼꼼히 읽었다. 그런 후 내가 구입할 수 있는 책은 하나도 빠짐없이 구입했다. 하지만 성인들을 위한 내 강좌의 교재로 활용할 수 있는 책은 단 한 권도 발견할 수 없었다. 결국 나는 직접 책을 써야겠다고 마음먹게 되었다.

나는 7년 전부터 이 책을 쓸 준비를 시작했다. 어떻게 준비를 했는지 궁금한가? 나는 고대에서 현대에 이르기까지 철학자들이 걱정에 대해 표현한 구절들을 읽었다. 또한 공자에서 처칠에 이르기까지 수백 명의 전기를 읽었다. 나는 잭 뎀프시, 오마르 브레들리 장군, 마크 클라크 장군, 헨리 포드, 엘리노어 루스벨트, 도로시 딕스 등 다양한 영역에서 이름을 날리고 있는 수십 명의 인물들을 직접 만나 면담도 했다. 하지만 이것은 단지 시작에 불과했다.

나는 면담이나 독서보다 훨씬 중요한 다른 일도 했다. 나는 걱정 극복을 위한 '실험실'에서 5년 동안 일했다. 내 강좌의 성인 수강생들을 대상으로 한 실험실이었다. 내가 아는 한 이런 종류의 실험실로는 세계 최초이자 유일한 실험실이었다. 실험은 다음과 같이 진행되었다. 우리는 학생들에게 걱정을 없애기 위해 지켜야 할 몇 가지 규칙을 제시하고 그 규칙을 실제 생활에서 지키기로 했다. 그런 후 다음 강좌에 와서 어떤 결과가 나타났는지 얘기하도록 했다. 어떤 사람들은 자신들이 과거에 사용했던 방식을 발표했다.

그 결과 나는 이 세상의 그 누구보다도 '나는 어떻게 걱정을 극복했는가'에 대한 얘기를 많이 들었던 사람이 되지 않았나하고 생각된다. 거기에 덧붙여 나는 '어떻게 걱정을 극복했는가'에 대한 발표 시간에 나온 수백 가지의 이야기를 편지를 통해 읽었다. 미국과 캐나다의 219개 도시에서 진행되고 있는 강좌에서 우수하다고 선정된 이야기들이다. 그러므로 이 책은 결코 상아탑에서 나온 것이 아니다. 또한 걱정은 어떻게 극복될 수 있는지에 대한 학문적이고 장황한 훈계도 아니다. 그와는 정반대로 나는 수천 명의 사람들이 어떻게 걱정을 극복했는지를 빠르고 간결하게 기록하는 보고서를 쓰려고 노력했다. 이것 하나는 확실하다. 이 책은 구체적이다. 여러분은 아주 생생한 이야기를 들을 수 있다.

다행히도 여러분이 이 책에서 듣는 얘기는 누군지 모를 가상의 '아무개 씨'이거나 막연한 '메리'나 '존'의 이야기가 아니다. 아주 드문 몇 가지 사례를 제외하고 이 책에는 실제 사람 이름과 실제 동네 이름이 나온다. 이 책의 내용은 실제로 있었던 일이다. 실제로 있었던 일을 기록한 것이다. 보증을 하고 확인을 해줄 실제 경험자가 존재한다.

프랑스의 철학자 발레리는 이렇게 말했다. "과학이란 성공한 처방을 모아 놓은 것이다." 이 책이 바로 그렇다. 우리의 삶에서 걱정을 없애는 처방 가운데 성공적이고 세월이 가도 유효한 처방을 모아놓았다. 하지만 이것 하나는 미리 경고해두어야 한다. 이 책에서 여러분은 새로운 것이라고는 하나도 보지 못한다. 다만 일반적으로 적용되고 있지 않은 것들은 많이 보게 될 것이다. 걱정을 제거하고자 할 때 우리에게 필요한 것은 뭔가 새로운 것이 아니다. 우리는 이미 완벽하게 살아도 될 만큼 충분히 알고 있다. 우리 모두가 이미 신약성경에 나오는 황금률과 산상수훈(山上垂訓)에 대해 읽었다. 우리의 문제는 알지 못하는 것이 아니라 실천을 하지 않는 것이다. 이 책의 목적은 예로부터 내려온 수많은 기본적인 진리를 실제 사례를 통해 다시 얘기하면서 오래된 냄새를 없애고 오늘에 맞게 재해석하여 여러분 앞에 분명히 제시하는 것이다. 그리고 나서 여러분의 정강이를 걷어차면서 현실생활에 적용하도록 만든다.

여러분이 이 책을 고른 것은 이 책이 어떻게 쓰였는지

알기 위해서는 아닐 것이다. 여러분은 실천을 원하고 있다. 그러니 이제 시작해보자. 먼저 이 책을 처음부터 마지막 페이지까지 읽어보자. 그런데도 인생을 즐길 새로운 힘과 영감을 얻지 못한다면, 이 책을 쓰레기통에 던져도 좋다. 그런 사람에게는 이 책이 쓸모가 없을 것이기 때문이다.

데일 카네기

이 책이 당신에게 도움을 주는 열여섯 가지 방식

1 걱정스런 상황을 해결하는 구체적이고도 검증된 공식을 풍부하게 제공한다.

2 사업상의 걱정을 반으로 줄이는 방법을 알려준다.

3 평화와 행복을 부르는 정신 자세를 갖추는 일곱가지 방법을 제시한다.

4 돈과 관련되는 걱정을 줄여주는 방법을 보여준다.

5 여러분이 갖고 있는 수많은 걱정을 극복하는 방법을 설명해준다.

6 비난을 이롭게 활용하는 방법을 알려준다.

7 주부들이 피곤을 줄이고 젊음을 유지할 수 있는 방법을 알려준다.

8 피곤과 걱정을 방지하는 네 가지 작업 습관을 제시한다.

9 활동 시간을 하루에 한 시간 늘릴 수 있는 방법을 말해준다.

10 감정 폭발을 막을 수 있는 방법을 알려준다.

11 자신들이 어떻게 걱정을 멈추고 새로운 삶을 시작했는지 솔직하게 이야기하는 남녀 수십 명의 사연을 들려준다.

12 2주 안에 우울증을 치료하는 알프레드 아들러의 처방을 알려준다.

13 세계적으로 유명한 의사인 윌리엄 오슬러 경으로 하여금 걱정을 물리치게 만든 스물한 개 단어를 알려준다.

14 에어컨 산업의 창시자인 윌리스 H. 캐리어가 걱정을 극복할 때 사용한 3단계 비법을 알려준다.

15 윌리엄 제임스의 이른바 '걱정을 다스리는 특효약'을 어떻게 사용해야 하는지를 알려준다.

16 수많은 연예인들이 어떻게 걱정을 극복했는지를 자세히 말해준다.

아서 헤이스 설즈버거(《뉴욕 타임스》 발행인), 허버트 E. 호크스(컬럼비아 대학 전 학장), 잭 뎀프시(세계 헤비급 권투 챔피언), 코니 맥(명예의 전당에 오른 유명한 야구 감독), 로저 W. 뱁슨(뱁슨 대학 설립자), 버드 제독, 헨리 포드, 진 오트리, J. C. 페니, 존 D. 록펠러.

PART

1

걱정에 대해
알아야 할
기본적인 사실

1

하루를
충실하게 보내라

1871년 봄, 한 청년이 책을 읽다가 그의 인생에 깊은 영향을 끼친 한 구절을 발견했다. 그는 몬트리올 종합 병원의 의과 대학생으로서 학기말 시험을 어떻게 통과할지, 앞으로 무엇을 해야 할지, 어디로 가야 할지, 어디에서 개업할지, 어떻게 먹고 살아야 할지를 걱정하고 있었다.

이 젊은 대학생이 1871년에 읽은 한 구절은 그를 당대 최고의 의사가 되도록 도와주었다. 그는 세계적으로 유명한 존스 홉킨스 의과대학을 건립했다. 또한 옥스퍼드 의과대학 교수가 됐다. 이는 대영제국에서 의사에게 부여될 수 있는 가장 명예로운 직책이었다. 영국 왕실은 그에게 기사 작위를 수여했다. 그가 세상을 떠났을 때 그의 인생을 기록한 두 권의 두꺼운 책이 출간됐다. 그 분량만도 1,466페이지에 달했다. 그가 바로 윌리엄 오슬러 경이다. 그가 1871년 어느 봄에 읽은 한 구절, 즉 그로 하여금 걱정에 얽매이지 않는 삶을 살게 만들어 준 토머스 칼라일의 한 구절은 다음과 같다.

"우리의 주된 임무는 멀리 있어 잘 보이지 않는 것을 보는 것이 아니라, 당장 눈앞에 또렷이 보이는 것을 실천하는 것이다."

42년 후, 캠퍼스 가득 튤립이 꽃을 피우던 어느 따스한 봄날 저녁, 윌리엄 오슬러 경은 예일대 학생들 앞에서 연설했다. 그는 이렇게 말했다.

"나처럼 대학 네 곳에서 교수직을 역임하고 대중적으로 인기 있는 책을 쓴 사람은 '매우 특별한 두뇌'를 갖고 있을 것이라고 여겨지겠지만 그건 사실이 아닙니다. 친한 친구들은 내가 '너무나 평범한 두뇌'를 가지고 있다는 사실을 알고 있습니다."

그의 성공 비결은 무엇일까? 그는 단지 '오늘을 충실하게' 살았을 뿐이라고 말했다. 이 말의 의미는 무엇일까? 예일대에서 연설하기 몇 달 전, 윌리엄 오슬러 경은 대형 원양 어선을 타고 대서양을 횡단할 준비를 하고 있었다. 그 배는 선교에 서 있는 선장이 버튼 하나만 누르면 즉각적으로 '떵떵'하는 기계 소리를 울리며 배의 각 부분이 격리돼 방수 구역으로 변하는 형태였다. 오슬러 경은 예일대 학생들에게 이렇게 말했다.

"여러분은 그 배보다 훨씬 더 놀라운 유기체일 뿐 아니라 더 먼 곳을 항해해야 하는 사람들입니다. 저는 여러분이 '오늘만의 구획'을 만들어 오늘을 충실하게 보내는 것이 여러분의 안전한 항해를 보장하는 가장 확실한 방법이라는 사실을 알았으면 합니다. 갑판에 올라서서 주요 방수벽이 질서 있게 작동하도록 조치를 취하십시오. 인생의 단계마다 버튼을 누르고 굳센 철문이 죽은 '과거'를, 즉이제는 죽어버린 과거를 격리하는 소리를 들으십시오. 또다른 버튼을 눌러 아직 태어나지 않은 미래인 '내일'을 금속 커튼으로 격리하세요.

그렇게 해야만 비로소 여러분의 오늘이 안전해집니다. 오늘에만 충실하게 살 수 있습니다. 과거를 격리하세요. 죽은 과거는 죽은 자들을 묻게 내버려 두세요. 어리석은 자들에게 죽음의 잿더미로 가는 길을 밝혀주던 어제를 격리하십시오. 아무리 튼튼한 사람도 어제의 짐에 내일의 짐을 더해서 함께 지고 간다면 쓰러질 수밖에 없습니다. 미래 역시 과거와 마찬가지로 철저히 격리하세요. 오늘이 미래입니다. 내일은 없습니다. 인간은 지금 구원받을 수 있습니다. 미래를 걱정하는 사람은 에너지를 낭비하게 됩니다. 그는 고통과 걱정에 끝없이 시달리게 됩니다. 그러므로 단단히 문을 걸어 잠그세요. 자신의 배의 앞부분에서 뒷부분까지 곳곳에 방수벽을 세우고 '오늘의 구획'에서만 생활하는 습관을 익히도록 하세요."

윌리엄 오슬러 경의 말은 내일을 위한 노력을 하지 말아야 한다는 뜻이었을까? 결코 아니다. 그는 다만 그 연설에서 여러분의 모든 지성과 열정을 동원해 오늘 해야 할 일을 오늘 가장 잘하는데 집중하는 것이 내일을 위한 최선의 준비라는 길임을 말하고 싶었을 뿐이다. 그것만이 여러분이 미래를 대비하는 유일한 방법이다.

윌리엄 오슬러 경은 예일대 학생들에게 "오늘 우리에게 일용할 양식을 주시옵소서."라는 주기도문으로 하루를 시작하라고 권했다.

이 기도문에는 단지 오늘 필요한 양식만을 간청하고 있음을 기억하기 바란다. 이 기도를 바치는 사람은 어제 먹은 오래된 빵에 대해 불평하지 않는다. 또한 "주여, 요즘 밀밭에 비가 내리지 않고 있습니다. 또 가뭄이 들려나 봅니다. 이렇게 되면 내년 가을에 먹을 양식은 어떻게 구할 수 있겠습니까? 또 제가 일자리를 잃게 된다면……. 주여, 그렇게 되면 저는 어떻게 양식을 구할 수 있겠습니까?"라고 말하지도 않는다.

이 기도문은 우리가 오늘 필요한 양식만을 원해야 한다는 것을 말해준다. 여러분이 실제로 먹을 수 있는 양식은 오늘의 양식뿐이다.

오래전 어느 가난한 철학자가 사방이 온통 자갈밭인

황무지를 지나가고 있었다. 그곳은 너무 황폐한 곳이라 사람들이 생계를 유지해 나가기가 무척 힘들었다. 그러던 어느 날, 그가 언덕 위에 사람들을 불러 모아놓고 연설을 했다. 그 연설은 아마 오늘날까지도 동서고금을 막론하고 수없이 인용됐을 것이다. 그 연설은 수백 년 동안 많은 이에게 깨달음을 준다.

"그러므로 내일 일을 생각하지 말라. 내일 일은 내일 생각할 것이요. 한 날의 괴로움은 그날로 족하니라."(마태복음 6장 34절)

많은 사람들이 "내일 일을 위하여 생각하지 말라."라는 예수의 말을 거부했다. 그들은 그 말을 결코 실현할 수 없는 이상적인 충고, 일종의 동양적인 신비주의적 발상에서 나온 말이라 여긴 것이다. 그들은 이렇게 말했다.

"나는 내일 일을 생각해야 하겠다. 내 가족을 위해 보험에 들겠다. 노후 대비를 위해 저축도 해야겠다. 성공하기 위해 계획을 세우고 준비해야 해."

그렇다! 물론 그렇게 해야만 한다. 하지만 제임스 왕의 통치 기간이던 300여 년 전에 번역된 예수의 말의 의미는 오늘날의 의미와 같지 않다. 300여 년 전 '생각(thought)'이라는 단어의 의미는 '염려(anxiety)'에 가까웠다. 최근에 번역된 성경은 "내일 일을 염려하지 말라."라고 하며 예수의 말을 좀 더 정확하게 옮기고 있다.

그러니까 부디 내일 일을 생각하라. 신중히 생각하고 계획을 세워 준비하라. 하지만 걱정은 하지 말라.

제2차 세계대전 당시 미국군 사령관들은 언제나 내일 일을 계획했다. 대신 걱정하며 시간을 보낼 틈이 없었다. 미국의 해군을 지휘하던 어니스트 J. 킹 제독은 이렇게 말했다.

"나는 최정예 부대에 최상의 물자를 보급하고, 그들에게 가장 적합한 임무를 부여했다. 내가 할 수 있는 건 그것뿐이었다."

킹 제독은 계속해서 이렇게 말했다.

"나는 침몰한 군함을 인양할 수 없으며 침몰 위기에 처한 군함을 구할 수도 없다. 그러니 어제의 일에 대한 후회보다는 내일의 문제를 위해 내 시간을 쓰는 것이 훨씬 낫다. 게다가 과거에 계속 얽매인다면 나는 더 버텨 내지 못할 것이다."

전시이건 아니건 이는 올바른 생각과 어리석은 생각의 핵심적인 차이를 보여 준다. 올바른 생각은 인과 관계를 분석해 논리적이고 건설적인 계획을 세울 수 있게 한다. 하지만 어리석은 생각은 대부분 긴장과 신경 쇠약에 이르게 하는 경우가 많다.

최근에 나는 운 좋게도 세계적으로 유명한 신문 중 하나인 《뉴욕 타임스》의 발행인 아서 헤이스 설즈버거를 인터뷰하는 기회를 가졌다. 그는 유럽 전역이 제2차 세계대전에 큰 영향을 받았을 때 몹시 당황스럽고 불안한 마음에 걱정이 되어 잠을 이루지 못했다고 말했다. 그럴 때마다 그는 한밤중에 일어나 캔버스와 물감을 놓고 거울에 비친 자신의 모습을 그리려고 노력했다. 그는 전혀 그림 그리는 법을 알지 못했지만, 걱정을 떨쳐버리기 위해 붓을 들었다. 하지만 설즈버거는 걱정을 멈추지 못했다. 그는 교회 찬송가에 나오는 "다만 한 걸음씩 인도해주소서."
라는 구절을 자신의 모토로 삼고 나서야 마음의 평화를
찾을 수 있었다고 내게 털어놓았다.

> 자비로운 주여, 길을 비추소서.
> 내 발걸음 지켜주소서.
> 먼 곳 보려 하지 않으니
> 다만 한 걸음씩만 인도해주소서.

거의 비슷한 시기에 유럽의 한 지역에서 군 복무를 하
던 한 젊은이도 똑같은 교훈을 얻었다. 그는 메릴랜드 주
볼티모어 시, 눌럼 가, 5716번지에 거주하는 테드 벤저미
노라는 청년이었다. 그는 심각한 전쟁 후유증에 시달렸
다. 당시 상황을 테드 벤저미노는 이렇게 쓰고 있다.

"1945년 4월, 나는 극심한 걱정 때문에 마침내 의사들
이 '경련선 가로결장'이라고 부르는 증세를 보이기에 이
르렀다. 그 병의 고통은 어마어마했다. 만약 그때 종전이

이루어지지 않았다면 내 신체 상황은 회복 가능성이 없는 상태로 변했을지도 모른다.

당시에 나는 완전히 탈진한 상태였다. 나는 제94보병 사단 소속 하사관으로서 유해 발굴을 담당했다. 모든 전사자와 실종자, 부상자들을 기록하고 관리하는 임무를 맡았다. 격렬한 전투 중에 약식으로 매장된 연합군과 적군의 양측 모두의 시신을 발굴하는 일도 하고 있었다. 나는 전사자들의 소지품을 수거해 그것들을 고이 간직해 줄 부모나 지인들에게 보내는 업무까지 처리했다. 나는 늘 우리가 어처구니없는 중대한 실수를 저지를까 봐 걱정했다. 이 일을 끝까지 해낼 수 있을지 의구심이 들었다. 나는 내가 살아남아 아직 만나지 못한 16개월 된 아들을 안아볼 수 있을지 궁금했다. 극심한 걱정에 시달리던 나는 체중이 15킬로그램이나 줄었다. 걱정이 극에 달해 미쳐 버릴 것만 같았다. 내 손을 보았다. 거의 뼈와 가죽만 남아 앙상했다. 이렇게 온몸이 망가진 채 집으로 돌아가야 할지도 모른다는 생각이 나를 두렵게 했다. 나는 어린아이처럼 주저앉아 흐느꼈다. 정신적, 육체적으로 피폐해진 나는 혼자 있을 때면 눈물을 흘렸다. 벌지 전투가 시작된 이후에는 수시로 울음이 터져 다시 정상적인 생활을 유지할 수 없을 것만 같았다.

결국 나는 군 병원에 입원하고 말았다. 그때 그곳에 있던 군의관이 내게 충고를 한마디 해주었는데 그 충고가 내 인생을 송두리째 바꾸어놓았다. 그는 내 몸 곳곳을 청진하더니 정신에 문제가 있다고 말했다.

'테드, 자네의 삶을 모래시계라고 생각하게. 모래시계 위쪽에는 수많은 모래알이 있지. 그 모래알은 서서히, 또 일정하게, 가운데에 있는 잘록한 부분을 통과하지. 하지만 아무리 애써도 모래시계를 깨뜨려 버리지 않는 한, 한 알 이상의 모래가 좁은 구멍을 통과하게 할 수는 없다네. 우리뿐만 아니라 모든 사람이 이 모래시계와 마찬가지야. 아침에 일과를 시작할 때면, 우리는 수만 가지 일을 해야 한다고 생각하지. 하지만 모래시계 속의 모래알이 좁은 구멍을 통과하듯, 한 번에 하나씩, 서서히, 일정하게 일을 해 나아가야 해. 그렇지 않으면 우리는 스스로 자신의 육체도 정신도 무너뜨리고 말테니까.'

군의관이 이렇게 말한 날부터 지금까지 나는 계속해서 이 철학을 실천에 옮겼다. '한 번에 모래알 하나. 한 번에 한 가지 일.' 이 조언은 전쟁 내내 나를 구원했다. 신체와 정신, 두 가지 측면에서 말이다. 덕분에 나는 지금 애드크 래프터스 프린턴 앤드 옵셋이라는 회사의 광고 홍보부장을 역임하고 있다. 나는 직장에서도 전쟁에서 경험한 것과 비슷한 문제가 발생한다는 사실을 알게 됐다. 직장에서는 수십 개의 일을 한꺼번에 수행해야 하는데, 시간은 많지 않다. 재고 또한 충분하지 않다. 새로운 일을 처리해야 하고, 새로 주문을 해야 하며, 주소를 변경하고 사무실 문을 여닫아야 한다. 하지만 나는 긴장하거나 조급해하는 대신 군의관이 내게 해 준 말을 떠올렸다. '한 번에 모래알 하나. 한 번에 한 가지 일.' 이 말을 되뇌면 일을 효율적으로 처리할 수 있었고, 전장에서 나를 거의 쓰러뜨릴 뻔했던 어지러운 감정이 생기지도 않았다.

나는 현대인의 생활 습관에 대해 놀라운 사실을 발견했다. 병원 침대에 누워 있는 환자의 반 이상이 누적된 과거 기억과 미래에 대한 두려움으로 신경이나 정신에 문제가 생긴 사람이었다는 것이다. 만약 그들이 "내일 일을 걱정하지 말라."라고 했던 예수의 가르침이나 "오늘에 충실하라."라는 윌리엄 오슬러 경의 말을 따랐다면 보다 행복하고 보람찬 삶을 살면서 오늘도 거리를 쏘다니고 있을 것이다.

지금 이 순간, 여러분과 나는 한없이 견뎌 온 무한한 과거와 기록된 시간의 마지막을 향해 달려오는 미래가 교차하는 곳에 서 있다. 우리는 이 두 개의 영원 중 어느 곳에서도 살 수 없다. 단 1초도 그럴 수 없다. 만일 그렇게 하려고 한다면 우리의 정신과 육체는 모두 망가질 것이다. 그러므로 우리는 우리가 살아갈 수 있는 유일한 시간, 즉 지금부터 잠이 들 때까지의 시간에 만족하며 살아가기로 하자.

『보물섬(Treasure Island)』을 쓴 영국 소설가 로버트 루이스 스티븐슨은 이렇게 말했다.

"자신에게 주어진 짐이 아무리 무겁더라도 밤이 올 때까지는 누구나 견딜 수 있다. 해야 할 일이 아무리 힘들어도 하루 동안이라면 누구나 할 수 있다. 해가 질 때까지라면 누구나 유쾌하게 인내를 가지고, 사랑스럽고 순수한 마음으로 살 수 있다. 이것이 바로 삶이 실제로 의미하는 전부다."

그렇다. 바로 삶이 우리에게 요구하는 것은 이것이 전부다. 하지만 미시건 주 새기노 시 코트 가 815번지에 사는 E. K. 실즈 부인은 살아가는 방법을 배우기 전까지는 잠들 때마다 자살을 결심할 정도로 절망에 빠져 있었다. 실즈 부인은 내게 자신의 이야기를 들려주었다.

"1937년에 저는 남편을 떠나보냈습니다. 삶의 의욕을 완전히 잃었고, 저는 수중에 돈 한 푼 없던 빈털터리였습니다. 그래서 일전에 근무한 캔자스 시에 있는 로치 파울러 컴퍼니의 상사였던 리언 로치 씨에게 편지를 보내 일자리를 구했습니다. 그는 내가 과거에 하던 일을 맡겼습니다. 예전에 저는 시골과 도시 지역 교육위원회에 책을 판매하는 일을 하며 생계를 유지했습니다. 2년 전, 남편이 병상에 눕게 되자 저는 차를 팔았습니다. 하지만 중고차를 할부로 사기로 하고, 있는 돈을 다 긁어모아 계약금을 치른 다음 다시 책을 팔러 나갔습니다.

밖으로 나가면 이 우울함이 조금은 가시지 않을까 기대했습니다. 하지만 혼자 차를 몰고 식사를 하는 일은 견딜 수 없을 만큼 괴로웠습니다. 어떤 지역에서는 실적이 좋지 않아 얼마 되지도 않는 자동차 할부금을 갚기도 힘들었습니다.

1938년 봄, 미주리 주 베르사유에서 일을 할 때였습니다. 그때 학교들의 재정 상황은 좋지 않았고 길은 험했습니다. 너무 외롭고 힘든 나머지 한 번은 자살도 생각했습니다. 성공은 도무지 가능할 것 같지 않았습니다. 더 살아야 할 의미를 찾을 수 없었습니다. 아침에 눈을 떠 일상을 맞이해야 한다는 사실이 두려웠습니다. 모든 게 두려웠습니다. 자동차 할부금을 갚지 못할까 봐, 집세를 내지 못할까 봐, 먹을 게 떨어질까 봐 두려웠습니다. 건강은 점점 악화되는데 병원비가 없는 것도 두려웠습니다. 그런데도 자살을 하지 못했던 건 언니가 크게 슬퍼할 것이고, 제게는 장례를 치를 비용이 없다는 생각 때문이었습니다.

그러던 어느 날, 저는 어떤 글 하나를 읽게 되었습니다. 그 글은 제가 낙담한 마음을 정리하고 다시 살아가게 할 용기를 주었습니다. 저는 제게 용기를 준 그 문장 하나를 영원히 기억할 것입니다. '현명한 자에게는 하루하루가 새로운 삶이다.' 저는 그 문장을 타이핑해서 자동차 앞 유리창에 붙여 놓고 운전을 할 때마다 봤습니다. 한 번에 단 하루를 사는 것, 그것은 결코 어려운 일이 아니라는 사실을 깨달았습니다. 어제를 잊고 내일을 생각하지 않는 법을 배웠습니다. 아침마다 저는 이렇게 말하곤 합니다. '오늘은 새로운 인생이다.'

그렇게 저는 외로움과 가난에 대한 두려움에서 벗어날 수 있었습니다. 지금 저는 행복하고 어느 정도 성공했으며 삶에 대한 열정과 사랑도 듬뿍 지니고 있습니다. 이제는 삶이 아무리 저를 놀라게 하더라도 절대 두려워하지 않을 것을 알고 있습니다. 또한 미래를 두려워할 필요가 없다는 것도 알고 있습니다. 저는 이제 한 번에 하루씩 살수 있다는 것과 '현명한 자에게는 하루하루가 새로운 삶'이라는 것을 알고 있습니다."

여러분은 혹시 이 시를 쓴 사람이 누구인지 아는가?

행복하도다, 홀로 행복하도다.

오늘을 내 것이라고 말할 수 있는 사람,

이렇게 단언할 수 있는 사람,

내일이여, 무슨 짓이라도 해보라.

나는 오늘을 살 것이니.

이 시는 최근에 나온 시처럼 느껴진다. 그렇지 않은가? 하지만 이 시는 기원전 30년 로마 시인 호라티우스가 지은 시다.

인간 본성에 관한 비극적인 사실 중의 하나는 사람들이 인생을 사는 것을 자꾸 미루는 경향이 있다는 것이다. 대부분 사람은 창밖에 피어 있는 장미의 아름다움을 즐기지 못하고 지평선 너머 저 멀리 어딘가에 있는 매혹적인 장미 정원만을 그리워한다. 우리는 왜 이렇게 어리석을까? 왜 이렇게 비극적일 만큼 어리석을까?

스티븐 리콕은 자신의 책에 이렇게 썼다.

"우리의 짧은 인생은 얼마나 이상한가? 아이들은 '내가 좀 더 크면'이라고 말하지만, 조금 더 자란 아이는 '내가 어른이 되면'이라고 말한다. 어른이 되면 '내가 결혼하면'이라고 말한다. 하지만 결혼한 뒤에는 어떻게 된다는 것인가? 생각은 이렇게 바뀌고 만다. '내가 은퇴하게 되면' 은퇴 후 그는 지나온 날들을 회상해본다. 그곳에는 차가운 바람만 불고 있다. 그는 모든 것을 잃어버렸고 그렇게 삶은 지나가버렸다. 우리는 너무 늦게 깨닫는다. 인생은 살아가는 여정 그 자체에 있다는 것을, 매 순간의 연속이라는 것을 말이다."

디트로이트 출신의 에드워드 S. 에번스라는 사람이 있었다. 그는 걱정 때문에 죽음 직전에 이르러서야 인생의 의미는 살아가는 여정 그 자체에 있다는 사실을 깨달았다. 가난한 가정에서 자란 에드워드 에번스는 처음에 신문을 판매하며 돈을 벌었고, 후에는 식품점의 종업원으로 일했다. 시간이 흐르자 그가 먹여 살려야 할 식구는 일곱으로 늘었다. 그는 도서관 보조 사서로 일하게 됐다. 박봉이었지만 일을 그만둘 수 없었다.

그는 8년이 흐른 뒤에야 자기 일을 시작할 수 있었다. 우선 55달러를 빌려 사업을 시작했다. 그 후 그는 연 수입 2만 달러가 될 정도의 규모로 이 사업을 키워놓았다. 하지만 큰 위기에 봉착했다. 엄청난 위기였다. 그는 당시 큰돈을 빌린 친구를 위해 보증을 섰는데, 그 친구가 그만 부도를 낸 것이다.

설상가상으로 또 다른 불운이 찾아왔다. 이번에는 그가 전 재산을 맡겨 두었던 은행이 파산했다. 그는 전 재산을 잃었을 뿐만 아니라 1만 6,000달러라는 부채마저 떠안고 말았다. 그러한 상황에서 그의 정신은 버텨낼 수 없었다. 그는 내게 말했다.

"잠을 잘 수도, 음식을 먹을 수도 없었습니다. 몸이 너무 아팠습니다. 걱정, 다른 이유도 아닌 걱정이 몸이 아픈 이유였습니다. 하루는, 길을 가다가 정신을 잃고 쓰러졌습니다. 더는 걸을 수 없었습니다. 그래서 입원을 했는데 그때부터 온몸에 두드러기가 나기 시작하더군요. 그것들은 몸 안

쪽으로 점점 돋아나기 시작해 나중에는 침대에 누워 있기조차 힘들 만큼 괴로웠습니다. 시간이 흐를수록 제 상태는 점점 더 나빠졌습니다. 의사는 제게 2주밖에 살지 못한다고 했습니다. 저는 너무나 놀랐습니다.

그래서 저는 유언장을 쓰고 침대에 누워 죽을 날만을 기다렸습니다. 아무리 몸부림치고 걱정을 한다 해도 소용이 없을 테니까요. 체념한 상태로 마음 편히 잠을 이루었습니다. 몇 주간 한 번에 두 시간 이상 잠든 적이 없었는데 이제 모든 게 끝난다고 생각하니 갓난아이처럼 잠들 수 있었습니다. 그리고 저를 힘들게 하던 피곤함도 사라졌습니다. 식욕이 돌아왔고 체중도 늘었습니다.

그렇게 몇 주가 지나자 목발을 짚고 걸어 다닐 정도로 호전되었습니다. 그리고 6주 후에는 다시 일을 시작할 수 있었습니다. 예전에는 1년에 2만 달러를 벌었지만, 지금은 일주일에 30달러를 받는 일을 해도 즐겁습니다. 저는 자동차를 선적할 때 차량의 바퀴 뒤를 받쳐 주는 블록을 판매하는 일을 했습니다. 그동안 저는 깨달은 것이 있습니다. '이제는 더 이상 걱정하지 말자. 과거의 일을 후회하지도, 미래의 일을 두려워하지도 말자.' 저는 제 모든 시간과 에너지, 그리고 정열을 블록을 판매하는 데에 집중시키고 있습니다."

이후 에드워드 S. 에번스는 급속도로 성장했다. 몇 년 뒤 그는 그 회사의 사장이 됐다. 이미 오래전, 그의 회사인 에번스 프로덕트 컴퍼니는 뉴욕 증권 거래소에 상장됐다. 만약 여러분이 비행기를 타고 그린란드에 가게 된다면, 그의 이름을 따서 지은 에번스 필드 공항에 착륙할지도 모른다. 만약 그가 자신의 걱정이 쓸데없는 것임을 깨닫지 못했다면, 또 하루하루를 충실히 사는 방법을 배우지 못했다면 에드워드 S. 에번스는 사업에서도 자신의 삶에서도 이러한 것들을 이루어 내지 못했을 것이다.

여러분은 루이스 캐럴의 소설 『거울 나라의 앨리스』에서 하얀 여왕이 앨리스에게 한 말을 기억하는가?

"규칙은 바로 어제도 잼을 발랐고 내일도 잼을 바르는 것이지만 오늘은 잼을 바르지 않는 거야."

대부분이 이렇게 살아간다. 빵에 오늘의 잼을 듬뿍 바

르기보다는 어제의 잼 때문에 속상해하고 또 내일의 잼 때문에 걱정한다. 프랑스의 위대한 철학자 몽테뉴 역시 비슷한 실수를 저지르고 말았다. 그는 이렇게 말했다. "내 인생의 대부분은 일어나지도 않은 끔찍한 불행으로 가득 차 있었다." 내 인생도, 여러분의 인생도 또한 마찬가지다.

단테는 "오늘은 결코 다시 시작되지 않는다는 것을 명심하라."라고 말했다. 믿기 힘들 정도의 빠른 속도로 인생은 사라져가고 있다. 우리는 초속 30킬로미터라는 속도로 공간 속을 달려가고 있다. 그러니 오늘은 우리가 가진 가장 귀한 재산이다. 오늘이야말로 우리가 지닌 유일하고도 확실한 재산이다.

기원전 5세기경 그리스의 철학자 헤라클레이토스는 제자들에게 "변하지 않는다는 법칙을 모든 것은 변한다."고 가르쳤다. 또한 그는 이렇게 말했다. "같은 강물에 두 번 들어갈 수 없다." 강물은 매 순간 변한다. 거기에 들어가는 사람도 마찬가지다. 인생은 끊임없는 변화다. 확실한 것은 오늘뿐이다. 끊임없는 변화와 불확실성으로 싸여 있는 미래, 그 누구도 결코 예측할 수 없는 문제를 해결하느라고 오늘을 사는 아름다움을 망칠 이유가 무엇인가?

고대 로마 제국 사람들은 이런 경우에 적당한 한 단어를 알고 있었다. 실제로는 두 단어라고 해야겠다. 카르페 디엠(Carpe diem). "오늘을 즐겨라." 혹은 "오늘을 잡아라." 그렇다. 오늘을 잡아서 최대한 잘 활용해야 한다.

로웰 토머스의 철학 역시 비슷했다. 최근에 나는 그의 농장에서 주말을 보냈다. 그때 나는 그가 자신의 방송 스튜디오 벽에 성경의 시편 118편에 나오는 구절을 액자에 넣어 걸어 놓은 뒤 수시로 쳐다보는 것을 보았다.

이날은 여호와가 정하신 것이다
이날에 우리는 즐거워하고 기뻐하리라.

존 러스킨의 책상에는 평범한 돌멩이 하나가 놓여 있었는데, 거기에는 '오늘'이라는 단어가 새겨져 있다.

내 책상 위에 돌멩이는 없지만, 나는 욕실 거울 쪽에 시를 붙여놓고 아침에 면도할 때마다 쳐다보곤 한다. 인도의 유명한 극작가 칼리다사가 쓴 시다. 윌리엄 오슬러 경이 책상 위에 올려 둔 시이기도 한다.

새벽에 바치는 인사

이 하루를 잘 살펴라!
하루가 인생이며 또 인생 중의 인생이니,
그 짧은 시간 속에
그대 존재의 진실과 현실이 담겨 있으니,
성장의 축복
행함의 영광이,
아름다움의 광휘가
어제는 한낱 꿈이고
내일은 환상일 뿐이니,
하지만 오늘에 충실한 이에게
어제는 행복한 꿈이며,
내일은 희망 가득한 환상이로다.
그러니 잘 살펴보라. 이 하루를
이것이 바로 새벽에 바치는 인사.

여러분이 걱정에 대해 가장 먼저 알아야 할 사실은 이것이다. 인생에서 걱정을 없애고 싶다면 윌리엄 오슬러 경이 말한 대로 다음과 같이 하라.

> **걱정에 대해 알아야 할 기본적인 사실 1**
>
> 과거와 미래를 철문으로 막아라.
> 오늘을 충실하게 살아라.

자신에게 질문을 던지고 답을 적어보라.

1. 나는 미래에 대한 걱정과 '지평선 너머의 어딘가의 매혹적인 장미 정원'을 꿈꾸며 오늘을 사는 것을 미루지는 않았나?

2. 때때로 과거의 일, 이미 지나가버려 돌이킬 수 없는 일로 후회하느라 괴로워한 적이 있는가?

3. 아침에 일어날 때 '오늘을 즐길' 결심을, 하루 24시간을 최대한 활용하겠다는 결심을 하는가?

4. '오늘 충실하게 생활'함으로써 조금 더 보람찬 인생을 살아갈 수 있는가?

5. 언제부터 실행할 수 있는가? 다음 주? 내일? 오늘?

2

걱정스러운 상황을
해결해주는
마법의 공식

이 책을 더 읽기 전에 걱정스러운 상황을 더욱더 빠르고 확실하게 성공적으로 처리하는 방법을 알고 싶은가?

그렇다면 냉방 장치 산업을 훌륭히 개척한 엔지니어인 윌리스 H. 캐리어가 개발한 방법을 소개하겠다. 그는 뉴욕 주 시러큐스에 위치한 세계적으로 유명한 캐리어 회사의 사장이다. 이것은 내가 아는 한 걱정을 해결하는 가장 뛰어난 방법이다. 언젠가 나는 뉴욕에 있는 엔지니어스 클럽에서 캐리어 씨와 함께 점심을 먹은 적이 있었다. 그때 그가 이 방법을 알려주었다.

"젊었을 때 저는 뉴욕 주 버펄로에 있는 버펄로 포지 컴퍼니에서 근무할 때의 일이었습니다. 저는 미주리 주

크리스털 시에 있는 피츠버그 플레이트 글래스 컴퍼니의 한 공장에 가스 정화 장비를 설치하는 일을 맡았습니다. 수백만 달러가 들어간 공장이었습니다. 가스에서 불순물을 없애 엔진에 손상을 입히지 않고 연소하게 하는 것이었습니다.

이런 식으로 가스를 정화하는 새로운 방식은 새로운 방식이었죠. 이전에 한 번 시도한 적이 있었지만, 그땐 지금과는 상황이 달랐습니다. 그래서일까요. 미주리 주 크리스털 시에서 작업할 때 전혀 예상치 못한 일이 벌어지고 말았습니다. 그럭저럭 작동하긴 했지만 저희가 보장한 만큼의 수준은 아니었던 겁니다.

실패를 깨달은 저는 넋이 나갔습니다. 누군가에게 머리를 맞은 것처럼 말이지요. 위와 내장이 꼬이기 시작했고 한참 동안 저는 걱정 때문에 잠을 이루지 못했습니다. 그러던 어느 날, 걱정만으로는 아무것도 해결할 수 없다는 생각이 들었습니다. 그래서 걱정을 하지 않고 이 문제를 해결할 방법을 찾아냈습니다. 그것은 굉장한 효력이 있었지요. 30년 넘게 이 걱정 대처 방법을 사용하고 있습니다.

방법은 단순합니다. 3단계로 돼 있습니다. 누구나 할 수 있지요.

1단계. 이 상황을 두려움 없이, 솔직하게 분석하고는 실패함으로써 발생하게 될 최악의 결과 무엇인지 생각해봤지요. 누군가 저를 감옥에 집어넣거나 총으로 쏴 죽일 일은 없었습니다. 그것만은 확실했습니다. 하지만 제가 직장을 잃을 위험이 있는 건 사실이었지요. 또한 제 고용주가 장비를 철수하면 투자금 2만 달러를 잃게 될 가능성도 있었습니다.

2단계. 최악의 결과를 예견해보고, 필요하다면 그 결과를 담담하게 받아들이기로 했습니다. 제 생각은 다음과 같았습니다. '이번 실패는 내 경력에 오점이 될 것이며, 어쩌면 직장을 잃을 수도 있다. 하지만 그렇게 될지라도 나는 언제든 다른 일을 잡을 수 있을 것이다. 물론 상황은 훨씬 더 악화할 수 있다. 어쨌든 내 고용주의 입장에서, 우리가 새로운 가스 정화 기술을 시험해보고 있었다는 것을 알고 있었고, 이 실험으로 2만 달러를 손해 본다고 하더라도 견뎌낼 수 있을 것이다. 이번 일은 실험이니까 어쩌면 연구 개발비로 처리할 수도 있을 것이다.' 최악의 결과를 예견하고, 필요할 경우 이를 담담하게 받아들이기로 했습니다. 이때 굉장히 중요한 변화가 찾아왔습니다. 순식간에 마음이 가벼워지면서 평온한 느낌이 들었습니다.

3단계. 저는 침착하게 최악의 결과를 개선하기 위해 시간과 노력을 쏟았습니다. 그리고 우리에게 발생할 수도 있는 2만 달러의 손실을 줄이기 위해 모든 방법을 동원했습니다. 몇 가지 시험을 거친 후 저는 5,000달러를 더 투자해 추가 장비를 설치하게 되면 문제를 해결할 수 있다는 사실을 발견했습니다. 그래서 그렇게 했습니다. 그 결과 회사는 2만 달러의 손실 대신 1만 5,000달러의 이익을 얻었습니다. 만약 제가 계속해서 걱정만 하고 있었다면 결코 그 일을 해내지 못했을 것입니다. 걱정은 집중력을 저하하기 때문입니다. 걱정이 이어지면 사고가 산만해지고 우리는 제대로 된 결단을 내릴 수 없게 됩니다. 대신 결연한 마음으로 최악의 상황을 가정한 뒤 그것을 받아들이게 되면, 불분명한 생각들은 모두 사라지고 우리가 직면한 문제에만 집중할 수 있게 됩니다. 이 사건은 오래전에 일어난 일입니다. 상당히 효험이 있어서 그 후에도 계속 사용하고 있습니다. 이제 제 인생에는 거의 아무런 걱정도 없습니다."

심리적으로 볼 때 윌리스 H. 캐리어가 제시한 비법이 그토록 귀중하고 실용적인 이유는 무엇일까? 걱정이 눈을 가려 우리가 방황하고 있을 때 이 방법은 우리를 거대한 먹구름 속에서 확 잡아당겨 끌어내리기 때문이다. 이 방법은 우리가 대지 위에서 굳건히 발을 딛고 서 있을 수 있게 만든다. 우리는 우리가 어느 곳에 서 있는지 알게 된다. 우리가 발아래의 견고한 땅을 딛고 있지 않다면 어떻게 제대로 된 생각을 기대할 수 있을 것인가?

응용 심리학의 아버지 윌리엄 제임스 교수는 1910년에 세상을 떠났다. 만약 그가 지금 살아서 이 방법을 듣는다면, 그는 그것을 진정으로 인정해줄 것이다. 이유가 궁금한가? 그는 자신의 학생들에게 이렇게 말하곤 했기 때문이다.

"흔쾌히 인정하라. 그렇게 된 사실을 기꺼이 받아들여

라. 왜냐하면 이미 일어난 일을 인정하는 것은 모든 불행을 극복하기 위한 첫 단계."

중국의 철학자 임어당(林語堂) 역시 자신의 저서 『생활의 발견』에서 비슷한 이야기를 했다.

"진정한 마음의 평화는 최악의 상황을 받아들임으로써 얻을 수 있다. 심리학적으로 그것은 에너지의 해방을 의미한다."

정확한 말 아닌가. 이는 심리적으로 에너지의 해방을 뜻한다. 최악의 상황을 받아들이고 나면 더 잃을 게 없다. 그것은 이제 우리가 자동으로 무엇이든 얻게 된다는 것을 의미하기도 한다. 윌리스 H. 캐리어가 말했다.

"최악의 상황을 겪은 뒤 순식간에 마음이 가벼워지면서 최근에 느껴보지 못한 평온함을 얻게 되었습니다. 그때부터는 생각하는 게 가능해졌습니다."

일리 있는 말이다. 그렇지 않은가? 그런데도 수많은 사람들이 아직도 분노에 휩싸여 자신의 삶을 망가뜨리고 있다. 그들은 최악의 상황을 받아들이기를 거부하고, 개선을 거부하며, 최악의 상황에서 건질 수 있는 것을 건지기를 거부한다. 그들은 자신의 운명을 개척하려고 노력하는 대신 경험에 맞서 치열하고도 과격한 싸움을 벌인다. 그러다 마침내 우울증의 희생자가 되고 만다.

윌리스 H. 캐리어의 비법을 받아들여 자신의 문제에 적용한 또 다른 사례가 있다. 뉴욕에 거주하는 한 오일 딜러의 이야기다. 그 수강생은 이렇게 말했다.

"저는 협박을 당했습니다. 그런 일이 벌어진다는 것이 도무지 믿기지 않았습니다. 저는 그런 일은 영화에서나 벌어진다고 믿었거든요. 하지만 저는 실제로 협박을 받았습니다. 사건의 전말은 이렇습니다. 제가 대표를 맡은 정유 회사에는 여러 대의 배달 차량과 운전기사들이 있습니다. 그 당시 물가관리국 규제가 엄격하던 시절이라 저희는 고객에게 배달할 수 있는 석유의 양을 할당받고 있었지요. 하지만 배달 기사 중에는 단골에게 기름을 적게 배달하고 남은 기름을 다른 고객에게 다시 파는 사람도 있었던 모양입니다.

정부에서 한 조사관이 방문하고 나서야 저는 이 불법 거래의 경위를 알았습니다. 그는 얼마간의 돈을 주면 이 사건을 덮어주겠다고 했습니다. 그는 우리 회사 기사들이 저지른 일을 기록한 서류를 내밀며 만약 돈을 주지 않으면 지방검찰청으로 서류를 넘기겠다고 저를 협박했습니다.

물론 저는 개인적으로는 걱정할 게 없다고 생각했습니다. 하지만 회사는 고용인의 행위에 대해 법적 책임을 져야 한다는 사실을 알고 있었습니다. 더 큰 문제는 이 문제가 법정까지 가게 되어 신문에라도 실리게 된다면 회사 이미지에 타격을 입게 되어 사업에 큰 지장이 생긴다는 것이었습니다. 저는 이 회사에 자부심이 있었습니다. 24년 전 저희 아버지가 창립하셨던 회사였기 때문입니다.

저는 이 일로 걱정에 시달린 나머지 병에 걸렸습니다. 꼬박 사흘간은 먹지도 자지도 못했습니다. 넋이 나간 사람처럼 서성거리기만 했습니다. 5,000달러를 줘야 하나? 아니면 고발을 하든 말든 마음대로 하라고 해야 하나? 어느 쪽이든 결단을 내리고 싶었지만, 고민만 많아졌습니다.

어느 일요일 밤, 저는 『행복의 비결』이라는 소책자를 집어 들었습니다. 카네기의 대중 연설 강좌에 참석했다가 받은 것이었습니다. 그 책을 읽다 '최악의 상황에 맞서라.'라는 문장을 봤습니다. 윌리스 H. 캐리어가 한 말이었습니다. 자신에게 물었습니다. '나를 협박하던 녀석에게 돈을 주지 않아 그 기록이 지방 검찰에 넘어가면 최악의 경우 어떤 일이 벌어질까?' 그 질문에 대한 답은 이러했습니다. '사업이 망할 것이다. 이것이 바로 최악의 상황이다. 감옥에 가진 않을 것이다. 회사의 이미지에 타격을 입게 되어 망하게 될 뿐이다.'

저는 생각했습니다. '좋다. 사업이 망하게 된다. 마음속으로 그것을 받아들이자. 그럼 그다음엔 어떻게 되지?' 저는 속으로 계속 생각했습니다. '사업이 망하면 새로운 일을 찾아야겠지. 그것도 나쁜 일은 아니야. 난 석유에 대해 잘 알고 있으니 나를 고용하려는 회사는 많을 거야.' 그렇게 생각하자 기분이 조금씩 나아졌습니다. 사흘간 저를 괴롭히던 두려움도 차츰 잦아들었습니다. 마음도 나아졌습니다. 그러자 놀랍게도 생각을 할 수 있게 됐습니다. 저는 3단계, 그러니까 최악의 상황을 개선하는 단계에 이를 만큼 마음이 가벼워졌습니다. 해결 방법을 고민하다 보니 문제를 새로운 시각으로 바라볼 수 있게 됐습니다. 이 모든 일을 변호사에게 얘기한다면 그가 생각지도 못한 방법을 제시할 수도 있겠다는 생각이 들었습니다. 전에는 미처 이런 생각을 하지 못했다고 한다면 바보처럼 들릴 겁니다. 하지만 전에는 생각이란 것 자체를 할 수 없었습니다. 그저 걱정만 했으니까요. 저는 다음 날 아침 일찍 변호사를 만나야겠다고 결심하고는 침대에 드러누워 시체처럼 잠을 잤습니다.

결과가 궁금하다고요? 다음 날 아침 변호사를 만났을 때 그는 제게 지방 검사에게 모든 사실을 말하라고 하더군요. 저는 그대로 실행했습니다. 모든 이야기를 끝내자 검사는 제게 놀랄 만한 이야기를 건넸습니다. 몇 달씩 이런 식으로 협박해서 돈을 뜯어내는 사례가 계속 있었다는 것이었습니다. '정부 조사관'이라던 그 남자는 수배 중이던 사기꾼이었습니다. 그 사기꾼에게 5,000달러를 주느냐마느냐의 문제로 사흘간 고심하던 저는 그 말을 듣고 안도의 한숨을 내쉬었습니다. 이 경험으로 저는 귀한 교훈을 얻었습니다. 이제 저는 걱정을 해야 되는 상황에 부닥칠 때면 '윌리스 H. 캐리어 공식'을 사용합니다."

윌리스 H. 캐리어가 어려움을 겪었구나 하고 생각한다면, 잠깐만 생각을 멈추고 들어 보라. 그건 문젯거리도 아니다. 여기 매사추세츠 주 윈체스터 웨지미어 애비뉴 52번지에 사는 얼 P. 헤이니의 이야기를 들어보자. 아래는 1948년 11월 17일, 보스턴에 있는 스태틀러 호텔에서 헤이니 본인이 내게 털어놓은 사연이다.

"저는 20대부터 걱정 때문에 위궤양이 생겨 심각한 상황에 놓인 적이 있었습니다. 어느 날, 저는 극심한 설사로 시카고에 있는 노스웨스턴 의과대학 부속병원에 입원했습니다. 당시 80킬로그램이었던 체중이 40킬로그램으로 줄어들었습니다. 건강이 좋지 않았던 저는 손가락 하나도 움직이지 말라는 지시를 받았습니다. 궤양 전문가를 포함한 세 명의 전문의는 제게 '치료 불가능'이라는 진단을 내렸습니다. 저는 시간마다 알칼리성 분말과 우유와 크림을 반반씩 섞은 음식물 한 숟가락을 먹으며 연명했습니다. 매일 아침과 저녁에 간호사는 제 위에 고무관을 넣어 내용물을 빼냈습니다. 몇 달이 지났습니다. 마침내 저는 자신에게 말했습니다. '이봐, 얼 헤이니. 어차피 더는 아무 희망도 없이 죽을 날만 기다려야 한다면, 이제는 여생이라도 최대한 잘 살아야 하지 않겠어? 너는 늘 생전에 세계 여행을 떠나고 싶어 했잖아. 여행을 갈 기회는 지금뿐이야.' 그래서 저는 의사들에게 당장 세계 여행을 떠날 것이며 하루에 두 번씩 스스로 위 속에 있는 내용물을 뽑아내겠다고 말했습니다. 그들은 깜짝 놀랐습니다. 말도 안 되는 소리! 지금껏 이런 이야기를 들어본 적이 없었던 것입니다. 그들은 제게 세계 여행을 떠난다면 타국에서 죽어 수장될 거라고 경고했습니다. 저는 이렇게 대답했습니다. '그럴 일은 없을 겁니다. 저는 친척들에게 네브래스카주 브로큰보에 있는 가족 공동묘지에 묻힐 거라고 약속했으니까요. 저는 관을 가지고 다닐 생각입니다.' 저는 관 하나를 사서 배에 실었습니다. 그러고는 만약 제가 죽게 된

다면 저를 관에 넣어 고국에 도착할 때까지 냉동 보관을
해달라고 여객선 회사에 요청했습니다. 저는 페르시아의
수학자이자 시인 오마르 하이얌이 지은 시의 분위기를 떠
올리며 여행길에 올랐습니다.

아, 아직 쓸 것이 남아 있다면 지금 아낌없이 쓰라.
우리 또한 한 줌의 먼지가 되기 전에
먼지에서 먼지로 돌아가 먼지 아래에 누울지니
술도 없이, 노래도 없이, 시인도 없이, 그리고 끝
도 없이!

로스앤젤레스에서 아시아로 가는 SS 프레지던트 애덤
스 호에 승선하는 순간 저는 기분이 나아졌습니다. 저는
알칼리성 분말을 복용하는 일과 위를 세척하는 일을 그만
두었습니다. 얼마 지나지 않아 저는 먹으면 죽는다고 하
는 모든 종류의 이상한 토착 음식들과 혼합음료수들을 마
시고 있었습니다. 그렇게 몇 주가 지난 후 저는 검고 긴
시가를 피우기도 했으며 하이볼을 마시기도 했습니다. 저

는 지금껏 살아온 여느 때보다 즐거움을 만끽하고 있었습니다, 저는 몬순과 태풍 속으로 들어가기도 했는데, 예전 같았으면 극심한 공포에 떨었겠지만 저는 오히려 그 모험을 짜릿하게 즐기고 있었습니다.

저는 배 안에서 게임을 하고 노래를 부르고 친구를 사귀며 밤늦게까지 놀았습니다. 저는 제가 과거에 걱정하던 사업에 관한 문제들이 중국과 인도에서 목격한 가난, 기아의 문제에 비하면 천국과도 같다는 사실을 깨달았습니다. 저의 어리석은 걱정은 모두 사라졌고 마음은 평온해졌습니다. 미국으로 돌아왔을 때 체중은 40킬로그램이나 늘어 있었습니다. 제가 위궤양을 앓고 있었다는 사실조차 거의 잊어버릴 정도였습니다. 태어나서 지금처럼 유쾌했던 적은 단 한 번도 없었습니다. 그 후로는 하루도 아프지 않았습니다."

얼 P. 헤이니는 무의식중에 자신이 윌리스 H. 캐리어가 걱정을 떨쳐 내기 위해 사용했던 방법을 사용한 것 같다고 내게 말했다.

"우선, 저는 저 자신에게 이렇게 물었습니다. '일어날 수 있는 최악의 상황은 무엇인가?' 그 대답은 죽음이었습니다.

둘째, 저는 죽음을 받아들일 각오가 돼 있었습니다. 그럴 수밖에 없었으니까요. 선택의 여지가 없었습니다. 의사도 제게 살 가능성이 없다고 했으니까요.

셋째, 저는 제게 남은 짧은 시간만이라도 최대한 즐기고 더 나은 생활을 하려고 노력했습니다. 만약 배에 올라타서도 계속 걱정만 하고 있었다면, 저는 그 관 속에 누운 채로 돌아왔을 것입니다. 하지만 저는 마음을 편히 가졌고 모든 걱정을 잊었습니다. 안정된 마음으로 새롭게 솟아난 에너지가 제 목숨을 구한 것입니다."

그러므로 걱정거리가 있다면 윌리스 H. 캐리어의 마법의 공식에 나온 대로 다음의 3단계를 실행해보라.

걱정에 대해 알아야 할 기본적인 사실 2

1단계 '스스로에게 일어날 수 있는 최악의 상황은 무엇인가?'라고 자문해 보라.

2단계 필요하다면 최악의 상황을 받아들일 준비를 해라.

3단계 최악의 상황을 개선하기 위해 침착하게 노력하라.

3

걱정이 우리에게
미치는 효과

"걱정에 대비하지 못하는 사업가는 일찍 죽는다."

- 알렉시 카렐 박사

최근에 일어났던 일이다. 이웃에 사는 누군가가 우리 집 초인종을 누르더니 식구들에게 천연두 예방 접종을 하라고 권했다. 그는 집마다 돌아다니며 초인종을 누르는 수많은 자원봉사자 중 한 명일뿐이었다. 뉴욕 전체로 보아 이 같은 사람은 수천 명이나 되었다. 두려움을 느낀 사람들은 예방 접종을 하겠다고 한꺼번에 몰려들었고 몇 시간씩 대기해야만 했다. 모든 병원을 비롯한 소방서와 경찰서, 심지어 대형 공장에서도 예방 접종소를 설치했다.

2,000명이 넘는 의사와 간호사들이 밀려드는 사람들에게 예방 접종을 하기 위해 밤낮으로 열심히 일했다. 이렇게 난리법석을 떤 이유가 무엇이었을까? 뉴욕 시민 여덟 명이 천연두에 감염되었고 그 중에 두 명이 사망한 일이 있었다. 거의 800만 명에 가까운 인구 중에 두 명이 사망한 사실이 원인이었던 것이다.

나는 지금껏 37년 넘게 뉴욕에서 살았지만 여태까지 '걱정'이라는 감정적 질병을 경고하기 위해 우리 집 초인종을 눌렀던 사람을 본 적이 없다. 이 병이 37년 동안 천연두보다 1만 배 이상 더 큰 피해를 입혔는데도 말이다.

지금 미국에 사는 사람 열 명 중 한 명은 신경 쇠약에 시달릴 것이다. 주요 원인은 걱정과 같은 감정적인 갈등이지만 그것을 경고하기 위해 우리 집을 찾은 사람은 아무도 없다. 나는 여러분에게 이 사실을 알리기 위해 글을 쓰고 있다. 노벨 의학상을 받은 알렉시 카렐 박사는 이렇게 말했다. "걱정에 대비하지 못하는 사업가는 일찍 죽는다." 이것은 주부나 수의사, 벽돌공의 경우도 마찬가지다.

몇 년 전, 나는 O. F. 고버 박사와 함께 차를 타고 텍사스와 뉴멕시코 지역을 여행하며 휴가를 보냈다. 그의 정확한 직함은 걸프 콜로라도 앤드 산타페 병원협회의 수석 내과 과장이었다. 그는 '걱정의 영향'이 화두에 오르자 이렇게 말했다.

"내과를 찾는 환자 열 명 중 일곱 명은 걱정만 떨쳐버리면 스스로 병을 낫게 할 수 있습니다. 그렇다고 그 사람들의 병이 상상으로 만들어낸 것이라는 이야기는 아닙니다. 이런 병은 치통처럼 현실적이며 때로는 그보다 100배 이상 심각하기도 합니다. 다만 저는 이러한 병이 신경성 소화 불량이나 위궤양, 심장 질환, 불면증, 두통, 마비 증상과 같다는 이야기를 하고 싶습니다."

고버 박사는 계속해서 이렇게 말했다.

"이러한 질병들은 꾀병이 아닙니다. 저는 누구보다 잘 알고 있습니다. 바로 제가 12년간 위궤양으로 고생했기 때문입니다. 두려움은 걱정을 유발합니다. 걱정은 사람을 긴장시키고, 예민하게 만들어 위 신경에 영향을 줍니다. 걱정은 정상적인 위액을 비정상적으로 변화시키며 이렇게 되면 위궤양으로 진행되기도 합니다."

『신경성 위 질환』이라는 책의 저자 조셉 F. 몬태규 박사도 이와 거의 비슷한 말을 했다.

"위궤양은 여러분이 먹고 있는 음식 때문이 아니라 여러분을 좀먹고 있는 것 때문에 발생합니다."

메이로 클리닉의 W. C. 앨버레즈 박사는 이렇게 말한 바 있다.

"궤양은 정서적인 스트레스의 정도에 따라 악화하기도 하고 완화되기도 하는 경우가 많다."

메이오 클리닉에서 위장 질환으로 치료를 받았던 1만 5,000명의 환자에 대한 연구가 이 말을 뒷받침하고 있다. 다섯 명의 환자 중 네 명은 위 질환이 생길 만한 신체적 요인이 전혀 없었다. 위염이나 위궤양 환자들은 대부분 두려움이나 걱정, 증오, 극도의 이기심과 현실에 대한 부적응 현상 때문에 병을 앓고 있었다. 위궤양은 사망에 이르게 하는 질병이다. 《라이프》지는 위궤양이 현대인의 생명을 위협하는 질병 10위권에 포함됐다고 밝혔다.

얼마 전 나는 메이오 클리닉에서 근무하는 해럴드 C. 하베인 박사와 몇 차례 편지를 주고받았다. 그는 전미의

사협회 정기총회에서 기업체 임원 176명을 대상으로 연구한 논문을 발표했다. 조사 대상자들의 평균 연령은 44.3세였다. 그 논문에 따르면 그들 가운데 3분의 1이상이 극도의 긴장된 상황에서 발병하는 3대 질병, 즉 심장 질환과 소화기 계통의 궤양, 고혈압 증상을 가지고 있었다. 생각해보라. 45세 이하, 3분의 1이 넘는 기업체 임원들이 심장 질환이나 궤양, 고혈압 등의 질병으로 건강을 해치고 있다. 성공을 위해 얼마나 값비싼 대가를 치르고 있는가! 더구나 이들이 모두 성공했다고 볼 수도 없다! 위궤양이나 심장병을 앓는 대가를 치르는 이들을 과연 성공했다고 말할 수 있을까?

건강을 잃은 뒤 세상 전부를 얻는다면 무슨 소용이 있겠는가? 세상을 다 가질 수 있다 해도 그가 누워서 잘 수 있는 것은 하나의 침대뿐이고, 하루에 먹을 수 있는 양은 하루 세 끼뿐이다. 막노동을 하는 사람들도 이 정도는 누린다. 아니, 오히려 고위직에 있는 임원들보다 더 잘 자고 맛있게 먹을 것이다. 솔직히 나라면 철도나 담배 회사를 경영하면서 마흔다섯에 건강을 해치느니 차라리 평사원으로 살더라도 차라리 앨라배마 촌구석에서 밴조를 껴안고 노래를 흥얼거리며 사는 소작농이 되는 편을 택하겠다.

최근 세계에서 가장 유명한 담배 회사의 사장이 휴식을 취하기 위해 캐나다에 있는 숲으로 갔다가 심장 마비로 돌연사를 한 일이 있었다. 그는 수백만 달러를 벌었지만 예순한 살의 나이로 생을 마감했다. 그 역시 '사업상의 성공'을 위해 수명을 줄이는 일을 했을 것이다.

내 아버지는 미주리에서 농사를 짓다가 89세에 세상을 떠나셨는데 재산은 한 푼도 남기지 않았다. 그런데도 나는 수백만 달러를 가진 담배 회사 사장의 성공은 내 아버지가 이룬 성공의 절반도 되지 않는다고 생각한다.

유명한 메이오 형제는 병원 침대의 반 이상을 신경 질환을 앓는 사람들이 차지하고 있다고 말한 바 있다. 하지만 사후 그 환자들을 부검한 뒤 최첨단 현미경으로 그들의 신경을 들여다보니 대부분 신경은 권투 선수 잭 뎀프시의 신경만큼 건강하다는 사실을 확인할 수 있었다. 그들이 앓고 있는 '신경 질환'은 물리적으로 악화됐기 때문이 아니라 허무감이나 좌절감, 불안, 걱정, 두려움, 패배감, 절망감이라는 감정 때문에 발생한 것이다. 플라톤은 이렇게 말했다. "의사들이 저지르는 가장 큰 실수는 정신이 아닌 육체를 치료하려는 것이다. 하지만 정신과 육체는 하나이므로 별개로 취급해서는 안 된다."

의학이 이런 위대한 진리를 받아들이기까지 무려 이 2,000년이라는 세월이 흘렀다. 이제 우리는 바야흐로 정신신체의학이라고 불리는 새로운 의학 분야에 눈을 뜨고 있다. 이것은 정신과 육체를 동시에 다루는 의학으로서 이를 실행하기에는 지금이 적기다. 현대 의학은 물리적 병원균에 의해 발생하는 무시무시한 질병, 이를테면 수많은 사람을 갑작스러운 죽음으로 몰고 간 천연두나 콜레라, 황열병 등을 대부분 극복했기 때문이다. 그런데도 의학은 병원균이 아닌 감정, 즉 걱정이나 두려움, 증오, 좌절감, 절망감 등으로 발생하는 정신적, 육체적 질병과 관련해서는 제대로 대처하지 못했다. 이러한 정신적 질병에 희생된 사람들은 급속도로 증가하고 있다.

전문가들의 말에 따르면, 현재 살아 있는 미국인 스무 명 중 한 명은 정신 질환을 치료하는 곳에서 일정 시간을 보내게 될 것이라고 한다. 제2차 세계대전 당시 징집된 청년 중 여섯 명 중 한 명은 정신적으로 질환이 있거나 문제가 있어 입대할 수 없었다.

정신 질환의 발병 요인은 무엇일까? 아무도 그 이유에 대해서 정확히 알 수 없다. 하지만 불안과 걱정이 원인이라는 사실만큼은 확실하다. 현실의 무게를 이겨 내지 못하고 걱정과 불안에 시달리는 사람들은 주변의 모든 관계를 끊고 스스로 만든 자기만의 공상 세계로 숨어 자신의 걱정을 해결하려고 한다.

지금 이 글을 쓰고 있는 내 책상 위에 에드워드 포돌스키 박사가 지은 『걱정을 멈추면 병이 낫는다』라는 책이 놓여 있다. 소제목을 몇 개 뽑아 보면 다음과 같다.

걱정이 심장에 미치는 영향
고혈압은 걱정을 먹고 자란다.
걱정은 류머티즘을 낳을 수 있다.
위장을 위해서는 걱정을 줄여라
걱정을 하면 감기에 걸릴 수 있다.

걱정과 갑상선

걱정이 많은 당뇨병 환자.

걱정에 대한 통찰력을 보여주는 또 한 권의 책은 『내 안의 적』이다. '정신 의학계의 메이오 형제'라고 불리는 칼 메닝거 박사가 쓴 책이다. 메닝거 박사의 이 책은 걱정을 피하는 방법을 제시해주지는 않는다. 다만 걱정이나 좌절, 증오, 원한, 반감, 두려움 등이 우리의 육체와 정신을 어떻게 망가뜨리는지 생생하게 보여준다.

신경이 무딘 사람도 걱정으로 병들 수 있다. 그랜트 장군은 남북 전쟁 말기에 이 사실을 깨달았다. 이야기는 다음과 같다.

그랜트는 9개월째 리치먼드를 포위하는 중이었다. 보급품 부족과 굶주림에 시달리던 리 장군의 군대는 패잔병 집단과 같았다. 연대 전체가 탈영을 하기도 했다. 남은 병사들은 막사에서 기도회를 열고 소리치고 흐느끼기도 하며 환영을 보기도 했다. 점점 끝이 보이기 시작했다. 리 장군의 병사들은 리치먼드에 있는 목화와 담배 창고에 불을 저지르고 무기고를 태운 뒤 어두운 밤하늘로 치솟는 화염을 등지고 도시 밖으로 달아나 버렸다. 그 뒤를 그랜트가 추격하면서 남군의 양옆과 뒤쪽에서 총을 쏘아댔고, 셰리든의 기병대는 적군의 퇴로를 막으며 철로를 파괴하고 보급품을 실은 열차를 수탈했다.

그랜트는 눈도 제대로 뜰 수 없을 만큼 지독한 편두통을 앓고 있었기에 부대를 추격하지 못하고 한 농가에 머물렀다. 그는 『회고록』에 이렇게 기술했다. "나는 겨자를 푼 뜨거운 물에 밤새 발을 담그고 손목과 목 뒤에 겨자로 만든 반죽을 붙인 채 아침이 되면 상태가 나아지기를 기대하고 있었다."

다음 날 아침이 되자 그의 편두통은 말끔히 사라졌다. 하지만 그의 병을 낫게 한 것은 겨자 반죽이 아니라, 말을 탄 병사가 가져온, 항복 의사를 밝힌 리 장군의 편지였다. 그랜트는 이렇게 기술했다. "장교 한 명이 편지를 가지고 도착할 때까지도 나는 편두통에 시달리고 있었다. 하지만 편지의 내용을 보자마자 두통은 말끔히 사라졌다." 그랜트는 걱정과 긴장 같은 감정 때문에 병이 난 것이다. 그는 감정이 확신, 성취감, 성공으로 바뀌는 순간 병이 나았다.

그로부터 70년 후, 프랭클린 D. 루스벨트 내각의 재무장관을 역임한 헨리 모건 2세는 걱정을 하면 너무나 고통스러워서 어지러울 수 있다는 사실을 깨달았다. 그가 쓴 일기에 의하면 그는 대통령이 호밀 값을 인상하기 위해 하루에 440만 부대나 되는 호밀을 사들인 일에 대해 큰 걱정을 하고 있었다. 일기에는 이런 문장도 있다. "그 일을 수행하는 동안 나는 말 그대로 머리가 핑 돌았다. 점심을 먹은 뒤 집에 가서 두 시간 동안 침대에 누워 있어야 했다."

만일 걱정이 사람들에게 미치는 영향을 알고 싶다면, 도서관이나 병원을 찾아갈 필요조차 없다. 지금 이 책을 쓰고 있는 내 집의 창밖을 내다보는 것만으로도 충분하다. 한 구역 내에서도 어느 집은 걱정 때문에 신경 쇠약을 앓는 사람이 있는가 하면, 어느 집에는 걱정 때문에 당뇨를 앓는 사람이 있다. 주가가 폭락하면 사람의 혈액과 소변에 당 수치가 증가한다.

프랑스의 유명한 철학자 몽테뉴는 자신이 살던 지역인

보르도의 시장으로 선출됐을 때 동료 시민들에게 이런 말을 했다. "저는 제 힘으로 공공의 임무를 감당할 준비가 돼 있습니다. 하지만 저의 간과 폐로 감당하진 않을 것입니다."

내 이웃들은 주식 시장과 관련된 일을 자신의 혈관으로 감당하면서 거의 죽을 지경에 이르고 있었다.

여러분은 걱정을 하면 류머티즘이나 관절염에 걸려 휠체어를 타게 될 수도 있다. 관절염 분야에서 최고 권위자인 코넬 대학교 의과대학의 러셀 L. 세실 박사는 다음 네 가지가 관절염을 유발하는 가장 흔한 조건이라고 말한 바 있다.

1. 불행한 부부 생활
2. 재정적 어려움이나 고민
3. 외로움과 걱정
4. 오래 묵은 원한

물론 이 네 가지의 정서적 상황이 관절염을 유발하는

원인의 전부라는 말은 아니다. 관절염에도 다양한 종류가 있고 원인 또한 다양하다. 하지만 흔히 관절염을 유발하는 조건은 러셀 L. 세실 박사가 열거한 이 네 가지다.

예를 들어 보자. 내 친구 중 하나는 불황기에 상당한 궁지에 몰렸다. 가스 회사에서는 가스 공급을 중단했고, 은행은 저당 잡고 있던 집을 처분하겠다고 통보했다. 그때 그 친구의 부인에게 갑자기 심한 관절염이 발생했다. 약이란 약을 다 쓰고 식이요법을 동원해 봤지만 소용없었다. 하지만 재정적 상태가 나아지자 관절염 증세도 말끔히 나았다.

걱정을 하면 심지어 충치를 유발하기도 한다. 미국치과의협회에서 연설하던 중 윌리엄 I. L. 맥고니글 박사는 "걱정과 두려움, 잔소리 등으로 생겨난 불쾌함은 우리 몸의 칼슘 균형을 무너뜨려 충치를 유발할 수도 있다."라고 말했다.

맥고니글 박사는 환자 한 명의 사례를 들려주었다. 그의 부인이 갑자기 병이 났는데, 전에는 완벽한 이를 가졌던 환자가 부인이 입원한 3주 사이에 충치가 아홉 개나 생겼다는 것이다. 모두 걱정 때문에 생겨난 충치였다.

여러분은 급성 과활동성 갑상선을 가진 사람을 본 적이 있는가? 그런 증상을 가진 사람들은 몸을 부들부들 떨면서 흔든다. 마치 겁에 질려 죽어 가고 있는 모습처럼 보인다. 실제로 죽어 가고 있는 것과 마찬가지이기도 하다. 그들은 신체 기능을 조절하는 분비 기관인 갑상선의 상태가 악화된 상태다. 그런 경우 심장 박동이 빨라지고, 모든 신체 기관이 통풍구를 모두 열어놓은 화덕처럼 에너지를 쏟으며 요란하게 작동한다. 수술이나 치료를 통해 이러한 움직임을 통제하지 않으면 환자는 안타깝게도 불꽃처럼 '자신을 완전히 소진시키고' 죽음에 이르게 될 것이다.

최근 나는 이런 질환을 앓는 친구와 함께 필라델피아에 간 적이 있다. 38년간 이런 질환을 다루어온, 이 분야에서는 전문가라고 불리는 이스라엘 브람 박사와 상담하기 위해서였다. 병원 대기실 벽에는 커다란 나무 액자가 걸려 있었는데, 거기에는 환자들을 향한 조언이 적혀 있었다. 그곳에서 대기하는 동안 나는 봉투 뒷면에 그 문구를 적어 왔는데, 내용은 다음과 같다.

편안함과 활력

편안함과 활력을 주는 가장 큰 힘은
건전한 종교와 수면, 음악, 웃음.
하느님을 믿고 잘 자는 법을 익히고
좋은 음악을 사랑하고 삶의 즐거운 면을 보라.
그러면 건강과 행복이 네 것이 되리라.

"어떤 고민 탓에 이런 증상이 생겼습니까?"

브람 박사가 내 친구에게 건넨 첫 질문이다. 그는 내 친구에게 만약 걱정을 멈추지 않는다면 심장 질환이나 위궤양, 당뇨와 같은 합병증을 찾아올 수도 있다고 경고했다. 그러면서 그 저명한 의사는 이렇게 덧붙였다.

"이러한 질병들은 모두 친척인데 그중에서도 친 사촌 지간입니다."

언젠가 배우 메를 오베른과 대화를 나눈 적이 있는데, 그녀는 걱정을 하지 않는다고 했다. 걱정을 하면 영화배

우로서 최대의 자산인 얼굴을 망가뜨릴 수 있기 때문이라
는 것이다. 그녀는 내게 이렇게 말했다.

"처음 영화계에 발을 들였을 때 걱정도 되고 두려웠어
요. 런던에서 일자리를 구해보려고 했지만, 인도에서 온
지 얼마 되지도 않은 터라 아는 사람이 하나도 없었어요.
제작자 몇 사람을 만나 보았지만, 누구도 저를 고용하지
않았어요. 그러다 수중에 있는 얼마 안 되는 돈마저 떨어
졌어요. 그래서 2주간 크래커와 물로 버텨야만 했어요. 이
제는 걱정뿐만이 아니라 배고픔도 문제가 됐으니까요. 저
는 자신에게 이렇게 말했어요. '어쩌면 넌 바보일지도 몰
라. 그리고 영화계에는 절대 발을 들이지 못할지도 몰라.
생각해봐. 넌 무대에 서본 적이 없고 경험도 없잖아. 네가
내세울 거라곤 조금 반반한 얼굴뿐이잖아?' 저는 거울 앞
으로 갔어요. 거울을 들여다보자 걱정 때문에 제 얼굴이
어떻게 변해가고 있는지 알게 됐어요. 주름이 생기고 있
었어요. 근심 가득한 표정도 보였지요. 그래서 저는 이렇
게 말했어요. '이런 짓은 당장 그만둬! 넌 지금 걱정할 만

한 처지도 못 되니까. 네가 내세울 거라곤 얼굴밖에 없는데 그마저도 걱정 때문에 망가지고 있잖아!'"

걱정만큼 빠르게 사람을 늙게 하고 추한 얼굴로 만들며 외모를 망치는 것은 없다. 걱정하게 되면 표정이 딱딱해진다. 걱정은 이를 악 물게 만들고 얼굴에 주름을 만든다. 걱정 때문에 찡그린 표정은 사라지지 않는다. 머리가 하얗게 세고 빠지기도 한다. 걱정은 피부를 망치며 피부 발진이나 뾰루지, 여드름이 생기게 된다.

심장병은 오늘날 미국에서 가장 치명적인 질병으로 꼽힌다. 제2차 세계대전이 벌어지는 동안 전투에서 희생된 미군은 약 30만 명 정도였지만, 그 기간에 심장병으로 사망한 사람은 200만 명이나 되었고, 그중 절반은 걱정과 극도의 긴장이 원인인 심장병으로 사망했다. 그렇다. 알렉시 카렐 박사가 "걱정에 대비하지 못하는 사업가는 일찍 죽는다."라고 말했던 가장 중요한 이유 중 하나가 바로 심장병 때문이다.

남부 여러 주에 사는 흑인들이나 중국인들 가운데는

걱정에 의해 야기되는 이런 종류의 심장병을 일으키는 사람이 드물다. 왜냐하면 그들은 세상일을 차분히 받아들이기 때문이다. 의사들이 심장병으로 죽는 경우는 농장 일꾼들의 경우보다 스무 배나 많다. 의사들은 긴장된 삶을 살고, 그 대가를 지불한다.

윌리엄 제임스 교수는 이렇게 말했다.

"하느님은 우리의 죄를 용서해주실지라도 신경 체계는 결코 용서해 주지 않는다."

믿기 힘든 사실 하나를 제시해 보겠다. 미국에서는 매년 전염성이 강한 다섯 가지 질병으로 말미암아 사망하는 사람보다 더 많은 사람들이 자살로 생을 마치고 있다. 이유가 무엇일까? 그 이유는 대부분 '걱정' 때문이다.

옛날 중국의 잔인한 군주들은 포로를 고문할 때 포로의 손발을 묶은 뒤 물통 아래에 두고 밤새도록 그 위로 물이 한 방울씩 똑, 똑, 똑 떨어지게 했다. 머리 위로 계속 떨어지던 이 물방울 소리는 마침내 망치 소리처럼 들리게되어 포로들을 미치게 만들었다. 스페인의 종교 재판과

히틀러 치하 독일의 강제 수용소에서도 이와 똑같은 방법을 사용했다.

걱정은 쉼 없이 '똑, 똑, 똑' 떨어지는 물방울과 같다. 끊임없이 떨어지는 걱정은 때로는 정신 이상과 자살을 유도하기도 한다.

내가 미주리 주의 한 시골에 사는 어린아이였을 때의 일이다. 어느 날, 저승에 지옥불이 있다는 빌리 선데이의 말을 들은 나는 극심한 공포에 시달렸다. 하지만 그는 지금 걱정에 시달리고 있는 사람들이 느끼는 육체적 고통이라는 지옥불과 관련해서는 언급한 적이 없다. 예를 들면, 만약 여러분이 걱정을 고질병처럼 지닌 사람이라면 언젠가는 사람이 경험할 수 있는 최악의 고통, 바로 협심증을 앓게 될지도 모른다.

단언하건대, 만일 그 병에 걸리게 된다면 여러분은 고통의 비명을 지르게 될 것이다. 여러분이 지르는 그 비명소리에 비하면 단테의 《신곡》 지옥편에서 나오는 소리는 〈장난감 나라의 아이들〉에서 나오는 우스운 비명 소리 정도로밖에 들리지 않을지도 모른다. 그러면 여러분은 자신에게 이렇게 말하게 된다. "오, 하느님, 오, 하느님. 제발 이 병만 낫게 해 주세요 그러면 다시는 어떤 일이 생겨도 걱정하지 않겠습니다." 내 말이 너무 과장되었다고 생각되면 여러분의 주치의에게 물어보기 바란다.

여러분은 인생을 사랑하는가? 건강하게 오래 살고 싶은가? 그렇다면 비법을 알려주겠다. 알렉시 카렐 박사의 말을 다시 인용하겠다. "현대 도시의 혼란 속에서도 자신의 내면세계의 평정을 유지할 수 있는 사람은 정신 질환에 걸리지 않는다."

여러분은 현대 도시의 혼란 속에서도 자신의 내면세계의 평정을 유지할 수 있는가? 흔히들 '그렇다.' 혹은 '물론이지요.'라고 대답할 수도 있다. 대부분의 사람은 자신이 생각하는 것보다 더 강하다. 우리에게는 지금껏 한 번도 써보지 않은 내적인 능력이 있다. 데이비드 소로는 불멸의 저서 『월든』에서 이렇게 말했다.

"사람에게는 의식적인 노력으로 자기 삶의 질을 높이려는 능력이 존재한다는 사실만큼 위안이 되는 것은 없다. 확신을 가지고 자신의 꿈을 이루기 위해 정진한다면, 자신이 꿈꿔온 인생을 살기 위해 노력한다면, 그는 평소에 기대할 수 없는 성공을 거두게 될 것이다."

이 책을 읽고 있는 독자 또한 올가 K. 자비가 지닌 만큼 강한 의지와 내적 능력을 지니고 있을 것이다. 그녀는 아무리 최악의 상황에 부딪치더라도 걱정을 물리치는 게 가능하다는 것을 알게 되었다. 이 책에서 다루고 있는 아주 오래된 지혜를 적용한다면, 누구나 그럴 수 있다고 확신한다. 올가 K. 자비는 내게 보낸 편지에서 이렇게 말하고 있다.

"8년 반 전에 저는 사망 선고를 받았습니다. 서서히 죽게 되는 암이라는 고통스러운 병 때문이었지요. 의학 분야의 최고 권위자인 '메이오 형제'를 찾아갔지만 같은 진단을 받았습니다. 저는 더 이상 갈 곳이 없는 막다른 길에 몰려 있었습니다. 저는 아직 젊습니다. 죽고 싶지 않았습니다! 절망에 빠진 저는 켈로그에 있는 주치의에게 전화를 걸어 마음속에 있는 절망감을 털어놓았습니다. 그는 제 말이 끝나기도 전에 저를 질책했습니다. '왜 그래요, 올가. 투지는 다 어디로 간 거지요? 그래요. 그렇게 계속 울기만 한다면 분명 죽게 되겠지요. 올가는 지금 최악의 상태예요. 좋아요, 현실을 직시하세요! 이제 걱정일랑 집어던지고 문제를 해결하기 위해 행동해야 하지 않겠어요?' 저는 그 즉시 맹세했습니다. 그 맹세는 너무 엄숙해서 마치 못이 살 속 깊이 파고들 듯 등골에 한기가 느껴졌지요. '걱정하지 않겠어! 더 울지 않겠어! 오직 이것 하나만 생각하겠어. 나는 이겨 낼 수 있어!' 라듐으로도 치료할 수 없을 정도로 암이 진행되면, 보통 하루에 10분 30초씩, 30일간 방사선 치료를 하게 됩니다. 저 같은 경우에는 하루에 14분 30초씩, 49일간 방사선 치료를 받았습니다. 휑한 언덕 위에 솟아난 바위처럼, 야윈 몸에서 뼈들이 툭툭 불거져 나오고, 발은 납덩이처럼 굳었습니다. 하지만 저는 걱정하지 않았습니다! 단 한 번도 울지 않았습니다! 저는 웃었습니다! 정말로 그랬습니다. 억지웃음이라도 지으려고 노력했으니까요. 저는 웃음만으로 암을 고칠 수 있다고 믿을 만큼 어리석진 않습니다. 하지만 즐거운 마음가짐은 우리 몸이 질병과 싸우는 데 도움이 될 거라 믿고 있습니다. 어쨌든 저는 암을 물리치는 기적을 경험했습니다. 지난 몇 년 동안 저는 어느 때보다 훨씬 건강한 삶을 살았습니다. 이것은 모두 다 제 주치의 매캐프리 박사가 제게 해준 도전적이고 용기 있는 말 덕분입니다. '현실을 직시하라. 걱정은 집어던지고 문제 해결을 위해 행동하라.'"

이 글을 마무리하면서 알렉시 카렐 박사의 말을 한 번 더 언급하고자 한다.

"걱정에 대비하지 못하는 사업가는 일찍 죽는다."

예언자 모하메드의 추종자들은 종종 코란의 한 구절을 문신처럼 가슴에 새기곤 했다. 나는 이 책의 모든 독자가 이 말을 가슴에 새기기를 바란다.

"걱정에 대비하지 못하는 사업가는 일찍 죽는다."

카렐 박사는 바로 여러분의 이야기를 하고 있었던 것은 아닐까? 그럴지도 모른다.

걱정에 대해 명심해야 할 한 구절

걱정에 대비하지 못하는 사업가는 일찍 죽는다.

걱정에 대해 알아야 할 기본적인 세 가지 사실

1. 윌리엄 오슬러 경의 말을 따르라.
   '오늘에 충실하라.'
   '미래의 일로 초조해하지 말라.'
   '매일 잠들기 전까지 그날 하루만 살아라.'

2. 윌리스 H. 캐리어의 비법을 적용해 보라.
   1단계: 자신에게 질문하라.
   '이 문제를 해결하지 못했을 때 발생하는 최악의 상황은 무엇인가?'
   2단계: 필요하다면 최악의 상황을 받아들일 마음의 준비를 해라.
   3단계: 이미 마음으로 받아들인 최악의 상황을 개선하기 위해 침착하게 노력하라.

3. 걱정을 계속하면 건강상의 대가를 치러야 한다는 사실을 기억하라.
   '걱정에 대처하지 못하는 사업가는 일찍 죽는다.'

PART

2

걱정을 분석하는
기본적인 기술

1

걱정되는 문제를
분석하고
해결하는 방법

나는 충실한 여섯 명의 하인을 두었다네.

(내가 배운 건 모두 그들이 가르쳐준 것이라네)

그들의 이름은 다음과 같다네.

언제, 어디서, 누가, 무엇을, 어떻게, 왜.

– 루디야드 키플링

앞서 언급한 윌리스 H. 캐리어의 비법을 활용하면 모든 걱정을 해결할 수 있을까? 물론 아니다. 그럼 어떻게 해야 할까? 문제를 분석하는 기본 세 단계를 배워 다양한 종류의 걱정에 대처해야 한다. 세 단계는 다음과 같다.

1. 사실을 확인하라.

2. 사실을 분석하라.

3. 결론을 내린 뒤, 그 결론에 따라 실행하라.

너무 당연한 말인가? 그렇다. 아리스토텔레스도 이 방법을 가르쳤고 또 이 방법을 사용했다. 우리에게 고통을 주며 밤낮을 가리지 않고 지옥을 맛보게 하는 문제들을 해결하기 위해서는 우리 모두가 이 방법을 사용해야 한다.

제1규칙은 이것이다. 사실을 확인하라. 이것이 왜 중요한가? 사실을 정확히 알지 못하면 지혜롭게 문제를 해결하려는 시도조차 할 수 없다. 사실 없이 할 수 있는 일은 그저 초조해하며 발을 동동 구르는 것일 뿐이다. 이것은 나 혼자만의 생각이 아니다. 지금은 고인이 된, 허버트 E. 호크스의 생각이다. 그는 22년간 컬럼비아 단과 대학교의 학장이었고 학생 20만 명의 걱정을 해결하는 데 도움을 주었다. 그는 내게 "혼란이 걱정의 중요한 원인이다."라고 말했다. 그가 표현한 대로 그의 말을 들어 보자.

"세상의 모든 걱정 중 절반은 어떠한 근거로 결정을 내릴지 충분히 지식을 갖추지 못한 상황에서 발생합니다. 다음 주 화요일에 어떤 문제를 해결해야 한다고 가정해 봅시다. 저는 다음 주 화요일이 되기 전까지는 그 문제에 관한 결정을 내리려는 어떤 시도도 하지 않습니다. 그동 안 저는 그 문제와 관련된 사실들을 확인하는 데 집중합 니다. 걱정도, 그 문제에 대한 고민도 하지 않으며 불면증 에 시달리지도 않습니다. 오로지 사실을 확인하는 일에만 집중합니다. 그리고 다음 화요일이 될 무렵, 만약 모든 사 실을 다 확인했다면 대부분 문제는 저절로 해결됩니다."

나는 호크스 학장에게 그렇다면 걱정을 완전히 극복한 것이냐고 물었다. 그러자 그는 이렇게 대답했다.

"그렇습니다. 제 인생에서 걱정은 거의 없어졌다고 봐 도 무방합니다. 누구라도 공정하고 객관적인 방식으로 사 실을 확인하기 위해 시간을 투자한다면, 그의 걱정거리는 대개 이해라는 빛에 의해 증발하게 될 겁니다."

다시 말해 보자.

"누구라도 공정하고 객관적인 방식으로 사실을 확인하 기 위해 시간을 투자한다면, 그의 걱정거리는 이해라는 빛에 의해 증발하게 될 겁니다."

하지만 우리 대부분은 어떻게 하고 있는가? 만약 우리가 사실에 신경을 쓰고 있다고 가정해보자. 토머스 에디슨은 "생각하는 수고를 덜 수만 있다면 사람들은 어떤 방법이라도 동원할 것이다."라고 말했지만, 그래도 우리가 사실에 신경을 쓴다고 일단 가정해보자.

그렇게 한다고 해도 우리는 자신이 가지고 있는 생각을 지지해주는 사실만 찾으려고 애쓸 뿐, 다른 사실들은 모두 무시해버리고 만다. 우리는 다만 우리의 행동에 정당성을 부여해줄 사실들만 원하고 있을 뿐이다. 자신이 원하는 생각에 부합하고 또 자신의 선입견을 정당화할 사실만을 말이다.

앙드레 모루아가 말한 대로, "우리는 우리의 개인적 욕망에 부합하는 모든 것들을 진실하다고 여기며 그렇지 않은 모든 것들에 대해서는 화를 낸다."

이 말을 듣고도 우리가 우리의 문제에 대한 해답을 찾는 일을 무척 어려워하는 게 놀랄 만한 일로 여겨지는가?

가령 우리가 2 더하기 2는 5라고 믿으면서 초급 수학 문제를 풀려고 하면 이와 똑같은 문제가 생기지 않겠는가? 그런데도 세상에는 2 더하기 2는 5라고, 아니 때로는 500이라고 우기면서 자신과 주변 사람들의 인생을 지옥으로 만드는 사람들이 너무나 많다. 그렇다면 우리는 어떻게 해야 할 것인가? 우리의 감정을 사고로부터 분리시켜 놓아야 한다. 호크스 학장의 말처럼 사실을 '공정하고 객관적인' 방식으로 확인해야 한다.

하지만 걱정에 시달릴 때는 그렇게 하는 것이 쉽지 않다. 걱정하게 되면 감정에 휘둘리기 때문이다. 자신의 문제로부터 한 걸음 물러서서 사실을 명확하고 객관적으로 보기 위해 노력하자. 도움이 될 만한 방법이 있다.

1. 사실을 확인하려고 노력할 때 나 자신이 아닌 타인을 위해 정보를 수집하는 것처럼 행동하라. 증거에 대해 냉정하고 공정한 시각을 가지는 데 도움이 된다.

2. 자신을 걱정시키는 문제와 관련된 사실을 수집

할 때, 자신의 입장과 상반된 변론을 준비하는 변호사처럼 행동하라. 다시 말해 내게 불리한 사실이나 내 기대에 부합하지 않는 모든 사실, 그리고 내가 직면하고 싶지 않은 모든 사실을 수집하기 위해 노력한다.

그런 다음 내 입장과 나와 상반된 입장을 둘 다 기록한다. 이런 식으로 해보면, 일반적으로 진실은 양 극단의 중간 어딘가에 있다는 사실을 알게 된다.

내 말의 요지는 바로 이것이다. 여러분이든 나든, 혹은 아인슈타인이든 미국 대법원이든 사실에 대한 확인 없이는 어떠한 현명한 결정도 내릴 수 없다. 토머스 에디슨은 이러한 사실을 알고 있었다. 그는 생전에 그가 직접 겪었던 문제와 관련된 사실을 기록한 노트를 무려 2,500권이나 남겼다. 그러므로 문제를 해결하는 첫 번째 규칙은 바로 '사실을 확인하라.'는 것이다. 호크스 학장이 그랬던 것처럼, 공정한 방식으로 모든 사실을 수집한 다음에 문제를 해결하려는 시도를 해야 한다. 하지만 모든 사실은 단지 파악하는 것만으로는 소용이 없다. 우리는 그것을 분석하고 해석해야 한다.

나는 사실을 기록해두면 분석하기가 훨씬 수월해진다는 사실을 깨달았다. 사실을 종이에 적으며 문제를 명확히 기술하는 것만으로도 현명한 결론을 내리는 데 도움이 된다. 찰스 케터링은 "명확하게 기술된 문제는 이미 절반은 해결된 것이나 다름없다."라고 말했다.

이 말들이 현실에서 어떻게 적용되는지 보여주겠다. '백문(百聞)이 불여일견(不如一見)'이라는 말처럼, 내가 여러분에게 지금껏 언급했던 이야기들을 구체적으로 실행한 사람의 그림을 보여준다고 생각해보자.

이 이야기는 내가 수년간 알고 지낸 갈렌 리치필드라는 사람의 이야기다. 미국 동부 지역에서 가장 성공한 사업가 중 한 사람이었던 리치필드는 일본이 상하이를 침공하던 1942년에 중국에 있었다. 그가 우리 집에 방문했을 때 내게 해준 이야기는 다음과 같다.

"일본군은 진주만을 공격한 뒤 얼마 지나지 않아 이번에는 상하이를 침공했습니다. 당시 저는 아시아생명보험

상하이 지사에서 관리직을 맡고 있었습니다. 일본군은 우리 회사에 '군 청산인'을 보냈는데, 그는 해군 장성이었습니다. 그는 저에게 우리 회사의 자산을 청산하는 일에 협조하라고 명령하더군요. 그 상황에서 저는 다른 선택을 할 수가 없었습니다. 그들에게 협조하거나 다른 어떤 것이었는데, 그 '다른 어떤 것'이란 두 말할 필요도 없이 죽음이었습니다.

저는 명령대로 하는 척할 수밖에 없었습니다. 다른 방법이 없었으니까요. 하지만 저는 75만 달러 상당의 유가증권 한 묶음을 그 해군 장성에게 넘겨준 자산 목록에서 제외하고 빼돌렸습니다. 그것은 홍콩지사 소유라 상하이 지사의 자산과는 아무런 관계가 없었기 때문이었습니다. 그런데도 혹시라도 일본인들에게 제가 한 짓이 발각되면 저를 끓는 물에 던져버리지는 않을까 걱정이 되긴 했지요. 아니나 다를까 그들이 그 사실을 알아채고 말았습니다. 마침 저는 사무실에 없었습니다. 거기엔 제 상사인 경리과 부장이 있었습니다. 그의 말에 따르면, 일본군 장성이 몹시 분노해 책상을 내리치며 제게 도둑놈이니 반역자니 하며 욕을 퍼부었다는군요. 그들은 분명 저를 브리지하우스에 처넣을 게 분명했습니다.

브리지하우스! 일본 게슈타포의 고문실이었습니다! 제가 아는 이들 중에는 거기에 끌려가느니 차라리 죽음을 택하겠다며 목숨을 끊은 사람도 있었고, 열흘간의 심문과 고문을 못 이겨 그곳에서 죽은 사람도 있었습니다. 그 브리지하우스에 제가 끌려가게 될 상황이었지요!

그래서 제가 어떻게 했냐고요? 그 소식을 듣게 된 건 일요일 오후였습니다. 그 당시에 저만의 대처 방법이 없었다면 저는 분명 엄청난 두려움에 사로잡혀 있었을 것입니다. 하지만 저는 오래전부터 걱정스러운 일이 생길 때마다 타자기 앞에 앉아 두 가지 질문을 작성하고 거기에 대한 답을 적었습니다.

1. 나는 무엇을 걱정하고 있는가?
2. 그와 관련해 내가 할 수 있는 일은 무엇인가?

얼마 전까지만 해도 이 두 가지 질문을 써놓지 않은 상태에서 답을 하려고 했습니다. 하지만 몇 년 전부터는 그렇게 하지 않았습니다. 질문을 적고 답을 적는 과정을 통해 명확한 사고를 할 수 있다는 사실을 깨달았기 때문입니다.

일요일 오후였습니다. 저는 상하이 YMCA에 있는 제 방으로 가서 타자기를 꺼낸 뒤 이렇게 타이핑했습니다.

1. 내가 걱정하고 있는 것은 무엇인가?
내일 아침 브리지하우스로 끌려갈지도 모른다는 걱정을 하는 중이다.

그러고 나서 두 번째 질문을 타이핑했습니다.

2. 그와 관련해 내가 할 수 있는 일은 무엇인가?

몇 시간째 자리에 앉아 생각했습니다. 그러고 나서 제가 할 수 있는 네 가지 대처법과 그 각각의 대처 방법이 가져올 결과를 적기 시작했지요.

첫째, 일본 장성에게 모든 사실을 설명한다. 하지만 그는 영어를 모른다. 통역관을 통해 설명한다면 오히려 그의 화를 돋우게 될 것이다. 그렇게 되면 그는 잔인한 사람이니 나를 바로 죽일 수도 있다. 긴 말 않고 나를 브리지하우스에 처넣으려 할지도 모른다.

둘째, 도망친다. 하지만 불가능한 일이다. 그들은 늘 나를 감시하고 있다. YMCA에 있는 내 방에 드나들 때도 항상 신고해야 한다. 만약 내가 도망치려 한다면 아마 바로 붙잡혀 총살될 것이다.

셋째, 이 방에만 머물며 사무실 주변에는 절대 얼씬거리지 않는다. 그렇게 하면 나를 의심한 일본군 장성이 군인들을 보내 나를 잡으라가 변명할 여지도 주지 않은 채 브리지하우스에 처넣을 것이다.

넷째, 월요일 아침에 평소처럼 사무실로 출근한다. 이럴 경우, 일본군 장성은 너무 바빠 내가 한 일을 잊어버릴 가능성이 있다. 설사 생각이 나더라도 그때가 되면 어느 정도 화가 누그러져 트집을 잡지 않을지도 모른다. 그렇게만 된다면 모든 문제는 해결될 것이다. 그가 트집을 잡더라도 설명할 기회가 생기는 것이다. 그러므로 월요일 아침, 평소대로 사무실로 출근해 태연하게 행동한다면 브리지하우스로 가는 것을 피할 수도 있는 두 가지 가능성을 엿볼 수 있다.

심사숙고 끝에 네 번째 계획대로 평소처럼 월요일 아침에 사무실로 출근하기로 결심하자, 마음이 한결 편안해졌습니다.

다음 날 아침 사무실에 들어서니 일본군 장성이 담배를 물고 앉아 있었습니다. 그는 늘 그랬듯 저를 노려보았으나 아무 말도 하지 않았습니다. 6주 뒤 다행히 그는 도쿄로 돌아갔고 제 걱정은 끝났습니다.

이미 말씀드린 것처럼, 일요일 오후, 침착하게 책상 앞에 앉아 제가 할 수 있는 여러 가지 행동과 그에 대한 결과를 적은 것이 제 목숨을 구했다고 할 수 있습니다. 그렇게 하지 않았더라면 허둥대다가 충동적으로 잘못된 행동을 저질렀을 겁니다. 제가 직면한 문제를 숙고하고 결론을 이끌어내지 못했다면 저는 걱정에 시달리며 일요일 오후 내내 안절부절못하고 뜬눈으로 밤을 지새웠을 겁니다. 월요일 아침, 지치고 수심 가득한 얼굴로 사무실에 출근했을 것이며, 그리고 그것만으로도 수상하게 여긴 일본군 장성은 분명 어떤 조치를 취했을 겁니다. 여러 번의 경험을 통해 저는 결론에 대한 중요성을 깨달았습니다. 확고한 결론을 내린 뒤, 당황하며 끊임없이 방황하는 것을 멈춰야 하는데, 그러지 못하기에 사람들은 신경 쇠약증에 걸리거나 괴로운 시간을 보내게 되는 겁니다. 제가 보기에는 명쾌하고 확실한 결정을 내리기만 한다면, 그것만으로도 걱정의 반은 사라집니다. 그 결정을 실행하기 시작하면 나머지 40퍼센트의 걱정도 사라지게 됩니다. 다음과 같은 4단계의 조치를 실행한다면 걱정의 90퍼센트는 사라지게 되는 것이지요.

1. 내가 걱정하고 있는 문제를 정확히 적는다.
2. 그것과 대해 내가 할 수 있는 것을 적는다.
3. 어떻게 할지 결정한다.
4. 결정을 즉시 실행에 옮긴다.

갈렌 리치필드는 뉴욕 존 스트리트에 본사를 두고 있는 스타 파크 앤드프리먼 사(社)의 동아시아 지역 담당 임원으로 재직 중이며 대형 보험과 금융 관련 업무를 맡고 있다.

앞서 말했듯 그는 오늘날 아시아에서 가장 영향력 있는 미국인 사업가로 꼽히고 있다. 그가 내게 한 이야기에 따르면, 자신의 성공 요인은 걱정을 분석하고 걱정에 정면으로 맞서는 방법으로, 이것이 커다란 기여를 했다고 한다.

그의 방법이 그토록 뛰어난 이유는 무엇일까? 그는 효율적이고 구체적인 방식으로 문제의 본질에 곧장 접근하기 때문이다. 또한 세 번째 규칙이자 필수적인 규칙인 '해결하기 위해 실행하라.'는 규칙을 가지고 있었다. 행동으로 옮기지 않으면 사실을 확인하고 분석하는 모든 과정은 아무런 결실이 없는 정력 낭비에 불과한 것이다.

윌리엄 제임스는 이렇게 말했다. "일단 결정을 내린 뒤 실행할 일만 남았다면, 결과에 대한 책임을 지고 걱정은 조금도 남김없이 말끔히 잊어버려라." (여기에서 윌리엄 제임스는 '관심'과 '걱정'을 동의어로 사용하고 있다.) 그의 말은 일단 사실에 근거해 신중히 결정을 내린 뒤에는 행동을 하라는 것이다.

언젠가 오클라호마 주에서 가장 유명한 석유 사업가인 웨이트 필립스에게 결정을 어떻게 실행하느냐고 물은 적이 있다. 그러자 그는 이렇게 대답했다.

"저는 직면한 문제에 대해 너무 오래 생각하다 보면 반드시 혼란과 걱정이 생기게 되어 있다고 봅니다. 조사나 생각을 더 하다 보면 오히려 해가 되는 순간이 있습니다. 한번 결정을 내리면 뒤돌아보지 말고 실행해야 하는 순간이 있습니다."

지금 여러분의 걱정을 해결하기 위해 갈렌 리치필드의 방법을 써보는 것이 어떻겠는가?

(질문의 아래 칸에 여러분이 생각하고 있는 답을 적어 보기 바란다.)

질문1. 내가 걱정하고 있는 것은 무엇인가?

질문2. 내가 할 수 있는 일은 무엇인가?

질문3. 나는 앞으로 이렇게 하겠다.

질문4. 언제부터 시작할 것인가?

2

사업상의 걱정을
반으로 줄이는 방법

여러분이 사업가라면 아마 지금쯤 이런 생각을 하고
있는지도 모르겠다.

'이 장의 제목은 좀 웃기는군. 사업상의 걱정을 반으로
줄이는 방법이라니. 나도 사업을 19년이나 했어. 남들이
아는 정도는 나도 알아. 사업상의 걱정을 반으로 줄이는
방법을 알려준다니. 말도 안 되는 소리지!'

옳은 말이다. 나 역시 몇 년 전에 이 제목을 봤다면 똑같
이 생각했을 것이다. 이 제목은 많은 것을 약속하고 있지
만, 약속만큼 값싼 것도 없다. 무슨 약속인들 못 하겠는가.

솔직히 말해서 나는 여러분이 가지고 있는 사업상의
걱정을 반으로 줄이지는 못할지도 모른다. 결국 그렇게

할 수 있는 사람은 여러분 자신밖에 없을 것이다. 하지만 내가 할 수 있는 일이 있다. 여러분에게 다른 사람들이 어떻게 행동하고 있는지를 보여준 뒤 나머지는 여러분에게 맡기는 것이다.

앞서 나온 알렉시 카렐 박사의 말을 떠올려보자.

"걱정에 대비하지 못하는 사업가는 오래 살지 못한다."

걱정은 이렇게 심각한 문제다. 만약 내가 여러분의 걱정을 10퍼센트라도 줄여줄 수 있다면 여러분은 그것만으로도 만족하지 않을까? 맞는 말이라고 생각하는가? 좋다. 그럼 지금부터 한 사업가 이야기를 들려주겠다. 그는 걱정의 반을 줄인 것이 아니라 회의에 들인 시간의 70퍼센트를 줄였다. 내가 하려는 이야기는 확인 불가능한 이야기가 아니다. 이 이야기는 레온 심킨이라는 실존 인물에 관한 것이다. 그는 미국 최대 규모의 출판사 중 하나인 사이먼 앤드 슈스터의 공동 경영자 중 한 사람이었다. 그는 총괄 책임자로 일했다. 레온 심킨은 자신의 경험에 대해 이렇게 말했다.

"15년간 저는 업무 시간의 반을 문제를 해결하기 위한 회의를 하는 데 썼습니다. 이래야 할까? 저래야 할까? 아니면 아무것도 하지 말까? 극도로 예민해진 저는 의자에 앉아 몸을 꼬거나 회의실 안을 서성거렸습니다. 논쟁이 계속됐지만, 도무지 결론이 나지 않았지요. 그러다 저녁이 되면 쓰러질 것 같은 기분을 느꼈습니다. 여생을 이렇게 보내야 한다는 생각이 들어 끔찍했습니다. 지난 15년간 이렇게 일해 왔기에 더 나은 방법이 있을 거라고는 생각지 못했습니다. 만약 누군가가 저에게 심각하게 회의를 하는 데 쓰는 시간과 그에 따른 심리적 부담의 4분의 3을 줄일 수 있다고 한다면, 저는 그 사람을 현실을 모르고 의욕만 앞서 탁상공론만 늘어놓는 낙관주의자라고 여겼을 겁니다.

그런데 제가 정확히 그렇게 할 수 있는 방법을 발견했던 겁니다. 저는 지금까지 8년째 이 방법을 사용하고 있습니다. 그 방법을 쓴 이후로 놀라울 정도로 효율적인 업무가 가능해졌습니다. 또한 행복하고 건강한 생활을 할 수 있게 됐습니다.

마치 마술을 부리는 것처럼 들리겠지만, 모든 마술이 그러하듯 이 방법 역시 알고 보면 굉장히 단순합니다. 비밀은 이렇습니다. 먼저 저는 15년간 사용해오던 회의 방식을 단번에 중단했습니다. 과거에는 동료들이 문제를 하나하나 설명하고 난 뒤 '그럼 이제 어떻게 할까요?'라고 질문하는 것으로 시작하던 방식이었습니다. 두 번째로, 저는 새로운 규칙을 만들었습니다. 문제를 제기하고 싶은 사람은 먼저 다음과 같은 네 개의 질문에 대한 답변을 생각해서 적은 뒤 제출하도록 했습니다.

질문1. 문제는 무엇인가?

과거에는 걱정스럽게 회의를 하며 한 시간, 두 시간이 지나도 문제의 핵심이 무엇인지 구체적으로 파악하지 못하고 시간을 낭비하는 경우가 많았다. 열띤 토론을 하면서도 문제가 무엇인지 구체적으로 기록하려고 하지 않았다.

질문2. 문제가 발생한 원인은 무엇인가?

문제를 명확히 파악하려는 노력도 없이 걱정스러운 회

의를 하며 시간을 허비했다. 그렇게 날린 시간을 생각하면 식은땀이 날 정도다.

질문3. 문제를 해결하려는 방법은 무엇인가?

예전에는 누군가가 한 가지 해결책을 제시하면 다른 이가 반박을 해서 서로 화를 내곤 했다. 그렇게 논쟁만 벌였다. 서로 흥분한 나머지 회의 주제를 잊어버리기도 했다. 문제 해결을 위해 우리가 할 방법을 기록한 사람은 아무도 없었다.

질문4. 문제 해결을 위한 제안은 무엇인가?

전에는 특정 문제에 대해 모두가 몇 시간씩 고민하기만 했다. 자신의 제안이 무엇인지 다양한 방법들을 기록한 사람은 아무도 없었다.

이제 회사에서 자신의 문제 때문에 저를 찾아오는 사람은 거의 없어졌습니다. 이유가 뭐냐고요? 앞서 언급한 네 가지 질문에 답하려면 모든 사실을 파악해야 할 뿐만 아니라 문제를 철저히 검토해야 한다는 사실을 모두가 깨달았기 때문이지요. 대부분의 경우에는 저와 의논할 필요가 없다는 사실을 알게 됩니다. 토스토에서 빵이 튀어나오듯 적절한 해결 방법이 저절로 튀어나옵니다. 토론에 소요되는 시간은 전과 비교했을 때 3분의 1로 줄었습니다. 체계적이고 논리적인 과정 속에서 합리적인 결론을 이끌어 낼 수 있었기 때문이지요.

이제 사이먼 앤드 슈스터 사에서는 걱정을 하며 문제에 대해 토의하는 시간이 줄었습니다. 그 대신 문제 해결을 위한 행동에 쏟는 시간은 늘어났지요."

내 친구 중 미국에서 최고의 보험 판매원으로 꼽히는 프랭크 베트거 역시 이와 비슷한 방법을 사용했더니, 사업상의 문제가 줄어들었을 뿐만 아니라 수입이 두 배로 늘었다고 말했다.

"몇 해 전, 내가 보험을 판매하기 시작했을 무렵, 나는 내 직업에 대한 무한한 열정과 애정으로 가득 차 있었지.

그러던 중 문제가 발생했다네. 너무 실망이 컸던 나머지 나는 내 일을 경멸하게 되었고 그만둬야겠다는 생각까지 했어. 어느 토요일 아침 문득 이런 생각이 들었지. 무엇 때문에 내가 걱정하고 있는지 확인해 봐야겠다는 생각 말이야. 그 생각을 하지 못했다면 나는 아마 일을 그만두었을 거야.

첫 번째, 나는 스스로에게 먼저 이런 질문을 했네. '대체 무엇이 문제인가?' 문제는 내가 까무러칠 정도로 많은 고객을 찾아가지만, 생각보다 수입이 적다는 것에 있었지. 고객을 끌어들이는 데는 소질이 있었지만, 마지막 계약 단계에 이르면 고객들은 이렇게 말하곤 했지. '네. 조금 더 생각해보겠습니다. 베트거 씨. 나중에 다시 들러 주세요.' 나는 이런 식으로 수차례 방문하는 데 너무 많은 시간이 들었기 때문에 스트레스를 받고 있었다네.

두 번째, 이런 질문도 해 봤다네. '어떠한 해결책이 있는가?' 이 질문에 대한 대답을 찾기 위해서는 사실을 확인해야만 했지. 나는 최근 1년간의 기록을 꺼내 유심히 살펴봤다네. 그 뒤 놀라운 사실을 발견했지! 내 실적의 70퍼센트는 첫 방문에서 성사됐다는 사실이라네. 23퍼센트는 두 번째 방문에서 이뤄졌네. 세 번째, 네 번째, 다섯 번째에 성사된 계약은 7퍼센트에 불과했지. 이런 경우가 내 시간을 허비하고 나를 맥 빠지게 만들었는데 말이야. 다시 말해 나는 내 실적의 7퍼센트밖에 안 되는 일 때문에 업무 시간의 절반을 허비하던 셈이지.

세 번째, '해답은 무엇인가?' 명확했다네. 나는 즉시 고객을 두 번 이상 방문하는 것을 중단하고 새로운 고객을 찾는 데 나머지 시간을 할애했다네. 결과는 참으로 놀라웠지. 얼마 지나지 않아 1회 방문의 효과로 현금 가치가 평균 2.80달러에서 4.20달러로 증가한 것이네."

물론 그에게도 포기하고 싶은 순간이 있었다. 실패를 인정하고 문제가 무엇인지 분석함으로써 거의 주저앉을 뻔한 적이 있었다. 하지만 그는 문제들을 분석함으로써 힘차게 성공 가도를 달릴 수 있게 되었다.

여러분이 가지고 있는 사업상의 문제에도 이와 같은 질문을 적용할 수 있겠는가? 다시 한 번 내 포부를 피력해본다면, 이 질문은 여러분의 고민을 절반으로 줄여 줄 수 있다. 그러니 이 질문을 다시 한 번 적어보겠다.

1. 문제는 무엇인가?
2. 문제가 발생한 원인은 무엇인가?
3. 문제를 해결하려는 방법은 무엇인가?
4. 문제 해결을 위한 제안은 무엇인가?

걱정을 분석하는 기본 기술

1. 사실을 확인하라. 컬럼비아 대한 호크스 학장의
   말을 기억하라.
   "이 세상의 걱정 중에 반은 무슨 근거로 결정을
   내려야 할지 모른 채 서둘러 결정하려는 사람들
   이 만들어 낸 것이다."
2. 신중하게 사실을 확인하고 결정하라.
3. 신중하게 결정을 내린 뒤에는 실행하라! 결정을
   실행하기 위해 노력하라. 결과를 두려워하지 말자.
4. 어떠한 문제에 대해 걱정하고 있다면 다음의 질
   문을 생각해 보라.
   1) 문제는 무엇인가?
   2) 문제의 원인은 무엇인가?
   3) 문제를 해결하려는 방법은 무엇인가?
   4) 최선의 해결책은 무엇인가?

PART

3

걱정하는 습관을
없애는 방법

1

마음속에서
걱정을 없애는 방법

몇 년 전, 매리언 J. 더글러스가 내 강의를 수강하러 온 밤을 나는 아마 영원히 잊지 못할 것이다(그가 내게 신분을 밝히지 말라고 요청했기 때문에 실명은 밝히지 않겠다). 지금부터 내가 할 얘기는 그가 우리 성인교육 강좌 수강생들 앞에서 한 이야기를 그대로 적은 것이다.

그는 우리에게 자신의 가정에 두 번이나 닥친 불행에 대해 이야기했다. 첫 번째 불행은 그가 너무나 사랑하는 다섯 살 난 자신의 딸을 잃은 것이다. 그와 그의 부인은 첫 번째 상실감으로 말미암은 슬픔을 절대 이겨 내지 못할 것이라고 생각했다. 그는 이렇게 말했다.

"열 달 뒤에 하느님께서 저희에게 다시 딸 하나를 주셨지만, 그 애 역시 태어난 지 닷새 만에 저 세상으로 떠났습니다."

이 잇따른 불행은 참을 수 없는 커다란 고통으로 다가왔다. 그는 이렇게 말했다.

"저는 도저히 받아들일 수가 없었습니다. 잠을 잘 수도, 먹을 수도, 쉴 수도 없었으며 마음을 편히 가질 수도 없었습니다. 신경은 너무 날카로워졌고 자신감도 잃게 됐습니다."

마침내 그는 의사를 찾아갔다. 어떤 의사는 그에게 수면제를 처방해주었고, 또 어떤 의사는 여행을 권유했다. 그는 그 두 가지를 다 실행했지만, 전혀 효과가 없었다. 그는 이렇게 말했다.

"제 몸이 마치 바이스에 끼워져 바이스의 양쪽이 점점 더 세게 조여 오는 기분이 들었습니다. 정신과 육체가 비통함으로 가득 찬 기분, 숨이 막힐 만큼 큰 슬픔에 빠져본 사람이라면 이 말의 의미를 알 수 있을 것입니다.

하지만 저에겐 다행히 한 명의 아이가 남아 있었습니다. 네 살배기 아들이었지요. 그 녀석이 제 문제에 대한 해답을 알려주었습니다. 어느 날 오후인가 신세를 한탄하며 멍하니 앉아 있었는데 아들 녀석이 '아빠, 배 하나만 만들어주세요.'라고 말했어요. 저는 배를 만들 기분이 아니었는데도 말이지요. 솔직히 아무것도 하고 싶지 않았습니다. 아들 녀석은 끝까지 고집을 부렸지요. 결국 제가 졌습니다.

그 장난감 배를 만드는 데 거의 세 시간이 소요됐지요. 일이 거의 마무리되자, 저는 그 배를 만들면서 보낸 세 시간이 제게 몇 달 만에 처음으로 평온함을 가져다준 시간이라는 것을 깨달았습니다.

그 깨달음으로 말미암아 정신이 든 저는 무기력함에서 벗어나게 됐어요. 몇 달 만에 해보는 진짜 생각이었습니다. 저는 사람이 어떠한 계획과 생각이 필요한 일에 몰두할 때에는 걱정할 틈이 없다는 사실을 깨달았습니다. 저같은 경우에는 그 배를 만드는 일이 걱정을 완전히 때려눕힌 셈이지요. 그래서 저는 바쁜 생활을 해야겠다고 생각했습니다.

이튿날 밤, 저는 집 안 곳곳을 살피며 해야 할 목록을 작성했습니다. 책장, 계단, 덧문, 블라인드, 손잡이, 자물쇠, 물이 새는 수도꼭지 등 수리해야 할 곳이 많았지요. 그렇게 2주 동안 수리해야 할 목록을 적어 보았는데 놀랍게도 242가지나 됐습니다.

저는 그 대부분을 2년간 수리했습니다. 또한 아내에게도 기운이 날 만한 일을 맡겼습니다. 저는 일주일에 두 번, 뉴욕에 성인 교육 강좌를 수강하러 오고 있습니다. 제가 사는 지역의 활동에도 참여하고 있으며, 교육위원회의 위원장도 맡고 있지요. 참여하는 모임도 수십 개나 됩니다. 적십자 활동이나 다른 모금에도 참여하고 있지요. 지금은 너무 바빠 걱정할 만한 시간적 여유가 없습니다."

걱정할 만한 시간적 여유가 없다! 제2차 세계대전이 한창일 때 하루에 18시간씩 일하던 윈스턴 처칠이 했던 말이다. 누군가가 그에게 막중한 책임감 때문에 걱정되지 않느냐고 묻자 그는 이렇게 대답했다. "나는 너무 바쁩니다. 걱정할 만한 시간적 여유가 없습니다."

찰스 케터링이 자동차에 장착할 자동 시동기를 개발할

무렵, 그도 이와 똑같은 난관을 겪었다. 케터링은 얼마 전 은퇴하기 전까지 GM 사의 부사장직을 맡고 있으면서 동시에 세계적으로 유명한 GM 연구소를 담당하고 있었다. 하지만 예전에는 그도 너무 가난해서 건초를 쌓아 둔 창고를 실험실로 쓰곤 했었다. 음식을 사기 위해 피아노 강사인 아내가 번 1,500달러를 써야 했고, 자신의 생명 보험을 담보로 보험사에서 500달러를 대출받기도 했다. 나는 그의 부인에게 그럴 때 걱정되지 않았느냐고 물어보았다. "왜 안 그랬겠어요." 그의 부인이 대답했다. "어찌나 걱정이 되는지 잠을 이루지 못할 정도였죠. 그런데 남편은 안 그랬죠. 일하는 데 너무 열중해서 걱정할 틈이 없었어요."

과학자 파스퇴르는 '도서관과 연구실에서 찾을 수 있는 평화'에 대해 언급한 적이 있다. 그곳에서 어떻게 평화를 찾을 수 있는 걸까? 도서관이나 연구실에 있는 사람 대부분이 자기 일에 몰입한 나머지 걱정할 틈이 없기 때문이다. 연구원들이 신경 쇠약에 걸릴 확률은 거의 없다. 그들은 그럴 만한 여유가 없는 것이다.

바쁜 일에 몰두하는 것처럼 단순한 일이 걱정을 떨쳐

내는 데 도움이 되는 이유는 무엇일까? 심리학이 알아낸 근본적인 법칙 중 하나가 여기에 있다. 아무리 머리가 좋은 사람이라도 한 번에 하나 이상의 생각을 할 수 없다는 것이다. 믿지 못하겠는가? 그럴지도 모른다. 그럼 한 가지 실험을 통해 알아보기로 하자. 지금 당장 편하게 누워 눈을 감고 자유의 여신상과 여러분이 내일 아침 해야 할 일을 동시에 떠올려 보자.

여러분은 아마도 이 두 가지 생각을 하나씩 집중할 수는 있어도 동시에 집중할 수는 없다는 사실을 알게 됐을 것이다. 이는 감정의 영역에서도 마찬가지다. 재미있는 일을 즐겁게 열심히 하면서 동시에 걱정으로 침울해하는 것은 불가능한 일이다. 하나의 감정이 다른 감정을 몰아내기 때문이다. 제2차 세계대전 당시 정신 치료를 하던 군의관들이 기적적인 결과를 이루어낼 수 있었던 것 역시 이렇듯 단순한 발견을 했기 때문이다.

끔찍한 전쟁 경험으로 충격을 받아 후송된 '신경 쇠약증'에 걸린 장병들이 있었다. 군의관들은 "정신없이 바쁘게 지내라."라는 처방을 내리곤 했다. 정신적 충격을 받은 군인들은 눈코 뜰 새 없이 바쁘게 움직여야 했다. 보통 낚시나 사냥, 야구, 골프, 사진 찍기, 정원 가꾸기, 댄스 같은 야외 활동을 했다. 그들에게는 끔찍한 기억을 상기시킬 만한 시간적 여유가 없었다.

최근 정신 의학에서 사용되는, 이른바 '작업 요법'이라 불리는 용어는 마치 약처럼 활동을 처방할 때 사용된다. 이것은 새로운 것이 아니다. 기원전 5세기 고대 그리스 의사들은 이미 이러한 작업 요법의 효능을 권장하고 있었다.

벤저민 프랭클린이 활동하던 시기의 필라델피아의 퀘이커 교도들도 이 방법을 사용했다. 1774년, 어떤 사람이 퀘이커 교도 요양소를 찾았다. 그는 정신적인 문제가 있는 환자들이 린넨을 짜느라 바쁘게 움직이는 모습을 보며 깜짝 놀랐다. 그는 이 가엾은 환자들이 불행하게 착취당하고 있다고 생각했다. 퀘이커 교도들이 그에게 환자들이 적당한 노동을 하면 증세가 호전된다는 사실을 알아냈다고 설명해주고 나서야 오해가 풀렸다.

정신과 의사라면 모두가 활동, 다시 말해 바삐 움직이는 것이 신경 질환에 가장 효험 있는 치료법이라고 말할 것이다. 미국의 시인 헨리 W. 롱펠로 역시 젊은 부인과 사별한 뒤에 이런 사실을 몸소 경험한 뒤에 깨닫게 됐다. 어느 날, 그의 부인이 봉인용 밀랍을 촛불에 녹이던 중 옷에 불이 붙게 됐다. 부인의 비명 소리를 듣고 롱펠로가 달려갔지만 부인은 화상으로 죽고 말았다. 롱펠로는 그 후로 한참 동안 그 끔찍한 기억으로 몹시 괴로워하며 거의 미칠 지경까지 이르고 말았다.

하지만 다행히 그에게는 돌봐야 할 세 명의 아이들이 있었다. 비통한 심정이었으나 그는 아이들에게 아빠로서, 엄마로서의 역할을 해주었다. 아이들과 함께 산책을 나가고, 아이들에게 이야기를 들려주었으며, 아이들과 함께 놀며 쌓은 정을 '아이들의 시간'이라는 시를 지어 영원히 추억했다. 또한 그는 단테의 작품들을 번역했다. 그는 이 모든 일을 해내느라 정신없이 바쁜 나머지 자기 자신에 대해 완전히 잊게 됐으며 평온함을 누릴 수 있었다.

영국의 시인 알프레드 테니슨은 자신과 가장 친한 친구 아더 할람을 잃은 후에 이렇게 말했다. "절망의 늪에 빠지지 않으려면 행동에 몰두하라."

대부분의 사람들에게 일을 열심히 하고 있을 때나 그날의 임무를 수행하고 있을 때 '행동에 몰두하는 것'은 그리 어렵지 않은 일이다. 하지만 일과를 마치고 난 이후의 시간이 위험한 것이다. 여유로움을 즐겨도 될 시간이자 가장 행복해야 할 그 시간에 걱정이라는 우울한 악마가 우리를 찾아온다. 우리가 제대로 사는 건지, 쳇바퀴 굴리듯 사는 건 아닌지, 상사가 오늘 내게 했던 말에 어떤 의도가 있는 건 아닌지, 혹은 자신이 성적인 매력을 잃어가고 있는 건 아닌지 고민에 잠기는 때가 바로 이 시간이다.

우리의 정신 상태는 바쁘지 않을 때 진공에 가까워진다. 물리학을 공부한 학생이라면 '자연은 진공 상태를 싫어한다.'는 말을 알고 있을 것이다. 우리가 흔히 볼 수 있는, 가장 진공에 가까운 것은 백열전구의 내부다. 전구를 깨뜨려보라. 그렇게 하면 이론적으로 자연은 빈 곳에 공기를 채워 넣을 것이다.

자연은 진공 상태의 정신을 채우기 위해 밀려온다. 무엇으로 채워질까? 대부분은 감정이다. 걱정과 공포, 증오, 질투, 부러움과 같은 감정들은 마치 원시림에서 나오는 원시적인 힘과 역동적인 에너지에 따라 움직이기 때문이다. 이러한 감정은 너무 강렬하기에 우리의 정신에 자리 잡은 여유로운 생각과 감정을 모두 몰아내곤 한다.

컬럼비아 대학교의 교육학 교수인 제임스 L. 머셀은 이와 같은 현상을 다음과 같이 설명했다.

"걱정은 여러분이 일하고 있을 때가 아니라 일과를 마친 뒤에 여러분을 공격해 쓰러지게 만든다. 그때 여러분의 상상력은 온갖 난동을 부리며 어리석은 가능성을 불러오고 작은 실수들을 부풀린다. 이럴 경우, 여러분의 정신은 부하도 걸리지 않고 작동하는 모터와 마찬가지다. 무조건 질주하며 베어링을 과열시켜 태워버리거나 아니면 산산조각으로 만든다. 그러므로 걱정을 치료하는 방법은 건설적인 일을 하는 데 완전히 몰입하는 것이다."

그런데 이러한 진실을 깨닫고 실행하기 위해 여러분이 굳이 대학교수가 되어야 할 필요는 없다. 제2차 세계대전이 한창이었던 시기에 나는 어떤 가정주부를 만났다. 시카고에 사는 그녀는 내게 '걱정을 치료하는 방법은 건설적인 일을 하는 데 완전히 몰입하는 것'이라는 사실을 어떻게 몸소 깨달았는지 이야기해주었다. 나는 그 주부와 그녀의 남편을 미주리 주로 가기 위해 타고 있던 기차의 식당 칸에서 만났다. 이 부부는 자신의 아들이 일본이 진주만을 습격했던 다음 날 입대했다고 말했다. 부인은 하나뿐인 아들이 걱정돼 앓아 누울 지경에 이르렀다고 했다. '아들은 어디에 있을까? 괜찮은 걸까? 전투 중일까? 어디 다친 건 아닐까? 혹시 전사한 건 아닐까?'하는 생각이 멈추질 않았다.

나는 그녀에게 걱정을 어떻게 극복했냐고 물었다. 그녀가 말했다.

"쉴 새 없이 바쁘게 지냈습니다."

처음에 그녀는 하녀를 내보내고 직접 집안일을 하며 바쁘게 지내려 했다고 한다. 하지만 그건 별 도움이 되지 않았다. 그녀가 말했다.

"집안일은 굳이 신경을 쓰지 않아도 거의 기계적으로 할 수 있었던 것이 바로 문제였지요. 걱정이 계속될 수밖에요. 저는 잠자리를 준비하고 설거지를 하면서도 낮 동안 조금도 쉴 틈 없이 정신적, 육체적으로 바쁘게 만드는 새로운 일을 찾아야만 했어요. 그래서 저는 백화점 판매 사원이 됐습니다. 효과가 있었습니다. 어느 순간 정신을 차려 보니 저는 쉴 새 없이 일하고 있었습니다. 고객들이 제 주변으로 몰려들었고 가격과 사이즈, 색상을 물어봤지요. 그래서 지금 당장 해야 할 일 말고는 다른 생각을 할 여유가 전혀 없었어요. 밤이 되자 아픈 다리를 풀어 줘야겠다는 생각 말고는 아무것도 할 수 없었습니다. 저녁을 먹으면 곧바로 침대에서 잠이 들곤 했어요. 걱정할 시간도, 여력도 없었어요."

그녀는 자신의 체험을 통해 『불쾌한 기억을 잊는 기술』이라는 책에서 존 쿠퍼 포이스가 언급했던 사실을 깨닫게 됐다. 그는 이렇게 말했다.

"주어진 일에 몰입하는 순간에는 평온함 혹은 깊은 내면의 평화, 그리고 행복한 무아지경 상태가 인간이라는 동물의 신경을 안정시켜 준다."

얼마나 다행인가! 얼마 전, 세계적으로 유명한 여성 탐험가 오사 존슨이 내게 걱정이나 비통함에서 벗어나는 자신만의 방법을 알려주었다. 아마 여러분도 그녀의 삶에 대한 이야기를 들어본 적이 있을 것이다. 그녀의 이야기는 『나는 모험과 결혼했다』라는 제목의 책으로 출간됐다. 그녀는 이 책의 제목처럼 모험과 결혼한 여성이었다. 그녀는 열여섯에 마틴 존슨과 결혼해 남편을 따라 캔자스주 차누테에서 보르네오의 험한 정글로 거처를 옮겼다. 캔자스 출신의 이 부부는 25년간 전 세계를 돌며 아시아와 아프리카에 있는 멸종 위기에 처한 야생 동물들의 생태에 관한 영화를 만들었다.

몇 년 후 미국으로 돌아온 이 부부는 순회강연을 하면서 자신들이 촬영한 유명한 영상을 보여주었다. 그러던 어느 날, 덴버에서 태평양 연안으로 가는 도중 그들이 탑승한 비행기가 산으로 추락했다. 남편 마틴 존슨은 그 자리에서 죽었다. 의사들은 오사 존슨에게 결코 침대에서 일어나지 못할 거라 말했다. 하지만 의사들은 오사 존슨이 어떤 사람인지 모르고 있었다. 3개월이 지났을 무렵, 그녀는 휠체어에 몸을 의지한 채 수많은 청중 앞에서 강의하고 있었다. 그녀는 그 무렵 청중 앞에서 100회 이상 강의했다. 강단에는 매번 휠체어에 탄 채로 나타났다. 나는 그녀에게 왜 그렇게까지 무리하느냐고 물었다. 그녀가 답했다.

"그래야만 슬픔이나 걱정할 시간이 없을 테니까요."

오사 존슨은 테니슨이 이미 100년 전에 말했던 그 진리를 발견했다.

"절망의 늪에 빠지지 않으려면 나는 행동에 몰두해야 한다."

5개월간 고립된 생활을 하는 동안 버드 제독 역시 이와 같은 진리를 깨달았다. 그가 머물던 오두막은, 말 그대로 남극을 뒤덮고 있던 만년설에 파묻혀 있었다. 남극을 뒤덮은 미국과 유럽을 합한 것보다 더 큰 빙하기의 만년설은 가장 원시적인 자연의 비밀을 간직하고 있었다. 주변의 1킬로미터 이내에는 어떤 생명체도 존재하지 않았다. 얼마나 추웠던지 숨을 쉬면 귓가에 스쳐 가던 바람이 입김을 얼리는 소리가 들리는 것 같았다. 버드 제독은 그의 책 『혼자서』에서 막막하고도 영혼을 좀먹는 듯한 어둠 속에서 보낸 5개월의 시간에 대해 언급하고 있다. 밤과 마찬가지로 낮에도 어두웠다. 그래서 그는 온전한 정신을 유지하기 위해 바쁘게 움직여야만 했다. 그는 이렇게 말했다.

"밤이 되어 불을 꺼야 할 때마다 습관적으로 내일 해야 할 일들에 대한 계획을 세우곤 했다. 예를 들면 대피 통로를 만드는 데 한 시간, 쌓인 눈을 치우는 데 30분, 연료통을 수리하는 데 한 시간, 식품 저장고의 벽 선반을 만드는 데 한 시간, 썰매의 브리지를 수리하는데 두 시간……. 이렇게 시간을 조금씩 배분하는 것은 참으로 멋진 일이었다. 이렇게 함으로써 나의 자제력은 크게 향상됐다. 그렇게 하지 않았다면 나는 아무 목적 없는 나날을 보냈을 것이다. 인생 자체가 무너졌을 것이다."

여기서 "목적 없는 날들을 보냈다면 인생 자체가 무너졌을 것이다."라는 마지막 말을 한 번 더 살펴보길 바란다.

만약 우리에게 걱정거리가 있다면 예전부터 사용되던 일을 훌륭한 처방으로 활용할 수 있다는 사실을 기억하자. 하버드 대학교 임상 의학 교수였던 리처드 C. 캐벗 박사는 자신의 저서 『사람은 무엇으로 사는가』에서 이렇게 말했다.

"나는 의사로서 지나친 의혹이나 망설임, 동요, 두려움을 떨쳐내지 못해서 야기되는 마음의 병을 앓고 있는 많은 사람이 일을 통해 치유되는 사례를 보며 기쁨을 느꼈다. 우리가 일을 통해 얻을 수 있는 용기는 에머슨이 말했던 '자기 자신에 대한 신뢰'와 같다고 할 수 있다."

만일 여러분과 내가 바쁘게 움직이지 않고 그 자리에 앉아 쓸데없는 생각에만 빠져 있다면, 어쩌면 찰스 다윈이 말했던 '위버 기버'를 수없이 만들어낼지도 모른다. 이 '위버 기버'라는 것은 옛날이야기에 등장하는, 우리에게 허탈함을 주고 우리의 활동력과 의지력을 파괴하는 작은 악마나 마찬가지다.

나는 자신을 바쁘게 만들어 조급해하거나 애태울 시간이 없게 함으로써 '위버 기버'를 이겨 낸 뉴욕 출신의 사업가 한 명을 안다. 그의 이름은 트렘퍼 롱맨이며, 월스트리트 40번지에 그의 사무실이 있다. 그는 내가 강의하는 성인 교육 강좌의 수강생이었다. 그가 강의한 걱정 극복의 이야기는 너무나 흥미롭고 인상적이었기에, 강의가 끝난 뒤에도 나는 그와 함께 저녁 식사를 하며 경험담을 들었다. 그가 내게 한 이야기는 다음과 같다.

"18년 전 저는 걱정에 시달린 나머지 불면증에 걸렸습니다. 저는 항상 극도로 긴장하고 예민해지며 신경과민 증상을 보였습니다. 이러다 신경 쇠약증에 걸릴지도 모른다는 생각이 들었습니다.

제게는 걱정할 만한 일이 있었습니다. 저는 뉴욕 웨스트브로드웨이 418번지에 있던 크라운 청과음료회사의 회계 담당자였습니다. 회사는 갤런 사이즈의 딸기 통조림에 50만 달러를 투자한 상태였습니다. 저희는 20년간 아이스크림 제조업자들에게 이 통조림 딸기를 판매해 왔습니다. 그런데 갑자기 매출이 급속도로 하락했습니다. 대형 아이스크림 제조업체들이 배럴 단위로 포장된 딸기를 사들이면서 시간과 경비를 절약했기 때문입니다.

우리 회사는 이제 팔지 못해 재고가 된 딸기에 50만 달러가 잠겨 있을 뿐만 아니라 1년간 100만 달러에 달하는 딸기를 구매하겠다는 계약까지 해둔 상황이었습니다. 은행에서 대출받은 돈도 35만 달러나 됐습니다. 이 대출금을 갚거나 연장할 방법이 없었습니다. 제가 걱정할 만하지 않습니까?

저는 회사 공장이 있는 캘리포니아 왓슨빌로 달려갔습니다. 사장에게 상황이 바뀌었으니 이대로 가면 파산할 것이라고 말했습니다. 사장님은 이 말을 믿으려 하지 않았습니다. 그는 마케팅 능력을 이유로 들며 문제 책임을 뉴욕 사무소로 돌렸습니다. 판매 능력이 부족해서 생긴 일이라고요.

사장님에게 며칠간이나 매달린 끝에 마침내 딸기를 포장하는 것을 거기서 중단하게 했습니다. 그리고 샌프란시스코에 있는 과일 시장에서 상품을 공급하겠다는 승낙을 받아냈습니다. 그렇게 문제는 거의 해결되는 것처럼 보였습니다. 제 걱정도 여기서 멈춰야 했습니다. 하지만 그럴 수 없었습니다. 걱정은 습관 같은 겁니다. 제게 그런 습관이 생긴 것이지요.

저는 뉴욕에 돌아온 뒤 이탈리아에서 사들이던 체리, 하와이에서 매입하는 파인애플 등 모든 것에 대해 걱정하기 시작했습니다. 저는 늘 긴장했고 예민한 상태였기에 잠도 제대로 잘 수 없었습니다. 앞서 언급했던 것처럼 신경 쇠약 증세가 나타나고 있었지요.

저는 이 절망적인 상황에서 새로운 생활 방식을 선택했는데, 그 방식 덕분에 불면증을 없애고 걱정 또한 떨쳐 낼 수 있었지요. 그건 바로 바삐 움직이는 것이었습니다. 저는 제가 가진 능력을 모두 발휘해야 하는 문제들 때문에 걱정할 틈이 전혀 없게 됐습니다. 예전에는 하루에 일곱 시간씩 일했지만, 이제는 열다섯 시간에서 열여섯 시간까지 일했습니다. 저는 매일 아침 8시에 출근해서 자정이 될 무렵까지 사무실에 있었습니다. 새로운 업무와 책임을 맡았지요. 한밤중이 되어서야 집으로 돌아와 침대에 누우면 너무 피곤한 나머지 순식간에 잠이 들곤 했습니다.

이런 식으로 3개월 동안 생활했습니다. 그러자 걱정하는 습관이 없어지더군요. 그래서 다시 하루에 일곱 시간에서 여덟 시간 일했던 예전 방식으로 바꿨습니다. 이 일은 18년 전 이야기입니다. 저는 그 후로 단 한 번도 불면증이나 걱정으로 신경을 쓴 적이 없습니다."

조지 버나드 쇼의 말이 옳았다. 그는 자신의 말을 다음과 같이 요약했다.

"비참해지는 비결은 자신이 행복한지 아닌지 고민할 여유를 주는 것이다."

자신이 절대 행복한지 아닌지 확인하려고 하지 말라. 쉴 새 없이 바쁘게 움직여라. 그럼 혈액 순환이 잘 되고 두뇌 회전도 빨라질 것이다. 여러분의 몸에는 긍정의 활력이 솟구쳐 마음속 걱정을 몰아낼 것이다. 바쁘게 움직여라. 이는 세상에서 가장 값싼 처방임과 동시에 가장 효험 있는 처방이다.

걱정하는 습관을 없애고 싶다면 다음과 같은 방법을 따르라.

걱정하는 습관을 없애는 방법 1

늘 바쁘게 움직여라. 걱정거리가 있는 사람이 절망의 늪에 빠지지 않으려면 행동에 몰두해야 한다.

2

딱정벌레가
당신을 쓰러뜨리도록
놔두지 말라

내가 평생 잊지 못할 극적인 이야기가 하나 있다. 뉴저
지 주 메이플우드 하이랜드 애비뉴 134번지에 사는 로버
트 무어라는 사람이 내게 들려준 이야기다. 그가 한 얘기
는 다음과 같다.

"제가 인생 최고의 교훈을 얻은 건 1945년 3월, 수심이
80미터나 되는 인도차이나의 바다 속에 있었을 때의 일이
었습니다. 저는 잠수함 바야 S. S. 318호에 탑승했던 여든
여덟 명의 선원 중 하나였지요. 일본의 소형 호위선 한 대
가 우리 쪽으로 다가오고 있는 것이 레이더에 잡혔습니
다. 날이 밝아 오기 시작했기에 우리는 공격하기 위해 잠

항에 들어갔습니다. 저는 잠망경으로 일본 호위 구축함과 유조선, 그리고 기뢰 부설함을 확인했습니다. 우리는 구축함에 어뢰 세 발을 발사했지만 어뢰는 빗나갔습니다. 아마도 장치에 뭔가 결함이 있었던 것 같습니다. 적의 구축함은 아직 저희의 공격을 눈치채지 못했기에 항해를 계속했습니다.

저희는 마지막 배인 기뢰 부설함을 공격할 준비를 하고 있었는데, 갑자기 그 배가 방향을 바꾸더니 저희를 향해 다가오는 것이었습니다. 일본군 정찰기가 수심 18미터에 있던 우리 잠수함을 발견하고는 일본군 기뢰 부설함에 무전으로 알려주었던 것입니다. 우리는 적의 탐지를 피하고자 수심 45미터까지 내려가 수중 폭뢰에 대비하기 시작했습니다. 승강구에 추가 잠금장치를 해 두고, 잠수함에서 어떤 소리도 새어 나가지 않도록 선풍기와 냉방 장치를 비롯한 모든 전자 장비의 전원을 차단했습니다.

그로부터 3분이 지나자 마치 지옥을 방불케 하는 상황이 벌어졌습니다. 수중 폭뢰 여섯 발이 터지면서 우리 잠수함을 수심 80미터의 바다 밑바닥으로 밀어붙였기 때문입니다. 극심한 공포가 밀려왔습니다. 잠수함이 수심 300 미터 이내에서 공격을 당하는 것은 위험합니다. 150미터 이내라면 말할 필요도 없이 치명적이지요. 그런데 저희는 150미터의 절반이 조금 넘는 수심에서 공격을 받았던 겁니다. 안전의 측면에서 본다면 겨우 무릎 정도의 깊이였습니다. 일본군 기뢰 부설함은 무려 열다섯 시간 동안 폭뢰를 퍼부었습니다.

폭뢰가 잠수함에서 반경 5미터이내에서 터지면 그 충격으로 잠수함에 구멍이 생깁니다. 우리 잠수함의 15미터 이내에서 수차례 이런 폭뢰가 터졌습니다. 선원들에게는 각자의 침대에 누워 '안전하게 대기하라.'는 명령이 떨어졌습니다. 저는 너무 겁먹은 나머지 숨 쉬는 것조차 힘들었습니다. '이젠 끝이구나!' 저는 속으로 말하고 또 말했습니다. 선풍기와 냉방 장치를 모두 꺼놓은 상태였기에 잠수함 내부는 섭씨 40도에 가까울 정도로 무더웠습니다. 하지만 저는 공포에 떨고 있었기에 너무도 추웠고 스웨터와 모피 외투를 꺼내 입었음에도 계속 떨고 있었습니다. 이가 딱딱 부딪쳤고 식은땀이 났습니다. 적의 공격은 열

다섯 시간 동안이나 계속됐습니다. 그런데 갑자기 공격이 중단됐습니다. 일본군 기뢰 부설함이 가지고 있던 폭뢰를 다 써버린 뒤 자리를 떠난 것이 분명했습니다.

그날의 열다섯 시간은 제게 마치 1500만 년 같은 시간이었습니다. 과거가 주마등처럼 스쳐 지나갔습니다. 그동안 제가 저질렀던 잘못과 사소하고 어리석은 걱정들이 생생하게 떠올랐습니다. 해군에 입대하기 전, 저는 은행원으로 근무했습니다. 긴 근무 시간과 적은 보수, 그리고 진급할 가능성이 없다는 이유로 고민 중이었습니다. 집을 장만하지 못해서 걱정했고, 새 차를 사지 못해 고민했으며, 아내에게 좋은 옷을 사 주지 못해 속상했습니다. 그리고 늘 쉴 새 없이 잔소리를 퍼부어 대며 질책하는 직장 상사를 얼마나 미워했는지 모릅니다. 밤이 되면 화가 잔뜩 쌓인 상태로 집으로 돌아와 사소한 일로 아내와 다투던 기억도 떠올랐습니다. 그리고 자동차 사고로 생긴 이마에 있던 흉터 때문에 고민하기도 했습니다. 불과 몇 해 전까지만 해도 이러한 것들이 저의 큰 걱정거리였습니다. 하지만 폭뢰의 위협 속에서 죽음의 문턱까지 다녀오자 이러한 고민은 어찌도 하찮아 보이는지……. 그 순간 저는 그 자리에서 다짐했습니다. 만약 내가 이곳에서 살아남아 해와 별을 다시 볼 수 있다면, 다시는 걱정을 하지 않겠다. 결코! 결코! 결코 걱정하지 않겠다! 잠수함 안에서 공포에 떨던 열다섯 시간 동안, 대학에서 4년간 책을 통해 배운 것보다 훨씬 많은 삶의 지혜를 배웠습니다."

우리는 종종 인생에서 커다란 재앙은 용감하게 맞서면서도 오히려 목에 난 종기 같은 사소한 일에 굴복하곤 한다. 예를 들어, 런던에서 해리 베인 경이 참수를 당하는 장면을 기록한 사무엘 피프스의 『일기』에 따르면 처형대에 올라선 해리 경이 결코 목숨을 구걸하지 않았다고 말했다. 하지만 사형 집행인에게 목에 난 종기를 건드리지는 말아 달라고 애원했다고 한다.

버드 제독이 남극 대륙의 지독한 추위와 암흑 속에서 밤을 지새우며 발견한 것도 이와 마찬가지였다. 부하 대원들은 중대한 문제보다는 '목에 난 종기'같은 사소한 일로 불만을 호소했다. 그들은 온갖 험난한 역경을 겪었으

며 때로는 영하 60도까지 떨어지는 추위에도 불만을 드러
내지 않았다. 버드 제독은 이렇게 말했다.

"한 침대를 사용하는 두 대원이 서로 말을 하지 않는
경우가 있었습니다. 상대의 침구가 자신의 자리를 조금씩
침범하고 있다는 생각이 들었다고 합니다. 음식물을 삼키
기 전에 반드시 스물여덟 번을 씹어야 한다고 주장하는
감식주의자 앞에서는 식사하지 않는 대원도 있었지요. 극
지대의 캠프는 이렇듯 사소한 일로도 잘 훈련된 사람들을
광분하게 만들어버릴 정도의 힘을 지니고 있었습니다."

여러분은 버드 제독의 말에 다음과 같은 말을 덧붙일
수도 있을 것이다. 결혼 생활에서도 이처럼 사소한 일들
이 사람을 광분시키며 그 사소한 일이 이 세상의 불행 중
절반을 만들어 낸다고 말이다.

적어도 이 분야의 권위자들은 그렇게 말하고 있다. 예
를 들면, 4만 건이 넘는 이혼 사건을 조정한 시카고의 조
셉 새바스 판사는 이렇게 말했다.

"대부분 아주 사소한 일이 이혼의 원인이 된다."

뉴욕 카운티의 프랭크 S. 호건 지방 검사는 이렇게 말했다.

"우리 지역 형사사건의 반 이상은 사소한 일로 발생합니다. 술집에서의 주정, 가족 간의 말다툼, 모욕적인 말들, 욕설, 무례한 행동 같은 사소한 이유가 폭행이나 살인으로 이어지는 것입니다. 우리에게 심각한 잘못을 저질러 문제가 발생하는 경우는 극히 드물다는 얘깁니다. 이 세상 대부분의 걱정거리는 자존심이나 허영심에 가벼운 상처를 입거나 모욕을 받는다든가 하는 사소한 일 때문에 발생합니다."

결혼한 지 얼마 되지 않았을 때 일리노어 루스벨트는 실력이 부족한 요리사 때문에 며칠간 고민에 잠겼다. 그녀는 이렇게 말했다. "만약 지금이라면 어깨를 한 번 으쓱한 뒤 잊어버렸을 거예요." 바로 이것이다. 이것이야말로 정서적으로 성숙한 사람의 행동이다. 심지어 절대적인 독재자였던 예카테리나 여제조차도 요리사의 실력이 부족했을 때 웃어넘겼다고 하지 않는가.

우리 부부는 어느 날 시카고에 사는 한 친구의 집에서 저녁 식사를 한 적이 있었다. 그런데 고기를 썰던 친구가 실수한 것 같았다. 나는 눈치채지 못했고 만약 알았더라도 개의치 않았을 것이다. 그 장면을 본 친구의 부인은 우리가 함께 있는 자리에서 친구를 무안하게 만들었다.

"여보!"

그녀가 소리를 질렀다.

"뭐 하는 거예요! 음식 좀 제대로 만들 수 없어요?"

그러고 나서 우리를 보고 이렇게 말했다.

"남편은 늘 저런 실수를 해요. 도무지 노력을 안 한다니까요."

내 친구가 음식을 제대로 만들지 못했을지도 모른다. 하지만 이런 사람과 20년이나 함께 살아왔다는 것에 대해서는 경의를 표하고 싶다. 솔직히 그녀의 잔소리를 들으며 북경 오리나 상어 지느러미 같은 요리를 먹느니 마음 편한 분위기에서 겨자를 뿌린 핫도그나 두어 개 먹는 게 훨씬 낫지 않을까 여겨진다.

그런 일이 있고 나서 우리 부부는 친구 몇 명을 집으로 초대해 함께 밥을 먹었다. 약속 시간이 됐을 때 아내는 냅킨 중 세 장이 테이블보와 어울리지 않는 것을 발견했다. 나중에 아내는 내게 이렇게 말했다.

"요리사한테 급히 달려가 보니 나머지 냅킨 세 장은 세탁소에 가 있다더군요. 손님은 이미 문 앞에 도착한 상태였고요. 바꿀 만한 시간이 없었어요. 눈물이 왈칵 솟구치지 뭐예요. '어쩌다 이런 사소한 실수를 저질러 저녁 시간을 망쳐야 하는 거지?' 오로지 이 생각뿐이었어요. 그러다 '될 대로 되라지.' 하는 생각이 들었지요. 저는 즐겁게 보내리라 마음먹고 저녁 식사를 하러 갔습니다. 실제로 즐거운 시간을 보냈고요. 친구들이 저를 신경질적이고 뚱한 사람으로 보는 것보다는 집안 살림에 서툰 주부로 보는 것이 나을 것 같았지요. 어쨌든 냅킨에 대해 알아챈 사람은 아무도 없었던 것 같아요!"

잘 알려진 법률 격언에 이런 말이 있다. '법은 사소한 일에 관여하지 않는다(De minimis non curat lex).' 걱정에 사로잡힌 사람들도 이래야 한다. 마음의 평화를 바란다면 말이다. 사소한 일로 걱정하고 싶지 않다면 관점을 바꿔야 한다. 마음속에 새롭고 즐거운 생각을 가져야 한다. 『그들은 파리로 가야만 했다』를 비롯한 수십 권의 책을 저술한 내 친구 호머 크로이는 마음을 바꾸는 것이 어떻게 가능한지에 대한 놀라운 사례를 제시하고 있다. 그는 글을 쓸 때 아파트 라디에이터에서 소음이 들려오면 참지 못했다. 땅땅거리는 스팀 소리와 치- 하는 소리가 들리면 그는 화가 나서 끓어오르곤 했다.

호머 크로이는 이렇게 말했다.

"그래서 나는 친구들과 캠프를 떠났네. 나뭇가지가 모닥불 속에서 활활 타오르면서 탁탁 소리를 내는 것을 듣고 있으니 그 소리들이 라디에이터에서 들려오던 소리와 참 비슷하구나 하는 생각이 들더군. 왜 하나는 좋아하면서 다른 하나는 싫어하는 것일까? 집에 돌아와 나는 이런 생각을 했네. '모닥불 속에서 타는 나뭇가지의 소리는 참 좋았어. 라디에이터 소리 역시 비슷하지 않은가. 소음에 신경 쓰지 말고 잠이나 자야겠다.' 그러고는 실제로 그렇게 했지. 며칠간은 라디에이터 소리가 거슬리긴 했지만 그 이후에는 전혀 신경 쓰지 않았다네. 우리가 하는 사소한 걱정도 마찬가지라네. 그것을 싫어하면서도 걱정하는 건 그것을 너무 과장해서 생각하기 때문이지."

디즈레일리의 말 중에 이런 게 있다.

"사소한 일에 신경을 쓰기에 인생은 너무도 짧다."

앙드레 모루아는 이 말과 관련해 《디스 위크》 지에서 이렇게 말했다.

"이 말은 제가 수많은 고통스러운 경험을 극복하는 데 큰 도움이 됐습니다. 때때로 우리는 잊어도 될 만큼의 사소한 일에도 신경을 쓰곤 하지요. 우리에게 남은 삶은 몇십 년에 불과합니다. 우리는 1년 안에 모두의 기억에서 사라지게 될 불만을 되새기면서 결코 되돌릴 수 없는 소중한 시간을 너무나 많이 낭비합니다. 그렇게 해서는 안 됩니다. 우리는 우리의 인생을 가치 있는 행동과 감정, 위대한 사부와 진실한 사랑, 그리고 지속적인 일을 하기 위해 보내야 합니다. 사소한 일에 신경을 쓰기에 우리의 인생은 너무도 짧기 때문입니다."

러디어드 키플링 같은 저명한 인사 역시 때로는 '사소한 일에 신경을 쓰기에 인생은 너무도 짧다.'는 사실을 종종 잊어버리곤 했다. 그 결과 어떻게 되었을까? 그는 처남과 버몬트 역사상 가장 유명한 법적 분쟁을 벌였다. 이 사건은 『러디어드 키플링의 버몬트 불화』라는 제목으로 책이 출간될 정도로 유명하다.

이 이야기의 진행은 다음과 같다. 키플링은 버몬트 출신 여성 캐롤라인 발레스티어와 결혼한 뒤 버몬트 브래틀버로에 집을 짓고 살아갈 계획이었다. 그는 처남 비티 발레스티어와 금세 가까워져 가장 친한 친구가 되었다. 두 사람은 함께 일했고 취미 생활도 같이 즐겼다.

그러던 어느 날, 키플링은 처남에게 땅을 사게 되었다. 다만 해마다 일정한 시기에 처남이 그 땅에서 건초를 베어 가도 좋다는 조건을 붙여서 말이다. 어느 날, 처남은 키플링이 이 목초지에 정원을 만들 계획을 하고 있다는 것을 알게 됐다. 처남은 화가 머리끝까지 치솟았다. 그는 화를 참지 못하고 길길이 날뛰었다. 키플링 역시 바로 되받아쳤다. 버몬트 그린 산맥을 둘러싸고 한기가 감돌게 되었다.

며칠 후, 자전거를 타고 가던 키플링은 처남의 짐마차가 느닷없이 그의 앞길을 가로막는 바람에 자전거에서 고꾸라져 떨어지고 말았다. 그러자 "당신 주변의 모든 이들이 이성을 잃고 당신을 탓하더라도 당신만이라도 이성을 유지할 수 있다면."이라고 말했던 키플링은 이성을 상실한 채 어떻게든 처남을 구속하겠다고 욕설을 퍼부어댔다. 이 사건으로 세간의 이목이 쏠리는 소송이 벌어진 것이다. 수많은 대도시 언론의 취재 기자들이 마을로 몰려들었다. 이 소식은 순식간에 전 세계로 퍼져 나갔다. 화해는 성사되지 않았다. 키플링 부부는 이 싸움으로 자신들의 고향인 미국을 떠나 영원히 다시 돌아오지 못하게 됐다. 이 모든 슬픔을 유발한 것은 어이없게도 지극히 하잘것없는 건초 한 더미였다.

2,400년 전, 아테네의 페리클레스는 이런 말을 했다.

"보시오, 여러분, 우리는 사소한 일에 너무 많은 시간을 들이고 있습니다."

그렇다! 우리는 정말 그렇게 하고 있다.

해리 에머슨 포스딕 박사가 들려준 이야기 중에 가장 재미있는 이야기를 소개하겠다. 숲속의 거목이 승리하고 패배한 싸움에 관한 이야기다.

콜로라도 주 롱스피크 언덕에는 거목의 잔해가 있다. 식물학자의 말에 따르면, 이 나무의 나이는 약 400년 동안 서 있었다고 한다. 그 나무는 콜럼버스가 산살바로드에 상륙했을 때는 어린 묘목이었고, 영국 청교도들이 미국으로 건너와 플리머스에 정착했을 때에는 어느 정도 큰 나무가 돼 있었다. 긴 생애를 보내는 동안 그 나무가 벼락을 맞은 것만 해도 열네 번이나 되고, 400년 동안 할퀴고 지나 간 산사태와 폭풍우는 이루 셀 수도 없을 정도였다. 그 나무는 모든 것을 견뎌냈다. 하지만 어느 날, 딱정벌레 무리가 나무를 공격하자 나무는 쓰러지고 말았다. 그 벌레들은 나무껍질을 타고 올라가며 나무를 조금씩 갉아먹었고, 이런 약하지만 끊이지 않는 공격이 나무가 지닌 내적 견고함을 서서히 파괴했다. 그간 숲속의 거목은 세월도 시들게 하지 못했고, 벼락과 폭풍우에도 꺾이지 않았다. 그런 나무가 손가락 하나로도 쉽게 죽일 수 있는 아주 작은 딱정벌레 때문에 쓰러져버린 것이다.

우리 인간도 저 숲에서 싸우고 있는 거목 같지 않은가? 우리는 우리에게 드물게 찾아오는 사나운 폭풍우나 벼락, 눈사태와 같은 재해는 극복하면서도 걱정이라는 조그마한 딱정벌레, 손가락으로도 쉽게 죽일 수 있는 아주 작은 딱정벌레에 지배당하고 있지 않은가?

몇 해 전 나는 와이오밍 주 고속도로 경찰 본부장인 친구 찰스 세이프레드와 그의 친구 몇 명과 함께 와이오밍 주에 있는 티턴 국립공원을 여행했다. 우리는 공원 내부에 있는 존 D. 록펠러 기념관을 방문할 예정이었다. 그런데 내가 탄 차가 길을 잘못 들어서는 바람에 우리는 다른 차들이 다 들어가고도 한 시간 늦게 그곳에 도착했다. 문 열쇠를 가지고 있었던 세이프레드 씨는 우리가 도착할 때까지 모기가 우글거리는 무더운 숲속에서 한 시간이나 기다려야만 했다.

모기떼는 사나웠다. 성인도 이성을 잃을 정도였다. 하지만 모기는 찰스 세이프레드를 이기진 못했다. 그는 우리를 기다리는 동안 포플러 나뭇가지를 꺾어 피리를 만들었다. 우리가 도착했을 때 그가 모기 때문에 불평하고 있었을까? 아니었다. 그는 모기 따위는 개의치 않고 자신이 만든 피리를 불고 있었다. 사소한 일에는 눈길조차 주지 않는 그에 대한 추억으로 나는 그 피리를 간직하고 있다.

걱정하는 습관이 여러분을 삼키기 전에 걱정하는 습관을 버리고 싶다면 다음의 방법을 따르라.

걱정하는 습관을 없애는 방법 2
우리가 무시하고 잊어버려야 할 만한 사소한 일이
우리의 마음을 망치도록 내버려두지 말라.
사소한 일에 신경을 쓰기에 인생은 너무도 짧다.

3

대부분의 걱정보다
더 강력한 법칙

나는 어렸을 때 미주리 주 농가에서 자랐다. 어느 날, 어머니를 도와 버찌의 씨를 발라내고 있다가 갑자기 울음이 터졌다. 어머니께서 물었다.

"데일, 대체 왜 우는 거니?"

나는 울먹이는 목소리로 말했다.

"산 채로 땅에 묻히게 될까 봐 무서워요!"

그 무렵 나는 걱정할 일이 너무나 많았다. 비바람이 불고 번개가 치면 벼락에 맞아 죽을까 봐 걱정했다. 가세가 기울어지면, 먹을 음식이 떨어지면 어쩌나 하고 걱정했다. 죽은 다음 지옥에 떨어지면 어쩌나, 내 귀를 자른다고 협박하던 동네 형 샘 화이트가 정말 내 귀를 자르면 어쩌나 하고 걱정했다. 내가 모자에 손을 얹어 인사를 하면 여자애들이 나를 비웃지 않을까 걱정했다. 나와 결혼하겠다는 여자가 없을까 봐 걱정했다. 또 나는 조용한 시골 마을 교회에서 결혼식을 올린 후 마차를 타고 농장으로 오는 도중에 무슨 이야기를 해야 할지 걱정했다. 어떻게 해야 하지? 나는 밭둑을 서성거리며 이렇듯 '대단한' 문제들로 고민하기 시작했다.

시간이 흐르자 나는 내가 걱정하던 모든 일의 90퍼센트는 실제로 일어나지 않는다는 사실을 깨닫게 됐다. 일전에 나는 벼락을 맞을까 봐 걱정을 했다. 이제는 내가 한 해에 벼락을 맞아 죽을 확률은 불과 35만분의 1에 불과하다는 사실을 알고 있다.

산 채로 땅에 묻히면 어쩌나 하는 걱정은 더욱 쓸 데 없었다. 시체를 미라로 만들던 관습이 있던 시대 이전에도 산 채로 땅에 묻히는 사람은 1천만 명 중 한 명이 될까 말까 했다. 하지만 나는 예전에는 그 모든 사실이 눈물이 날 만큼 두려웠다.

여덟 명 중 한 명이 암으로 사망한다. 내가 만일 뭔가 걱정해야 한다면 벼락을 맞거나 땅에 묻히는 상황이 아닌 암이다. 물론 어릴 때 했던 걱정이다. 하지만 어른들의 걱정도 이와 다르지 않다. 어른 역시 쓸데없이 많은 걱정을 달고 산다. '평균의 법칙'에 따르면 우리가 하는 걱정의 90퍼센트는 현실적 근거가 전혀 없는, 지금 당장이라도 없앨 수 있는 것이다.

지구상의 보험사 중에서 가장 유명한 런던의 로이즈 보험사는 사람들이 거의 일어날 확률이 없는 일에 대해 걱정하고 있다는 사실을 간파해 큰돈을 벌었다. 로이즈 보험사는 사람들이 걱정하고 있는 일은 절대 일어나지 않는다는 확신을 가지고 내기를 걸었다. 이들은 이것을 내기 대신 보험이라고 부른다. 하지만 이는 평균적인 법칙을 따른 것이다. 로이즈 보험사는 200년 넘게 성장세를 보이고 있다. 인간의 본성이 변하지 않는 한 앞으로 5,000년은 더 성장할 것이다. '평균의 법칙'에 따르면, 사람들은 생각만큼 자주 발생하지는 않는 온갖 재난에 보험을 들게 될 것이기 때문이다.

'평균의 법칙'을 살피다 보면 새롭게 드러나는 사실을

보고 종종 깜짝 놀라게 된다. 예를 들어 내가 내년부터 5년간 게티즈버그 전투만큼 격렬한 전쟁에 참여해야 한다는 사실을 알게 된다면 두려운 마음이 들 것이다. 아마 생명 보험이라는 보험은 죄다 들어 놓을지 모른다. 유언장을 작성하고 재산과 모든 일을 정리할 것이다. 그다음 이렇게 말할 것이다.

"이번 전쟁에서 살아 돌아오지 못할 수도 있으니 내게 주어진 몇 년 만이라도 최선을 다해 살겠다."

하지만 '평균의 법칙'을 살펴보면 전시(戰時) 상황이 아니더라도 50세부터 55세까지 사는 것이 게티즈버그 전투를 치르는 일만큼 위험하고 치명적이라는 사실을 제시한다. 평화로운 시기에 50세에서 55세 사이 인구의 사망률은 게티즈버그 전투에 참여한 16만 3,000명의 사망률과 비슷하다.

나는 이 책의 일부를 심슨 소유의 '넘티가 로지'라 불리는 오두막에서 집필했는데, 그 오두막이 있던 곳은 캐나다 로키산맥 보 호수 기슭이었다. 그곳에서 여름을 보내는 동안 샌프란시스코 주에 사는 허버트 H. 샐린저 씨 부부를 만났다. 샐린저 부인은 차분하고 조용한 성격이었다. 나는 그녀가 걱정 없이 사는 사람이라고 느꼈다. 어느 날 저녁, 나는 모닥불 앞에 앉아 그녀에게 한 번이라도 걱정으로 고생해본 적이 있느냐고 물었다. 그녀는 놀랍게도 이렇게 답했다.

"걱정으로 고생해본 적이 있느냐고요? 거의 인생을 망칠 정도였지요. 걱정을 이겨 내는 법을 배우기 전까지는 스스로가 만든 지옥에서 11년 동안이나 살았습니다. 저는 화를 잘 내고 성미가 급했어요. 그래서 늘 극도의 긴장 상태로 살고 있었습니다. 매주 쇼핑을 하기 위해 저희 집이 있는 샌머테이오에서 버스를 타고 샌프란시스코로 갔습니다. 하지만 쇼핑을 하면서도 항상 불안에 떨고 있었지요. 전기다리미를 다리미판 위에 그냥 두고 온 건 아닐까. 혹시 집에 불이라도 나면 어쩌나. 아이들만 집에 남겨두고 가정부 혼자 도망갔으면 어쩌나. 아이들이 길에서 자전거를 타다 차에 치이면 어쩌나. 쇼핑하다가도 걱정 때문에 식은땀이 났습니다. 그럴 때면 재빨리 뛰어나가 버스를 잡아타고 집으로 달려가 집 안을 살펴봤습니다. 그러니 제 첫 결혼이 실패할 수밖에요. 두 번째 남편은 변호사인데 조용하고 분석적인 사람이라 걱정에 쉽게 빠지지 않았습니다. 제가 긴장할 때마다 남편은 이렇게 말해요. '긴장 풀어. 당신이 걱정하고 있는 게 뭔지 생각해보자. '평균의 법칙'으로 봤을 때 그게 실제로 일어날 가능성이 있는지 한 번 따져볼까?'

어느 날 우리 부부는 뉴멕시코의 앨버커키에서 칼스배드 동굴이 있는 국립공원에 가기 위해 차를 타고 가던 중 심한 폭풍우를 만났습니다.

차가 이리저리 미끄러졌기에 통제를 할 수가 없었지요. 틀림없이 미끄러져 도랑에 빠지게 될 거라는 생각이 들었어요. 하지만 남편은 계속 이런 말을 했습니다. '지금 아주 천천히 운전하고 있으니 별일 없을 거요. 만약 차가 미끄러져 도랑에 빠진다 해도 '평균의 법칙'으로 봤을 때 우린 전혀 다치지 않을 거니까.' 남편의 침착함과 확신은 저를 안심시켰습니다.

어느 여름, 캐나다 로키산맥의 투캥 계곡으로 캠핑을

하러 갔을 때의 일입니다. 어느 날, 해발 2,000미터나 되는 곳에서 텐트를 치고 자게 되었는데 높이에서 바람이 너무 거세게 불어 텐트가 찢어질 것만 같았습니다. 우리 텐트는 나무 받침대에 줄을 이용해 묶어놓은 상태였지만 바깥쪽 텐트는 바람을 맞고 펄럭거리며 날카로운 비명 소리를 냈습니다. 저는 끊임없이 곧 이 텐트가 찢어져 바람에 날아갈지도 모른다는 생각이 들었습니다. 너무 두려웠어요! 하지만 남편은 계속 이렇게 말했어요. '괜찮을 거요, 여보, 우린 지금 브루스터스 사 가이드와 함께 여행하고 있으니까. 브루스터스 사람들은 모두 전문가들이요. 그들은 60년간 여기서 텐트를 쳐왔어. 이 텐트 역시 이 자리에 오래 있었는데도 아직 멀쩡하다오. '평균의 법칙'으로 따져 보면 오늘 밤 이 텐트가 날아갈 가능성은 없소. 만약 날아간다 해도 다른 텐트에서 자면 되는 거고, 아무 걱정하지 마요.' 저는 남편의 말을 듣고 나서야 마음을 편히 먹고 잠을 잘 수 있었습니다.

몇 년 전, 저희가 사는 캘리포니아 지역에 소아마비가 유행했습니다. 예전 같았으면 저는 몹시 예민해져 있었겠지요. 남편은 침착하게 행동하라며 저를 위로해주었습니다. 우리는 할 수 있는 모든 예방 조처를 했습니다. 사람이 몰리는 곳은 피하고, 아이들을 학교에 보내지 않고 극장에도 가지 않았습니다. 위생국에 문의한 결과, 캘리포니아 역사상 소아마비가 가장 극심했을 때에도 전염병에 걸렸던 아이는 주를 통틀어 1,835명에 불과했다는 사실을 알았습니다. 일반적으로는 200명에서 300명 정도라는 사실도요. 물론 적은 수는 아니었기에 마음이 아팠지만 '평균의 법칙'을 적용해보면 한 아이가 그 병에 걸릴 가능성은 거의 없다는 생각이 들었습니다. '평균의 법칙에 따르면 그런 일은 발생하지 않을 거야.'라는 말이 제 걱정의 90퍼센트를 없앴습니다. 저는 이 말 때문에 지난 20년 동안 상상도 못할 만큼 아름답고 평온한 삶을 살아갈 수 있었습니다."

미국 역사상 인디언과의 싸움에서 가장 큰 공을 세운 것으로 기록되는 조지 크룩 장군은 『자서전』에서 인디언들이 갖고 있던 '걱정과 불행은 거의 대부분 현실이 아니라 그들의 상상에서 비롯되었다'고 말했다.

　돌이켜 보면, 지난 수십 년간 대부분의 내 걱정도 현실이 아닌 상상에서 비롯됐음을 알 수 있다. 뉴욕에서 제임스 A. 그랜트 유통회사를 운영하던 제임스 그랜트 역시 자신이 그랬다고 털어놓았다. 그는 플로리다 산 오렌지와 자몽을 한 번에 화물차 열 대에서 열다섯 대 분량으로 주문한다. 그럴 때마다 그는 다음과 같은 생각 때문에 몹시 괴로웠다고 고백했다. '열차 사고가 나면 어쩌지? 내 과일이 어딘지도 모를 곳 길바닥에 온통 흩뿌려지면 어떻게 하지? 과일을 실은 기차가 지나갈 때 다리가 무너지면 어쩌지?' 물론 과일은 보험에 등록된 상태였다. 하지만 그는 만약 제때 과일을 공급하지 못하면 거래처를 잃을 수도 있을 거라는 생각에 시달렸다. 그는 너무 많은 걱정에 시달린 나머지 자신이 혹시 위궤양에 걸린 건 아닌가 하는 생각까지 했다. 의사는 그에게 신경이 너무 과민한 점을 제외하고는 몸에 아무런 이상도 없다고 말했다.

　"그때야 정신이 번쩍 들었습니다. 그러고 나서 스스로

에게 이렇게 물었습니다. '어디 보자, 짐 그랜트. 1년에 운송되는 과일 트럭이 얼마나 되지?' 답은 이랬습니다. '약 2만 5,000대.' 저는 또 이렇게 물었습니다. '그중에 사고가 난 트럭은 몇 대나 되지?' 대답은 '아마 다섯 대 정도'였습니다. '2만 5,000대 중에 겨우 다섯 대? 그 말이 곧 무엇을 의미하는지 알기는 아나? 5,000분의 1의 확률이라는 거야. 달리 말하자면 경험에 근거한 평균의 법칙에 따라 자네의 트럭 한 대에 사고가 발생할 확률이 5,000분의 1이라는 얘기야. 그런데 대체 뭘 걱정하고 있는 것인가?' 저는 또 이렇게 물었습니다. '하지만 다리가 무너질 수도 있지 않나? 다리가 무너져 떨어진 트럭은 얼마나 되지?' 답은 '한 대도 없었다.'입니다. 그래서 저는 이렇게 말했습니다. '지금껏 한 번도 무너지지 않은 다리와 확률이 5,000분의 1에 불과한 열차 사고 때문에 걱정하느라 위궤양에 걸린다면 너무 어리석지 않은가?'"

짐 그랜트는 계속해서 내게 이렇게 말했다.

"이런 생각이 들자 저 자신이 너무 어리석었다는 것을 알게 되었습니다. 저는 그 자리에서 '평균의 법칙'에 모든 걸 맡긴 채 모든 걱정을 그만두기로 마음먹었습니다. 그 후로 위궤양에 대한 걱정은 한 번도 하지 않게 됐지요."

앨 스미스가 뉴욕 주지사였을 때 일이다. 그는 정적들에게 공격받을 때마다 몇 번이고 "기록부터 살펴보겠습니다."라고 대답했다. 그런 뒤에 그는 사실을 제시했다. 만약 우리가 일어날지 안 일어날지 모르는 일로 걱정을 하고 있다면 예전의 현명한 앨 스미스에게서 교훈을 얻자. 기록을 살펴보고 우리를 계속해서 괴롭히는 걱정에 근거가 있는 것인지, 만약 있다면 어떤 근거인지를 살펴보자. 프레드릭 J. 말슈테트는 자신이 죽어간다는 두려움을 느꼈을 때 다음과 같은 방법으로 두려움을 떨쳐냈다. 그가 내 성인 교육 강좌에서 들려준 이야기를 살펴보자.

"1944년 6월 초, 저는 오마하 해변 근처의 개인 참호에 엎드려 있었습니다. 저는 제999통신공병대 소속이었고 우리 부대는 그때 막 노르망디에 상륙해 참호를 구축한 상황이었습니다. 땅바닥에 직사각형 구멍을 파놓은 것에 불과한 비좁은 참호의 주변을 둘러보니 이런 생각이 들었습니다. '이건 마치 무덤 같군.' 그 안에 누워 잠을 청하려니 무덤 속에 들어와 있는 기분이었습니다. '어쩌면 이게 내 무덤이 될지도 몰라.' 이런 생각이 계속 들었습니다. 밤 11시경 독일 폭격기가 공격을 시작하자 너무 무서운 내 몸은 뻣뻣하게 굳어버렸습니다. 처음 2, 3일 동안은 밤새 한숨도 잠을 이루지 못했습니다. 그러다 4, 5일째가 되자 거의 신경 쇠약증에 걸릴 정도가 됐습니다. 어떠한 방법을 마련하지 않는다면 이대로 미쳐버릴 것 같았지요. 이미 닷새가 지났는데도 저는 아직 살아 있고, 또 다른 대원들도 모두 그럴 거로 생각했습니다. 단 두 명만이 다쳤을 뿐이고, 그것도 독일군 공격 때문이 아닌 아군의 고사포에서 발사된 유탄이 떨어질 때 다친 것이었습니다. 저는 건설적인 일을 함으로써 걱정을 떨치겠다고 다짐했습니다. 저는 떨어지는 유탄에 대비하기 위해 참호 위에 두꺼운 나무로 지붕을 만들었습니다. 그리고 우리 부대가 있는 지역이 얼마나 큰가를 떠올렸습니다. 이렇게 깊고 좁은 참호에 있는 내가 죽는다면, 그건 폭탄이 내게 직격으로 떨어질 때뿐이라는 사실을 깨달았습니다. 따져보니 그럴 확률은 1만분의 1도 채 되지 않았습니다. 그런 식으로 생각을 바꾸고 나서 하루 이틀이 지나자 마음이 차분해졌으며 공격이 시작됐을 때도 잠을 이룰 수가 있었습니다."

미 해군은 장병들의 사기를 북돋우려고 평균의 법칙에서 나온 통계 자료를 활용했다. 전직 해군이었던 한 남자가 내게 이야기를 들려주었다. 그는 한 배를 탄 동료들과 고옥탄 휘발유를 나르는 유조선에 배치되자 큰 걱정에 시달렸다. 그들은 고옥탄 휘발유를 싣고 떠나는 유조선이 어뢰에 맞게 된다면 거기에 승선한 사람들 모두가 죽게 될 거로 생각했다. 하지만 미 해군은 그렇지 않다는 사실을 알고 있었다. 해군은 정확한 수치를 예로 들어 설명했다. 유조선 100척이 어뢰에 맞았다고 가정하면 그 중 60척은 침몰하지 않는다. 가라앉은 유조선 40척 가운데 다섯 척만이 10분 이내에 침몰한다. 이것은 배에서 탈출할 시간이 있음을 의미했다. 또한 사상자가 극소수임을 의미하기도 했다. 이러한 설명으로 과연 사기가 올랐을까? "평균의 법칙을 알게 된 후부터 불안감이 말끔히 사라졌습니다." 이 얘기를 해준 클라이드 W. 마스(미네소타 주, 세인트 폴, 월넛 스트리트, 1969번지 거주)의 말이다. "모든 승무원들의 불안감이 줄어들었습니다. 우리에게는 기회가 있을 것이고, 평균의 법칙으로 보았을 때 전사하지 않을 것임을 알게 되었습니다."

걱정이 여러분을 망치기 전에 걱정하는 습관을 없애고 싶다면 다음의 방법을 따르라.

걱정하는 습관을 없애는 방법 3

기록을 살펴보자. 그런 다음 스스로에게 이렇게 물어보자.

"평균의 법칙으로 보았을 때 내가 걱정하고 있는 일이 실제로 발생할 가능성은 얼마나 되는가?"

4

피할 수 없다면
받아들여라

내가 아주 어렸을 때의 일이다. 나는 미주리 주 북서부에 위치한 낡은 오두막에 있는 다락방에서 친구들과 놀고 있었다. 다락방에서 내려오려고 나는 창문턱에 발을 잠깐 내디뎠다가 뛰어내렸다. 그 당시 나는 왼손 검지에 반지를 끼고 있었는데 뛰어내리다 반지가 못에 걸려 손가락이 절단되고 말았다.

나는 비명을 질렀다. 몹시 무서웠으며 죽게 될 거라는 생각이 들었다. 하지만 손을 치료한 뒤에는 한순간도 그 일 때문에 걱정한 기억이 없다. 걱정해봤자 무슨 소용이 있겠는가? 나는 피할 수 없는 결과에 승복했다.

지금 나는 몇 개월씩이나 내 왼손에 손가락이 네 개라

는 사실을 잊고 지내곤 한다. 몇 해 전 나는 뉴욕 시내의 사업자용 빌딩에 사무실을 차리고 화물용 엘리베이터 사업을 하는 사람을 만났다. 그때 그의 왼손이 손목부터 없다는 사실이 눈에 띄었다. 나는 그에게 한 손이 없어서 속상하지 않느냐고 물었다. 그는 이렇게 말했다.

"아니요. 손이 없다는 생각조차 들지 않아요. 저는 아직 독신입니다. 유일하게 내 손의 상태가 속상할 때는 바늘에 실을 꿸 때뿐이지요."

우리는 우리 힘으로 어쩔 수 없는 상황은 그게 무엇이든 놀라울 만큼 빠른 속도로 받아들이고 적응한다. 그런 뒤 그런 일이 있었다는 사실조차 잊게 된다.

나는 가끔 네덜란드 암스테르담에 있는 15세기에 건축된 대성당을 떠올린다. 폐허가 된 그곳에는 이런 글귀가 새겨져 있다. 플랑드르 어로 이루어진 그 글귀는 이런 뜻을 가지고 있다.

'이미 그러하니 다른 방법이 없다.'

여러분이나 나나 수십 년을 살다 보면 불쾌한 상황을 수없이 겪게 될 것이다. 아니라고 단언할 수는 없다. 하지만 우리는 선택할 수 있다. 그 상황을 피할 수 없으니 받아들여 적응하든가 아니면 거부함으로써 우리의 인생을 망쳐버린 뒤 신경 쇠약에 걸리는 것이다.

내가 좋아하는 철학자 가운데 윌리엄 제임스가 있는데, 그는 다음과 같은 현명한 조언을 해주었다.

"있는 그대로 받아들이기 위해 노력하라. 어떤 불행이 와도 이미 일어난 일을 받아들이는 것이야말로 그 결과를 극복하기 위한 첫 걸음이다."

오리건 주 포틀랜드 북동부에 사는 엘리자베스 콘리는 쓰라린 체험을 통해 이런 사실을 깨달았다. 그녀가 내게 보낸 편지를 소개하겠다.

미국이 북아프리카에서 승리한 전투의 축배를 들고 있던 날, 나는 국방부에서 온 전보를 받았습니다. 거기에는 제가 가장 사랑하는 조카가 작전 중 실종됐다고 적혀 있었습니다. 얼마 후 조카가 전사했다는 소식을 알리는 전보가 도착했습니다.

비통한 마음을 주체할 수 없던 저는 쓰러지고 말았습

니다. 그전까지 제 인생은 너무 즐거웠습니다. 저는 만족스러운 직업을 가지고 있었습니다. 조카를 양육하는 데 도움을 줄 수 있었지요. 조카는 내게 너무도 멋지고 훌륭한 청년 그 자체였습니다. 눈에 넣어도 아프지 않을 사랑스러운 아이였지요. 그런데 이런 전보가 온 겁니다. 세상 전부가 무너져버렸습니다. 삶의 의미를 찾을 수 없었습니다. 일에도 무심해지고 친구들과도 멀어졌습니다. 만사가 귀찮을 뿐이었습니다. 너무 아프고 모든 게 원망스러웠습니다. 도대체 왜 내가 그토록 사랑하는 조카가 죽어야 하나? 그토록 착하고 살아갈 날이 많은 청년이 왜 죽어야 하나? 그 사실을 도무지 받아들일 수 없었습니다. 너무나 비통한 나머지 저는 하던 일을 그만두고 멀리 떠나 눈물과 슬픔 속에 몸을 숨기려고 했습니다.

일을 그만두려고 책상을 정리하던 중 잊고 있던 편지 하나를 발견했습니다. 몇 해 전, 제 어머니가 돌아가셨을 때 조카가 보낸 편지였습니다. 편지에는 이렇게 적혀 있었습니다. '우리는 분명 돌아가신 할머니를 그리워할 거예요. 고모님은 더욱 그러시겠지요. 하지만 잘 견뎌내실 겁니다. 고모님은 확고한 철학을 가지신 분이니까요. 저는 고모님이 제게 가르쳐주신 아름다운 진리를 절대 잊지 못할 거예요. 제가 어느 곳에 있든, 우리가 얼마나 멀리 있든 고모님께서는 항상 웃으라고 했죠. 무슨 일이 생기더라도 남자답게 받아들이라던 가르침을 결코 잊지 않겠습니다.'

저는 그 편지를 읽고 또 읽었습니다. 조카가 제 옆에서 말을 건네는 듯한 기분이었습니다. '고모님은 제게 이렇게 가르쳐주셨잖아요. 무슨 일이 생기든 견뎌라. 작은 슬픔을 미소 뒤에 숨기고 견뎌라. 그런데 고모님은 왜 제게 가르쳐주신 대로 하지 않으세요?' 저는 다시 직장으로 돌아갔습니다. 그리고 슬퍼하고 반발하는 것을 멈추었습니다. 속으로 다짐했습니다. '이미 일어난 일이다. 내가 바꿀수 있는 건 없어. 하지만 나는 그 아이가 바라는 대로 모든 정신을 집중했습니다. 그리고 그 아이와 같은 장병들에게 편지를 보냈습니다. 저는 새로운 관심사를 찾고 또 새로운 사람들을 만나기 위해 야간 성인 교육 강좌를 수강했습니다. 그것으로 저 자신도 믿기 어려울 정도로 변했습니다. 지금 저는 하루하루를 즐겁게 살고 있습니다. 아마 제 조카도 그러기를 바랐을 겁니다. 저는 인생과 화해했습니다. 그리고 운명을 받아들였습니다. 저는 지금 그 어느 때보다 풍부하고, 더 완전한 삶을 살고 있습니다.

오리건 주 포틀랜드에 살고 있는 엘리자베스 콘리는 우리 모두가 조만간 배워야 할 것을 이미 배웠다. 즉 피할 수 없는 것은 받아들이고 협력하라는 것이다. "이미 그러하니 다른 방법은 없다." 이는 결코 배우기 쉬운 교훈은 아니다. 권위 있는 왕들조차도 이 교훈을 마음에 새겨두어야 했다. 조지 5세는 다음 글귀를 액자로 만들어 버킹엄 궁전에 있는 자신의 서재 벽에 걸어놓았다. "달을 따 달라고 조르지 않고, 쏟아진 우유가 아깝다고 후회하지 않도록 가르쳐주소서." 쇼펜하우어는 같은 생각을 이렇게 표현했다. "인생이라는 항해에서 가장 중요한 준비는 어떠한 어려움도 받아들이겠다는 마음가짐이다."

분명한 건 단지 상황 그 자체가 우리를 행복하게 하거나 불행하게 만들지는 않는다는 사실이다. 그러한 상황에 반응하는 우리의 태도가 우리의 감정을 결정하는 것이다. 예수는 천국이 우리 안에 있고 지옥 또한 마찬가지라고 말한 바 있다.

반드시 해야 한다고 생각하면 우리는 재난과 불행을 이겨낼 수 있다. 가능하지 않다고 생각할 수도 있다. 하지만 우리는 우리 자신을 끝까지 지켜줄 강력한 내적 자원을 가지고 있다. 우리는 우리 자신이 생각하는 것보다 더 강하다.

부스 타킹턴은 늘 이렇게 말했다.

"나는 인생이 내게 어떠한 고난을 강요하더라도 모두 견뎌낼 수 있다. 다만 앞이 보이지 않는 것만은 예외다. 나는 그것만은 결코 견디지 못할 것 같다."

타킹턴이 60대에 접어든 어느 날, 그는 바닥에 있는 카펫 색이 뿌옇게 보인다는 사실을 알게 되었다. 무늬도 알아볼 수 없을 정도였다. 의사를 찾아간 그는 비극적인 소식을 들었다. 그는 차츰 시력을 잃어 가고 있었다. 한쪽 눈은 이미 시력을 거의 잃었고 다른 쪽 눈도 나빠지고 있었다. 그가 가장 두려워하던 일이 일어난 것이다.

타킹턴은 이 '최악의 불행'에 어떤 반응을 보였을까? '이젠 다 끝났어. 내 인생은 끝이다.'라고 생각했을까? 아니다. 그는 스스로 놀랄 만큼 몹시 활기찼다. 농담까지 던지며 이 상황을 표현했다. 그를 괴롭히는 것은 바로 '작은 반점들'이었다. 그것들은 눈 속에서 여기저기 떠돌다가 때로는 눈이 전혀 보이지 않게 만들곤 했다. 이런 작은 반점 중에서 아주 커다란 게 떠다니다가 눈앞을 가로막을 때면 그는 이렇게 말했다.

"이런! 할아버지가 또 오셨군요! 이 좋은 아침에 어디를 가시는 걸까?"

이러한 영혼을 운명 따위가 이길 수 있겠는가? 굳이 대답하자면 운명은 결코 그를 이기지 못했다. 시력을 완전히 상실하게 되자 타킹턴은 이렇게 말했다.

"사람이 다른 것들은 받아들이듯 나도 내가 시력을 잃은 사실을 받아들일 수 있다는 것을 알았다. 내가 오감을 전부 잃는다 해도 나는 마음으로 계속 살아갈 수 있다는 것을 알았다. 우리는 우리 자신도 모르게 마음으로 보고 마음으로 살아가고 있다."

그는 시력을 회복할 수도 있다는 희망을 품고 한 해 동안 무려 열두 번이 넘는 수술을 감행했다. 부분 마취를 한 상태로 말이다. 그는 그 일로 화를 냈을까? 그는 그 일이 자신이 해야만 하는 일이라는 것을 알고 있었다. 피할 수 없다는 것을 알고 있었기에 고통을 줄일 수 있는 유일한 길은 품위 있게 그 사실을 받아들이는 것뿐이었다. 그는 개인 병실을 마다하고 자신과 같은 질환을 앓는 사람들과 일반 병실에서 함께 지냈다. 그러면서 그는 그들을 즐겁게 만들어 주기 위해 노력했다.

그는 자신의 눈에 무엇을 하고 있는지 분명하게 의식할 수 있는 상태에서 수술을 받게 됐을 때 스스로 얼마나 운이 좋은 사람인지를 생각하려고 애썼다. 그는 이렇게 말했다.

"정말 놀랍군! 이제 과학이 사람의 눈처럼 복잡한 것도 수술할 수 있는 기술을 갖고 있다니 말이야."

보통 사람이라면 열두 번이 넘는 수술을 하고도 시력을 잃게 됐다면 분명 신경 쇠약에 걸렸을 것이다. 하지만 타킹턴은 오히려 이렇게 말했다.

"나는 내 경험을 더 행복한 경험과 바꾸지 않겠다."

이러한 경험은 그에게 받아들이는 법을 알려주었고, 인생에서 어떤 일이 벌어지더라도 견디지 못할 것은 없다는 것을 그에게 가르쳐주었다. 그는 이러한 경험을 통해 존 밀턴이 발견한 것처럼 "앞이 보이지 않는 것, 그것은 비참한 것이 아니다. 앞이 보이지 않는 사실을 견뎌 내지 못하는 것, 그것이야말로 비참한 것이다."라는 사실을 깨달았다.

뉴잉글랜드의 유명한 여권주의자 마거릿 풀러는 자신의 신조에 대해 이렇게 말한 적이 있다. "나는 온 우주를 받아들인다!" 영국에 있던 나이 들고 심술궂은 토머스 칼라일은 이 이야기를 듣고는 마치 비웃듯 이렇게 말했다. "물론 그러셔야 하겠지! 그 편이 나을 거야!"

그렇다. 여러분이나 나나 모두 피할 수 없는 것은 받아들이는 편이 낫다. 피할 수 없는 사실을 받아들이지 못하고 불만에 가득 차 반감을 품게 된다면 우리는 그것을 바꾸지 못하게 된다. 그 대신 우리는 우리 자신을 바꾸게 되는 것이다. 이것만큼은 내가 자신 있게 말할 수 있다. 이미 경험한 일이기 때문이다.

나 역시 과거에는 내게 닥친 불가피한 상황을 거부하려고 한 적이 있다. 미련한 나는 불평하고 반발했다. 그래서 매일 밤을 불면에 시달리곤 했다. 나는 나 자신에게 내가 바라지 않는 온갖 나쁜 것들을 가져다주었다. 나는 그것을 바꿀 수 없다는 것을 처음부터 알고 있었다. 하지만 1년간 나 자신을 괴롭히고 나서야 그 사실을 받아들였다. 오래전에 나는 월터 휘트먼의 이야기에 귀를 기울여야 했다.

아, 나무와 짐승들이 그러하듯
밤과 폭풍우, 굶주림과 조롱, 재난 그리고 냉대를
나도 그렇게 맞이할 수 있기를.

나는 12년 동안 소 떼를 돌보는 일을 했다. 가뭄으로 목초지가 말라버리거나, 진눈깨비가 내린다거나, 수소가 다른 암소에게 눈길을 준다는 이유로 흥분하는 젖소를 단 한 번도 본 적이 없다. 동물들은 밤이나 폭풍우, 배고픔 역시 자연스럽게 받아들인다. 그러므로 신경 쇠약이나 위궤양에 걸릴 일이 없고 미치지도 않는다.

시련에 굴복하는 게 최선이라는 이야기는 아니다. 절대 그런 의미가 아니다. 그것은 운명론에 불과하다. 상황을 개선할 수 있다면 최선을 다해 싸워야 한다. 하지만 이미 그러하기에 어쩔 수 없는 상황이라면 불가능한 일에 노력할 필요는 없는 것이다. 컬럼비아 대학에서 학장을 역임한 호크스는 영국의 전래 동요인 〈엄마 거위의 노래〉 중 일부를 자신의 좌우명으로 삼았다고 내게 말한 적이 있다.

태양 아래 모든 아픔에는
치료법이 있을 수도 없을 수도 있다네.
있다면 찾으려고 애를 쓰고,
없다면 신경 쓰지 말게.

이 책을 집필하는 도중에도 나는 미국의 성공한 사업가들과 많은 면담을 가졌다. 나는 그들이 어쩔 수 없는 것과 협력하면서 걱정에서 매우 자유로운 인생을 살고 있다는 사실에 깊은 감명을 받았다. 만약 그러하지 않았다면 그들은 긴장을 이기지 못하고 무너지고 말았을 것이다.

내가 하는 말이 무엇을 의미하는지 보여줄 만한 사례를 몇 가지 제시하겠다.

전국적인 체인망을 가지고 있는 페니 스토어의 설립자 J. C. 페니는 내게 이렇게 말했다.

"만약 내가 가진 재산 전부를 잃는다고 해도 난 걱정하지 않을 겁니다. 걱정한다고 달라지는 것은 아무것도 없을 테니까요. 나는 내가 할 수 있는 최선을 다한 뒤 결과는 신에게 맡길 겁니다."

헨리 포드 역시 이와 비슷한 말을 했다.

"내가 일을 조종하지 못할 때, 나는 그 일이 알아서 굴러가도록 내버려둡니다."

나는 크라이슬러의 사장 K. T. 켈러에게 걱정이 생길 때 어떻게 대처하는지 물었다. 그는 이렇게 대답했다.

"저는 힘든 상황에 부딪치더라도 만약 할 수 있는 일이 있다면 그걸 합니다. 만약 불가능하다면 그냥 잊어버리고 말지요. 저는 절대 미래를 걱정하지 않습니다. 세상사람 중에 미래에 일어날 일을 예측할 사람은 아무도 없기 때문이지요. 미래에 영향을 미칠 수 있는 요인은 아주 많습니다. 하지만 그러한 것들이 어떻게 발생하는지를 알고 있거나 또 이해할 수 있는 사람은 없습니다. 걱정할 필요가 있습니까?"

K. T. 켈러를 철학자라고 한다면 그는 당황할 것이다. 그는 단지 훌륭한 사업가이기 때문이다. 하지만 그의 생각은 공교롭게도 19세기 이전 로마에서 가르치던 에픽테토스의 철학과 일치한다. 에픽테토스는 로마인들에게 이렇게 가르쳤다. "행복에 이르는 길은 오로지 하나, 그것은 바로 우리의 의지를 뛰어넘는 일에 대해서는 걱정하지 않는 것이다."

'성스러운 사라'로 잘 알려져 있는 사라 베르나르는 불가피한 일과 협력하는 법을 안다는 것이 어떤 의미가 있는지 보여주는 매우 뛰어난 사례라 할 수 있다. 지난 50여 년간 그녀는 지구상에서 가장 사랑받는 배우이자 네 개 대륙의 무대를 제패한 여왕으로 통했다. 그러던 그녀가 일흔 살에 파산하고 전 재산을 잃었다. 대서양을 건너던 중 폭풍우 때문에 갑판에 넘어져 다리에 큰 부상을 입었던 것이다. 정맥염이었다. 주치의 포치 교수는 그녀에게 다리를 절단해야 한다고 말했다. 그러면서도 그는 성격이 불같았던 '성스러운 사라'에게 앞으로의 일에 관해 설명할 것을 두려워하고 있었다. 그는 그녀가 이 끔찍한 소식을 듣게 된다면 신경질적으로 발작을 일으킬 것이라 확신했다. 하지만 그의 예상은 빗나갔다. 사라는 그를 잠시 쳐다보더니 조용히 말했다.

"그래야만 한다면 그래야겠지요."

그것은 운명이었다. 그녀가 침대에 누워 수술실로 가는 동안 아들은 울음을 멈추지 못했다. 그녀는 아들에게 경쾌하게 손짓하며 밝은 목소리로 말했다.

"아무 데도 가지 말고 있어. 곧 돌아올 테니까."

그녀는 수술실로 들어가면서 예전에 자신이 했던 연극의 한 장면을 재연했다. 누군가가 그녀에게 스스로 힘을 내기 위해 그러는 것이냐고 물었다. 그녀가 말했다.

"아니요. 의사 선생님과 간호사분들에게 힘을 주기 위해서예요. 긴장하실 테니까요."

수술을 마치고 회복한 뒤 사라 베르나르는 7년간 더 세계를 누비며 관객의 마음을 사로잡았다.

엘시 맥코믹은 《리더스 다이제스트》지에 기고한 자신의 글에서 이렇게 말했다.

"불가피한 일과 싸우는 것을 멈출 때, 더 풍요로운 인생을 살 수 있는 에너지가 해방됩니다."

불가피한 것과 투쟁하며 동시에 새로운 인생을 창조해나갈 정도로 감정과 활력이 넘치는 사람은 없다. 어느 쪽이든 하나를 선택해야 한다. 여러분은 불가피한 인생의 진눈깨비 속에서 꺾일 수도 있고, 꼿꼿하게 버티다 부러질 수도 있다.

나는 미주리 주에 있는 내 소유의 농장에서도 이런 일을 경험했다. 나는 농장에 수십 그루의 나무를 심었다. 나무들은 처음에는 놀라울 만큼 쑥쑥 자랐다. 이후 진눈깨비가 내리자 나뭇가지에 얼음이 두껍게 덮였다. 나무들은 그 무게 때문에 우아하게 휘어지는 대신 굳세게 버텨냈고 마침내 그 무게를 이기지 못하고 부러져버렸다. 나는 그 나무들을 베어버려야만 했다. 나무들은 북부의 숲이 가진 지혜를 깨닫지 못했다. 나는 캐나다에 있는 상록 침엽수를 수없이 보러 다녔지만, 진눈깨비나 얼음 때문에 부러진 전나무나 소나무는 단 한 번도 본 적이 없었다. 그곳에 있는 상록수들은 가지를 구부리고 휘어뜨리는 법을, 불가피한 것과 협력하는 법을 알고 있었다.

브라질의 유술(柔術) 사범들은 '버드나무처럼 휘어라. 참나무처럼 버티지 말라.'고 가르친다. 여러분은 자동차 타이어가 도로 위에서 그토록 큰 충격을 견딜 수 있는 이유가 무엇 때문이라고 생각하는가? 타이어 제조업자들은 처음에는 바닥에서 오는 충격에 저항하는 타이어를 만들려고 시도했다. 그 타이어는 곧 갈기갈기 찢어졌다. 그래서 그들은 길에서 오는 충격을 흡수하는 타이어를 만들었다. 그 타이어는 '견뎌냈다.' 우리는 인생의 험한 여정에서 비롯된 충격과 흔들림을 흡수하는 법을 배워야 한다. 그래야만 더 오래 버티고 편안한 여행을 즐길 수 있다.

만약 여러분이나 내가 인생에서 오는 충격을 흡수하지 않고 거부한다면 어떤 일이 벌어질까? 버드나무처럼 휘어지는 것을 거부하고 참나무처럼 버티기만 한다면 어떤 일이 생길까? 답은 정해져 있다. 우리는 번민을 일으킬 것이다. 걱정과 긴장, 압박감에 시달려 신경 쇠약에 걸리고 말 것이다.

한발 더 나아가 험난한 현실 세계를 거부하고 자신이 만든 공상의 세계로 도피하는 순간 우리는 아마 미쳐 버리게 될 것이다.

제2차 세계대전이 일어나는 동안 수백만 명의 병사들은 불가피한 현실을 받아들이든가 아니면 압박감으로 쓰러지든가 하는 선택을 해야만 했다. 뉴욕 주 글렌데일 67번가에 7126번지에 사는 윌리엄 H. 캐설리어스의 경우를 예로 들어보자. 그는 뉴욕에서 열린 성인 교육 강좌에서 다음과 같은 발표로 우수상을 받았다.

"저는 연안 경비대에 입대하고서 얼마 지나지 않아 대서양 연안에서 가장 분쟁이 많이 일어나는 지역에 배치됐습니다. 저는 폭발물을 관리하는 임무를 맡았습니다. 생각해보십시오! 제가! 크래커 판매원이었던 제가 폭발물 관리자가 되다니! 수천 톤의 T.N.T 위에 자신이 서 있다는 생각만으로도 크래커 판매원의 등골은 서늘해지지 않을 수 없었습니다.

겨우 이틀간 교육을 받았습니다. 그곳에서 배운 것들은 저를 더 두렵게 만들었지요. 제가 처음으로 현장에 나가던 날은 절대 잊지 못할 겁니다. 안개가 자욱하게 껴서 어둡고 춥던 어느 날, 제게 뉴저지 주 베이언에 있는 케이븐 포인트 부두로 출동하라는 명령이 내려졌습니다.

저는 우리 배의 5번 화물창에 배치됐습니다. 인부 다섯 명과 함께 선창에 내려가 일해야 했지요. 그들은 거칠고 강한 성격이었지만 폭발물에 대해서는 전혀 아는 바가 없었습니다. 그들은 하나당 1톤이 넘는 T.N.T가 들어 있는 초대형 폭탄들을 싣고 있었습니다. 그 낡은 배를 산산조각내고도 남을 만큼 충분한 폭발물이었지요. 그 폭탄들은 케이블 두 개에 묶여서 내려오고 있었습니다. 계속 이렇게 생각했습니다. '케이블 중에서 하나라도 미끄러진다면, 아니 끊어진다면! 오, 세상에!' 저는 너무 두려워서 몸이 덜덜 떨렸습니다. 입술이 바짝바짝 타고 무릎이 후들거리며 심장이 쿵쾅거렸습니다.

하지만 저는 도망갈 수 없었습니다. 그렇게 하면 분명

탈영으로 처리되니까요. 그것은 저와 제 부모님께 불명예스러운 일이 될 테고, 잘못하다간 총살당할 수도 있습니다. 그래서 저는 도망갈 수 없었습니다. 그 자리를 지켜야만 했습니다. 저는 인부들이 초대형 폭탄들을 함부로 다루는 것을 지켜보고 있었습니다. 배는 언제든 폭발할 것 같았습니다. 이런 서늘한 공포 속에 한 시간 넘게 있으니 약간의 상식을 발휘하게 되었습니다. 저는 자신을 질책했습니다. '생각해봐. 폭발이 일어났다고 가정해 보자. 그래서 어쨌다는 거야? 네겐 별 차이도 없잖아! 그런 식으로 깨끗하게 죽는 것도 나쁘진 않아. 암으로 죽는 것보다 100배는 낫지. 멍청하게 굴지 마. 영원히 살 수는 없으니까. 넌 이 일을 해야 해. 그렇지 않으면 총살을 당하든가. 그럴 거면 차라리 이 일을 좋아하는 게 낫지 않겠어?' 저는 스스로 몇 시간이나 이렇게 말했습니다. 그러자 기분이 나아졌습니다. 불가피한 상황을 받아들이고 결심한 순간 걱정과 두려움을 이겨낼 수 있었던 겁니다. 그날의 교훈을 결코 잊지 못할 겁니다. 제가 변화시킬 수 없을 것 같은 일 때문에 걱정이 들 때면 저는 어깨를 으쓱하며 이

렇게 말하지요. '잊어버리자.' 이것은 크래커 판매원에게
도 효과가 있습니다."

정말 멋지지 않은가! 우리 모두 피너포어 출신의 크래
커 판매원에게 힘찬 박수를 거듭해서 보내자.

소크라테스의 죽음은 십자가에 못 박힌 예수의 죽음을
제외하고 역사상 가장 유명한 죽음일 것이다. 지금부터 1
만 년이 지난 후에도 사람들은 그의 죽음에 대한 플라톤
의 빛나는 묘사를 읽을 것이다. 또한 이것은 모든 문학을
통틀어 가장 감동적이고 아름다운 구절이 될 것이다. 아
테네 사람 중 몇 명이 연로한 맨발의 소크라테스를 부러
워하며 시기했다. 그들은 죄 없는 그를 고발해 재판을 받
게 하고 사형 선고를 받게 했다. 친절한 간수는 소크라테
스에게 독이 든 그릇을 건네며 마시라고 하면서 이렇게
말했다.

"불가피한 일이라면 담담히 견뎌내시오."

소크라테스는 그렇게 했다. 그가 죽음을 맞이하면서 보
였던 침착함과 체념은 신에 가까운 모습이었다.

"불가피한 일이라면 담담히 견뎌내시오." 이 말은 기원전 399년에 나온 말이다. 하지만 걱정에 휩싸인 이 세상에서 과거의 어느 때보다 더 필요한 말이다.

나는 지난 8년간 걱정을 없애는 법에 대해 조금이라도 언급한 책이나 글은 거의 다 읽었다. 이러한 독서의 결과로 내가 찾게 된 걱정에 대한 충고 중에 가장 훌륭한 충고가 무엇인지 궁금한가?

여기에 그 글귀를 제시하겠다. 이 말을 세면대 앞 거울에 붙여 놓고 세수를 할 때마다 보면서 마음속의 걱정을 떨쳐내기를 바란다. 이 기도문을 쓴 사람은 뉴욕 브로드웨이 120번가에 있는 유니언 신학교의 응용 신학 교수인 라인홀트 니부어 박사다.

주여, 제게 허락해주소서
바꾸지 못할 것을 받아들일 수 있는 평정(平靜)과,
바꿀 수 있는 것을 바꾸는 용기,
그리고 이 두 가지를 분별할 수 있는 지혜를
허락하여 주소서.

걱정하는 습관을 없애는 방법 4

피할 수 없다면 받아들여라.

5

당신의 걱정에
'손절매' 주문을 해라

월 스트리트에서 큰돈을 벌 방법을 알고 싶은가? 이것을 알고 싶어 하는 사람은 아마 수없이 많을 것이다. 만약 내가 그 답을 안다면 이 책을 한 권에 1만 달러씩 받고 판매할 수도 있을 것이다. 이미 성공한 중개인들이 쓰는 꽤 괜찮은 방법이 있다. 이 이야기는 뉴욕 동부 42번가 17번지에 사무실을 가지고 있는 투자 상담사 찰스 로버츠가 말해준 것이다. 그는 이렇게 이야기했다.

"내가 맨 처음 텍사스를 떠나 뉴욕에 왔을 때 제 수중에는 친구들이 주식에 투자하라고 모아준 돈 2만 달러가 있었습니다. 나는 주식 시장에 대해 꽤 잘 알고 있다고 생각하고 있었습니다. 하지만 그 돈을 한 푼도 남김없이 날려버리고 말았습니다. 가끔은 큰 수익을 내기도 했지만 결국에는 모조리 잃게 됐지요.

제 돈을 잃은 것은 그리 문제될 게 아니지만, 친구들의 돈까지 잃어버렸으니 큰 걱정이 아닐 수 없었습니다. 친구들이 그 정도는 감당할 수 있다고 해도 말이지요. 나는 투자가 대실패로 끝나자 친구들의 얼굴을 다시 보기가 두려웠습니다. 하지만 놀랍게도 친구들은 그 일에 대해 전혀 신경 쓰지 않았고 오히려 긍정적으로 생각하고 있었습니다.

저는 그동안 거의 모든 것을 운에 맡기며 다른 사람들의 말에 따라 투자를 해왔습니다. H. I. 필립스의 말을 빌리면 저는 '귀로 주식 투자를 한' 것입니다. 저는 제가 어떤 실수를 저질렀는지 점검하기 시작했습니다. 원인을 제대로 파악하고 분석할 때까지는 절대 주식 시장으로 돌아가지 않겠다고 다짐했습니다.

여기저기 수소문한 끝에 최고의 성공을 거둔 주식 투자자 중 한 사람인 버튼 S. 캐슬즈를 알게 되었습니다. 그는 해를 거듭할수록 성공적으로 투자해 명성을 높이고 있었고 저는 그러한 일은 결코 운으로만 되지는 않는다는 사실을 알았기 때문에 그에게 많은 걸 배울 수 있을 거라고 생각했습니다.

그는 제게 전에는 어떤 식으로 거래를 했는지에 대해 몇 가지 질문을 한 뒤 거래 원칙에 대해 알려주었습니다. 그는 이렇게 말했습니다. '저는 모든 주식 거래의 약정에 손절매(損切賣) 주문을 해놨습니다. 예를 들어 제가 주당 50달러에 주식을 샀다면 저는 45달러가 되는 즉시 손절매하라는 주문을 합니다.' 이 말은 주가가 매입가에서 5포인트로 손실을 제한한다는 의미지요.

연로한 고수는 계속해서 이렇게 말했습니다. '괜찮은 가격으로 매입했다면 당신의 수익은 평균 10포인트, 25포인트, 어쩌면 50포인트까지 오를 겁니다. 그러니 손실액을 5포인트로 정해둔다면 만약 당신이 반 이상 잘못된 선택을 해도 상당한 수익을 올릴 수 있지 않겠어요?'

저는 그 즉시 이 원칙을 선택해 계속 사용하고 있습니다. 그 원칙은 저와 제 고객들에게 너무나 큰돈을 벌어주었습니다.

시간이 흐르면서 저는 손절매 원칙을 주식 시장이 아닌 다른 곳에도 사용할 수 있다는 사실을 알았습니다. 저는 귀찮거나 화가 나는 일이 생길 때마다 손절매 원칙을 사용했습니다. 그러자 마법 같은 효과가 있었습니다.

예를 들면, 저는 종종 제시간에 오는 법이 없는 한 친구와 자주 점심 식사를 합니다. 전에는 그 친구가 점심시간이 반 이상 지나가도록 오지 않아서 제 속을 몹시 썩이곤 했었지요. 저는 그에게 제 걱정에 대해 손절매 주문을 하기로 했다고 알려주었습니다. 저는 이렇게 말했어요.

'빌, 내가 자네를 기다리는 동안의 손절매 기준은 딱 10분이네. 만약 10분이 지나도록 오지 않는다면 점심 약속은 없던 거로 하고 난 가 버리겠네.'"

아, 아쉬워라! 오래전에 내가 이 방법을 알았다면, 그러니까 내 초조함과 분노, 자기 합리화의 욕구, 후회, 그리고 모든 정신과 감정의 부담을 손절매할 생각을 했었다면 얼마나 좋았을까! 나는 내 마음의 평화를 파괴하고 위협하는 모든 상황에 적당량을 분배한 뒤 이렇게 말해야겠다는 생각을 왜 하지 못했을까? "이봐, 데일 카네기, 지금 이 상황에서는 딱 이만큼만 신경 쓰면 돼. 더는 필요 없다고." 왜 이렇게 하지 못했을까?

하지만 적어도 한 가지 경우에 대해서는 스스로 잘했다고 인정할 수 있을 것 같다. 더구나 그 일은 굉장히 심각한 상황에서 있었던 일이었다. 내 희망과 미래의 계획과 수년간의 노력이 수포가 될지도 모를, 인생 최대의 위기가 왔던 때였다. 그 사건의 경위는 이러하다.

30대 초반, 나는 소설을 쓰면서 살아가기로 다짐했다. 제2의 프랭크 노리스나 잭 런던, 혹은 토머스 하디가 되려고 마음먹은 것이다. 얼마나 진지했는지, 유럽에서 2년을 보냈을 정도였다. 그때는 제1차 세계대전이 끝나고 미국에서 마구 달러를 발행하던 시기였기에 돈을 구하는 것은 어렵지 않았다. 2년간 유럽에서 머물며 필생의 역작을 썼다. 그 책의 제목을 『눈보라』라고 지었다.

그 제목은 아주 적합했다. 왜냐하면 출판사들이 그 책에 대해 타코타의 거대한 평원을 가로지르며 휘몰아치는 눈보라보다 더 차가운 반응을 보였기 때문이다. 내 책의 출판을 대행해주던 사람이 내게 소설에는 재능이 없는 것 같다고 말했을 때 숨이 멎을 것만 같았다. 나는 멍한 상태로 그의 사무실에서 나왔다. 그가 몽둥이로 내 머리를 쳤어도 이 정도는 아닐 것 같았다. 정신이 나간 나는 아무 생각도 할 수 없었다. 나는 내가 지금 인생의 갈림길에 서 있으며 중요한 결단을 내려야 한다는 것을 깨달았다. 어떻게 해야 하나? 어디로 가야 하나? 나는 멍한 상태에서 벗어나기까지 몇 주가 흘렀다.

그 당시에는 "당신의 걱정에 손절매 주문을 하라."라는 이야기는 들어본 적이 없다. 이제 와 생각해보니 나는 그때 정확히 그렇게 하고 있었다. 나는 소설을 쓰기 위해 애썼던 2년이 정확히 그만큼의 가치가 있다는 것을 인정했다. 한걸음 앞으로 나아가기 시작했다. 나는 다시 돌아와 성인 교육 강의를 진행했다. 그러면서도 틈틈이 전기를 썼다. 그런 식으로 쓴 전기와 자기 계발서 중 한 권을 여러분이 지금 읽고 있다.

나는 지금 그때의 결정을 기쁘게 생각하고 있을까? 기쁘게? 그때를 떠올릴 때마다 나는 거리로 나가 기쁨의 춤이라도 추고 싶은 마음이다. 거짓말 하나 보태지 않고 이야기한다. 그 후, 나는 내가 제2의 토머스 하디가 되지 못한 것에 대해 단 하루도, 단 한 시간도 후회하지 않았다.

100여 년 전 헨리 소로는 숲에서 스크리치 부엉이의 날카로운 울음소리를 내던 월든 호숫가에 있었다. 그곳에서 그는 집에서 만든 잉크에 깃펜을 담그며 다음과 같은 일기를 썼다. "어떠한 일의 비용은 짧든 길든 그 일과 맞바꾸는 인생이라고 불리는 것만큼의 양이다." 어떠한 일에 대해 과도하게 우리 인생의 대가를 치른다면 어리석은 사람이라는 말이다.

길버트와 설리번이 했던 일이 바로 그런 짓이었다. 그들은 유쾌한 대사와 음악을 만들 줄 알았지만 자신들의 인생에서 유쾌함을 창조해내는 요령은 너무나 부족했다. 그들은 《인내심》, 《군함 피너포어》, 《미카도》 같은 굉장히 아름다운 희가극을 만들어 청중의 마음을 즐겁게 만들었다. 하지만 그들은 정작 자신의 감정을 조절하는 데는 실패했다.

그들은 고작 카펫 가격 때문에 다투느라 자신들의 삶을 가슴 쓰라리게 만들었다. 설리번은 그들이 매입한 극장에 깔기 위해 새 카펫을 주문했다. 청구서가 도착하자 길버트는 화가 나서 길길이 뛰었다. 그들은 이 일로 법원까지 갔고 그 후 영원히 대면하지 않았다. 설리번은 새 작품을 쓴 뒤 길버트에게 우편으로 보냈다. 길버트는 그 곡에 가사를 붙인 뒤 다시 설리번에게 보냈다. 어느 날, 두 사람은 같은 무대에서 청중들에게 인사했다. 두 사람은 각기 다른 무대 쪽으로 나와 얼굴도 보지 않고 서로를 외면했다. 그들은 링컨과는 다르게 자신들의 분노에 손절매하는 현명함을 갖지 못했다.

남북 전쟁이 한창 중이던 어느 날, 링컨의 친구들은 그를 신랄하게 공격하는 정적들을 비난했다. 링컨은 이렇게 말했다. "자네들이 오히려 나보다 더 분노하는군. 어쩌면 내가 분노하지 않는 건지도 모르겠고 말이야. 하지만 나는 그게 결코 도움이 되지는 않을 거로 생각한다네. 누군가와 다투느라 인생의 절반을 낭비할 만큼 시간이 많은 사람은 없을 테니까. 일단 나를 향한 공격을 멈춘다면, 그

게 누구라도 나는 그 사람과의 지난 일은 절대 기억하지
않는다네."

내가 에디스 숙모라고 부르는 연로한 내 숙모님께서도
링컨의 이러한 용서의 생각을 가지고 계셨다면 얼마나 좋
았을까. 프랭크 삼촌과 에디스 숙모가 살고 계셨던 농장
은 저당이 잡힌 상태였다. 사방이 온통 도꼬마리 풀로 가
득했으며 땅은 척박했고 물도 부족했다. 두 분은 힘든 시
기를 보내야만 했고 최대한 돈을 아껴 써야만 했다.

하지만 에디스 숙모는 세간이 거의 없어 썰렁해 보이
는 집 안을 환하게 꾸미기 위해 커튼 같은 것을 사는 것을
좋아했다. 숙모는 이러한 작은 사치품을 미주리 주 메리
빌에 있는 댄 에버솔 포목점에서 외상으로 사 왔다. 프랭
크 삼촌은 빚에 대해서 걱정했다.

삼촌은 여느 농부들처럼 빚이 늘어나는 것을 두려워해
서 몰래 포목점 주인에게 가서 앞으로는 절대 숙모에게
외상으로 물건을 주지 말라고 당부했다. 이 사실을 알게
된 숙모는 화를 참지 못해 분통을 터뜨렸다. 50년이 지난
지금도 숙모는 화를 풀지 않고 있다. 숙모가 내게 그 말을

한 것은 한두 번이 아니다. 마지막으로 숙모를 만났을 때 숙모는 이미 70세가 넘어 있었다.

나는 숙모님께 이렇게 말씀드렸다. "에디스 숙모, 프랭크 삼촌께서 숙모님의 자존심을 상하게 하신 건 분명 잘못하신 일이에요. 하지만 그 후로 50년간 그 일로 화를 낸다면 삼촌이 하신 일보다 더 안 좋은 행동이라고 생각하지 않으세요?" 오래 묵힌 감정의 응어리로 에디스 숙모는 값비싼 대가를 치러야 했다. 마음의 평화를 대가로 지급한 것이다.

일곱 살에 한 번의 실수를 저지른 벤저민 프랭클린은 그 후로 무려 70년 동안이나 그 일을 마음에 담아 두었다. 일곱 살 때 그는 피리를 굉장히 좋아했다. 자신이 가지고 있던 동전을 모두 가지고 문구점으로 가서 가격도 묻지 않고는 피리를 달라고 할 정도였다.

70년이 흐른 뒤 그는 친구에게 이런 편지를 보냈다. "그런 뒤에 나는 집으로 돌아와 너무 기쁜 나머지 온 집 안을 돌아다니며 피리를 불었지." 하지만 그의 형들과 누나들은 그가 피리를 사면서 내야 할 값보다 훨씬 많은 돈을 냈다는 사실을 알고서 웃음을 멈추지 못했다. 그러자 그는 이렇게 말했다. "나는 속이 상해서 그만 울고 말았네."

그 후로 한참의 세월이 흐른 뒤 그가 프랑스 대사로 임명됐을 때도, 프랭클린은 그때 자신이 피리 값을 너무 많이 냈다는 사실을, '피리가 즐거움보다 더 큰 슬픔'을 가져다주었다는 사실을 여전히 기억하고 있었다.

하지만 프랭클린은 싼값으로 교훈을 얻은 것이나 마찬가지다. 그는 이렇게 말했다. "성장한 후에 세상 속으로 나와 사람들의 행동을 관찰하면서 나는 피리 값을 너무 많이 치르는 사람들을 아주 많이 만나고 있다는 생각이 들었다. 요컨대, 내 생각에 사람들이 경험하는 대부분의 불행은 자신이 가진 '피리'의 가치를 잘못 판단해 '피리'에 너무 큰 대가를 치르기 때문에 발생하는 것이다."

길버트와 설리번 역시 자신들의 피리에 너무 큰 대가를 치렀다. 에디스 숙모도, 나 역시도 그러할 때가 많다. 훌륭한 소설로 손꼽히는 『전쟁과 평화』와 『안나 카레니나』의 작가인 레오 톨스토이도 마찬가지였다. 『브리태니커 백과사전』에 따르면 레오 톨스토이는 생애의 마지막

20년 동안 아마 세상에서 가장 존경받는 사람일 것이다.

그가 세상을 떠나기 전 20년 동안, 다시 말해 1890년에서 1910년까지 그의 집에는 숭배자들이 몰려들었다. 그의 얼굴을 보고, 그의 목소리를 듣고, 그의 옷자락이라도 한 번 만져보기 위함이었다. 그의 입에서 나오는 말들은 마치 '신성한 계시'라도 되는 것처럼 기록됐다. 하지만 인생의 관점, 그러니까 행복한 인생이라는 관점에서 볼 때 톨스토이는 일곱 살 때의 프랭클린보다도 분별력이 부족했다. 아니 전혀 없었다. 이 말의 뜻은 다음과 같다.

톨스토이는 너무도 사랑하는 여인과 결혼했다. 그들은 너무도 행복한 나머지 행복이 영원하기를 하느님께 기도했다. 하지만 톨스토이의 아내는 질투심이 많았다. 그녀는 농부의 복장을 하고 그를 미행하며 숲속까지 따라다니기도 했다. 그 일로 그들은 심한 말다툼을 벌였다. 그녀는 자신의 자식들에게까지 질투한 나머지 총으로 딸의 사진에 구멍을 내기도 했다. 이러한 증상이 더욱 심해질 때는 아편 병을 입에 물고는 바닥을 구르며 죽어버리겠다고 협박하기도 했다. 아이들은 방 안에 웅크리고 앉아 두려움에 떨었다.

　이러한 상황에서 톨스토이는 어떻게 했을까? 차라리 그가 분노하며 온 집 안의 가구를 부수고 다녔다면 오히려 그를 비난하지 않겠다. 분명 그럴 만한 일이니까. 하지만 톨스토이는 더 심한 행동을 했다. 그는 일기를 썼다. 그렇다. 일기를 쓴 것이다. 거기에 부인에 대한 온갖 비난의 말을 퍼부었다. 이것이 그의 '피리'였다. 그는 미래 세대가 자신의 죄를 사하고 자신의 부인에게 온갖 비난을 퍼붓게 할 생각이었다.

　부인은 어떻게 했을까? 그녀는 일기 중에 일부를 찢어 불에 태웠다. 그런 뒤 자신의 일기를 쓰기 시작했다. 거기서는 물론 톨스토이가 나쁜 놈이었다. 한 걸음 더 나아가 그녀는 『누구의 잘못인가』라는 소설을 통해 톨스토이를 가정의 폭군으로, 자신을 순교자로 표현했다.

　이 모든 일은 과연 무엇을 위해 일어난 것일까? 두 사람은 왜 자신들의 유일한 보금자리를 톨스토이의 말대로 '정신 병원'으로 만든 것일까? 몇 가지 원인이 있다. 그들이 여러분이나 내게 좋은 인상을 남기려는 욕구가 강렬했기 때문이었다는 것이다. 그렇다. 그들이 자신을 어떻게 생각할까 걱정하던 미래의 세대가 바로 우리인 것이다. 우리는 그들 중 누가 잘못했는지에 대해 조금이라도 생각할까? 아니다. 우리는 우리 자신의 문제를 생각하는 것만으로도 바쁘다. 톨스토이의 문제 때문에 낭비할 시간이 전혀 없는 것이다.

이 가엾은 부부가 자신들의 피리에 지급한 대가는 얼마나 큰가! 두 사람 중에 그 누구도 "이제 그만!"이라고 외칠 분별력이 없었다. 그러한 이유로 그들은 50년간 말 그대로 생지옥을 경험했다.

"자, 우리 이제 이 문제에 대해 당장 손절매를 합시다. 우리는 지금 인생을 낭비하고 있으니까요. 자, 우리 '인제 그만'이라고 지금 당장 말합시다."

두 사람 중 누구에게도 이렇게 말할 수 있는 분별력이 없다는, 오로지 그 이유 때문이었다.

그렇다. 적절한 분별력, 나는 이것이야말로 진정으로 마음의 평화를 가져다주는 가장 큰 비법 중 하나라고 확신한다. 우리가 개인적인 황금률을 만든다면, 다시 말해 우리의 인생에서 무엇이 우리에게 중요한가에 대한 황금률을 만들어 낸다면 우리의 걱정 중에 절반은 사라질 것이라고 믿는다.

걱정하는 습관을 없애는 방법 5

인생을 살면서 이미 저지른 잘못으로 인해 더 큰 잘못을 저지르게 될 것 같은 생각이 드는가? 자신에게 다음의 세 가지 질문을 해 보라.

1. 지금 걱정하고 있는 일은 실제로 내게 얼마나 중요한가?
2. 이 걱정을 어느 선에서 '손절매'하고 잊어버릴 것인가?
3. 이 피리에 정확히 얼마의 대가를 지급할 것인가? 이미 너무 많이 지불한 것은 아닌가?

6

톱밥을 다시
켜려고 하지 마라

　이 글을 쓰고 있는 지금, 내 방의 창밖 너머 정원에 공룡 발자국 몇 개가 있는 게 눈에 들어온다. 이탄암(泥炭岩)과 돌로 이루어진 지층 속에 묻혀 있던 발자국이다. 나는 이 발자국을 예일대학 피바디 박물관에서 샀다. 피바디 박물관 관장은 내게 그 발자국이 1억 8000만 년 전에 생긴 것이라고 알려주었다. 다운 증후군 환자라 하더라도 그 발자국을 바꾸려고 1억 8000만 년을 거슬러 올라가겠다는 헛된 생각은 하지 않을 것이다. 이런 생각과 마찬가지로 어리석은 짓이 있다. 180초 전으로 돌아가 과거의 일을 바꿀 수 없음에도 바꾸려는 고민을 하는 것이다. 우리는 분명 180초 전에 일어난 일의 결과를 바꾸기 위해 무언가를 할 수 있을 것이다. 하지만 이미 벌어진 일은 돌이킬 수 없다. 건설적인 과거를 만드는 방법은 오직 하나뿐이다. 지난날의 과오를 조용히 살펴본 뒤 거기서 깨달음을 얻고는 잊어버리는 것이다.

나는 이 말이 진실임을 안다. 하지만 내가 항상 이것을 실행할 용기와 분별력을 가지고 있을까? 이 질문에 답하기 위해 나는 오래전에 겪은 놀라운 일 하나를 제시하려고 한다. 그것은 바로 수중에 30만 달러가 넘는 돈을 쥐었다가 한 푼도 남기지 않고 모조리 날려 버렸던 일이다. 그 일은 다음과 같이 진행되었다. 나는 대규모의 성인 교육 사업을 시작해 여러 곳에 분점을 냈고 간접비와 홍보비로 많은 돈을 투자했다. 나는 강의에 몰두했기에 경제적인 문제를 생각할 시간적, 정신적 여유가 없었다. 경비를 관리할 유능한 매니저가 필요하다는 사실을 깨닫기에는 내가 너무 순진했던 것이다.

그로부터 1년이 지난 후에야 마침내 나는 정신이 번쩍들 만큼 놀라운 사실을 알게 됐다. 어마어마한 수입이 있었음에도 불구하고 순이익은 전혀 없었다. 그 사실을 알고 난 뒤에 나는 두 가지 조치를 취했어야만 했다. 우선 흑인 과학자 조지 워싱턴 카버가 은행 부도로 자신의 전 재산 4만 달러를 잃었을 때 했던 일을 나 역시 따랐어야 한다. 누군가가 그에게 은행이 망했다는 사실을 들었냐고 묻자 그는 "들었습니다."라고 대답한 뒤 전과 다름없이 교육에 열중했다. 그는 그 일 때문에 벌어진 자신의 손실을 완전히 잊어버린 뒤, 두 번 다시 그 일에 관해 언급하지 않았다.

두 번째로 내가 했어야 했던 일은 지난날 내가 저지른 과오를 분석해서 깨달음을 얻는 것이었다. 하지만 솔직히 말해 나는 이 두 가지 일 중 하나도 하지 못했다. 대신 나는 완전히 의욕을 상실해버렸다. 나는 몇 달 동안이나 정신을 차리지 못했다. 잠을 이룰 수 없어 수척해져 갔다. 그토록 커다란 실수에서 깨달음을 얻지 못했기에, 나는 똑같은 실수를 한 번 더 저지르게 됐다.

나 자신이 이토록 어리석었다는 것을 인정하기는 쉽지 않은 일이다. 하지만 나는 이미 오래전에 '스무 명이 해야 할 일을 가르치는 것이 해야 할 일을 실천하는 스무 명 가운데 한 명이 되는 것보다는 훨씬 쉬운 일이다.'라는 사실을 깨달았다.

나 역시 이곳 뉴욕에서 조지 위싱턴 고등학교에 다니며 폴 브랜드와인 박사와 함께 공부할 수 있었다면 얼마나 좋았을까 하고 생각해본다. 그는 뉴욕 브롱크스 우디크레스트 939번지에 거주하는 앨런 손더스를 가르쳤다. 손더스는 위생학을 담당하던 폴 브랜드와인 교수가 자신에게 평생 기억에 남을 가르침을 남겼다고 내게 말했다. 앨런 손더스는 이렇게 말했다.

"당시 저는 10대에 불과했지만 이미 걱정하는 습관에 빠진 상태였습니다. 저는 제가 저지른 실수 때문에 안절부절못하곤 했지요. 시험을 치르고 온 날이면 밤새 잠 한숨 이루지 못하고 전전긍긍했어요. 저는 제가 한 일을 돌이켜 보며 '이렇게 할 걸.'이라고 생각했고, 제가 한 말을 되새기며 '조금 더 멋있게 말했으면 좋았을 걸.'이라고 생각했습니다. 어느 날 반 급우들과 과학 실험실에 갔습니다. 그곳에 폴 브랜드와인 박사가 있었습니다. 책상 모서리에 우유 한 병이 놓여 있었습니다. 거기에 유독 신경이 쓰였습니다. 우리는 자리에 앉아 우유를 쳐다보며 대체 저 우유가 선생님이 담당하는 위생학과 어떤 연관성이 있는 것일까 생각하고 있었지요. 그런데 갑자기 폴 브랜드와인 박사가 자리에서 일어나 우유병을 개수대에 처넣어 깨뜨리고는 이렇게 외쳤습니다. '엎질러진 우유 때문에 울지 말라!'

그는 우리 모두를 개수대로 불러 깨진 우유병을 보라고 말했습니다. '잘 봐둬라. 그리고 지금의 교훈을 평생 기억하길 바란다. 우유는 사라졌다. 보다시피 하수도 구멍으로 들어갔다. 여러분이 아무리 요란하게 몸부림쳐도 단 한 방울의 우유도 되찾을 수 없다. 어쩌면 더 주의하고 조심했다면 우유를 엎지르지 않았을지도 모른다. 때는 이미 늦었다. 우리가 할 수 있는 일은 이것을 손실이라 여기고 잊어버린 뒤 다음 일을 시작하는 것이다.'

저는 입체 기하학이나 라틴어를 모두 잊은 오랜 뒤에도 이 짧은 시범만큼은 잊지 않았습니다. 고등학교 4년 동안 배웠던 그 어떤 것보다 이 시범에서 실질적인 인생에 대해 더 많은 것을 배운 셈입니다. 그것은 제게 가능하면 우유를 쏟지 않게 주의할 것, 그리고 일단 우유가 쏟아져 구멍으로 사라져버리면 그때는 완전히 잊어야 한다는 사실을 알려주었습니다."

독자 중에는 "쏟아진 우유 때문에 울지 말라!"와 같은 오래된 격언 하나로 수선을 피운다고 비웃는 분이 있을지도 모르겠다.

나 역시 이 말이 구태의연하다는 사실을 잘 알고 있다. 또한 여러분이 이미 수없이 들은 말이라는 사실도 알고 있다. 하지만 이러한 상투적인 격언에는 오랜 세월을 통해 얻은 지혜의 정수가 담겨 있다. 이러한 말은 인류의 열띤 경험의 결과이며 수많은 세대를 거쳐 후대로 전수된 것이다. 만약 여러분이 역사상 가장 훌륭한 학자들이 쓴 걱정에 관한 모든 것들을 읽는다고 해도 "다리에 도착하기 전에 미리 다리를 건너지 말라." 혹은 "쏟아진 우유 때문에 울지 말라." 같은 격언보다 더 심오한 말을 찾을 수는 없을 것이다. 여러분이 이 격언을 비웃기보다는 그대로 실행했다면, 여러분은 지금 이 책을 볼 필요조차 없을 것이다.

우리가 오래된 격언 대부분을 현실에 적용할 수 있다면 완벽에 가까운 인생을 살아갈 수 있을 것이다. 하지만 활용되지 않는 지식은 아무 소용이 없다. 이 책은 여러분에게 새로운 무언가를 말하지 않는다. 이 책의 목적은 여러분이 이미 알고 있는 것을 일깨우고 여러분의 무릎을 걷어차면서 실행에 옮기라고 부추기는 데 있다.

나는 지금은 고인이 된 프레드 풀러 셰드 같은 이에게 늘 감탄을 금치 못했다. 그는 오래된 진리를 새롭고 또 생생하게 그려 내는 능력을 갖추고 있었기 때문이다. 《필라델피아 불리틴》지의 편집장이던 그는 어느 날, 대학 졸업반이었던 학생들에게 이런 질문을 했다. "톱으로 나무를 켜본 사람 있습니까? 있으면 손들어 봐요." 그러자 학생 몇몇이 손을 들었다. "그러면 톱으로 톱밥을 켜본 사람은 없나요?" 아무도 손을 들지 않았다.

셰드가 외쳤다. "물론 톱으로 톱밥을 켤 수는 없습니다! 이미 톱으로 켠 상태니까요! 과거 또한 마찬가지입니다. 이미 지나간 일을 걱정하는 것은 톱밥을 다시 켜는 일과 같습니다."

나는 그 당시 여든한 살이었던 야구계의 전설 코니 맥에게 경기에 져서 속상했던 적이 있었냐고 물어봤다. 코니 맥은 이렇게 말했다.

"물론 있었지요. 하지만 오래전에 그런 바보스러운 짓을 그만두었습니다. 그래 봤자 아무 소용이 없다는 것을 알게 됐거든요. 흘러가버린 냇물로 물레방아를 돌릴 수는 없지 않겠어요?"

그렇다. 이미 흘러간 냇물로 물레방아를 돌릴 수도, 나무를 켤 수도 없는 것이다. 하지만 얼굴의 주름이나 위궤양은 없앨 수 있다.

지난 추수 감사절 때 나는 잭 뎀프시와 저녁 식사를 함께 했다. 그는 칠면조 고기에 크랜베리 소스를 발라 먹으면서 진 터니에게 패배해 헤비급 챔피언 타이틀을 빼앗겼던 경기에 대해 말했다. 그 패배는 물론 그의 자존심에 큰 상처를 남겼다. 그는 이렇게 말했다.

"시합을 하고 있는데 갑자기 '내가 늙었구나.'라는 생각이 들더군. 10라운드가 끝났을 무렵, 내 얼굴은 퉁퉁 붓고 찢어진 상태였지. 눈도 거의 감긴 상태였고, 심판이 진 터니의 손을 들고 승자를 발표하는 장면이 보이더군. 나는 더 이상 세계 챔피언이 아니었네. 비를 맞으며 군중들 사이를 지나 선수 대기실로 돌아왔네. 내가 지나가자 누군가는 내 손을 잡으려 했고, 또 누군가는 눈물을 글썽이더군.

그로부터 몇 년 뒤 나는 진 터니와 재대결을 했지. 하지만 소용이 없었어. 내 시대는 영원히 가버렸던 거야. 이 모든 일에 대해 걱정을 하지 않는 건 어려운 일이었지만 난 이런 생각을 했지. '나는 과거에 머무르거나 쏟아진 우유 때문에 울지 않겠다. 턱을 한 대 얻어맞긴 했지만 이 정도로 쓰러지진 않겠다.'"

그리고 잭 뎀시는 정확히 그렇게 했다. 어떻게 했을까? 마음속으로 끊임없이 '지난 일로 걱정하지 않겠다.'라고 다짐했을까? 아니다. 그것은 오히려 과거의 걱정들을 상기시키는 일이었을 것이다. 그는 패배를 인정하고 잊어버린 뒤 미래를 위한 계획을 세우는 데 몰두했다. 그는 브로드웨이 57번가에 있는 그레이트 노던 호텔에 잭 뎀프시라는 레스토랑을 열었다. 그리고 프로 권투 경기와 권투 전시회를 열었다. 그는 자신을 몹시 바쁘게 만들어 과거에 대해 걱정할 시간도, 또 그러한 마음도 생기지 않도록 했다. 잭 뎀프시는 이렇게 말했다.

"최근 10년간이 챔피언 자리에 있을 때보다 더 좋았다네."

뎀프시 씨는 내게 책을 많이 읽지 못했다고 말했다. 하지만 그는 무의식중에 다음과 같은 셰익스피어의 조언에 따르고 있었다. "현명한 자는 손해를 봤을 때 자리에서 한탄만 늘어놓지 않으며 결과를 바로잡기 위해 즐겁게 노력한다."

나는 자신의 걱정과 비극을 모두 잊고 행복한 인생을 살아갈 수 있는 능력을 지닌 사람들을 볼 때마다 늘 깜짝 놀라고 좋은 기운을 얻는다.

싱싱 교도소를 방문했던 어느 날, 내가 가장 놀랐던 것은 그곳에 있는 죄수들이 밖에 있는 일반 사람들과 마찬가지로 행복해 보인다는 점이었다. 나는 당시 교도소장이었던 루이스 E. 로스에게 이런 생각을 말했다. 그는 대부분 범죄자가 처음에 이곳에 왔을 때는 억울해하며 세상을 원망했다고 말했다. 하지만 서너 달이 지나면 수감 생활을 받아들이며 편안하게 지내려 한다는 것이다. 로스 소장은 "싱싱 교도소 수감자 중에 정원사가 한 명 있었는데, 그는 담장 안에서 채소와 꽃을 가꾸며 노래를 부른다."라고 말하기도 했다.

싱싱 교도소 안에서 꽃을 지배하며 노래를 부르는 죄수는 우리들보다 훨씬 분별력이 있는 사람일 것이다. 그는 알고 있었다.

움직이는 손이 글을 쓰고,
다 쓴 뒤에는 다시 움직이니.
너의 온 마음과 지혜를 다해도
다시 그 손을 불러 반 줄도 지우게 하지 못하며,
네가 흘리는 모든 눈물로도
그 가운데 한 자도 지우지 못하리라.

이러한데 쓸데없이 눈물을 흘릴 필요가 있겠는가? 물론 우리는 실수도 하고 어리석은 짓도 저지른다. 그래서 어떻다는 것인가? 그러지 않은 사람이 어디 있는가? 나폴레옹조차 전쟁에서 세 번 중에 한 번은 패했다. 어쩌면 우리의 승률이 나폴레옹보다 나을 수도 있다. 누가 알겠는가?

어찌 되었건 '왕이 가진 모든 말과 군사'로도 과거의 어느 한순간도 되돌리지 못한다. 그러니 다음의 방법을 꼭 기억하라.

걱정하는 습관을 없애는 방법 6

톱밥을 다시 켜려고 하지 말라.

걱정하는 습관을 없애는 여섯 가지 방법

1. 바삐 움직여라. 그러면 마음속에 있는 걱정을 떨쳐 버릴 수 있다. '생각하는 병'을 고치는 최선의 방법은 많이 활동하는 것이다.

2. 사소한 일에 과민하게 반응하지 말라. 하찮은 일로 자신의 행복을 망치지 말라.

3. '평균의 법칙'을 이용해 쓸데없는 걱정을 떨쳐 내라. 자문하라. '평균의 법칙'을 적용할 경우 내가 걱정하는 일이 실제로 일어날 가능성은 얼마나 되는가?

4. 불가피한 상황과 협력하라. 여러분 스스로가 판단했을 때 변화시키거나 개선할 수 없는 상황이라면 이렇게 말하라. '이것이 현실이다. 그러니 아무것도 변하지 않는다.'

5. 걱정에 '손절매'를 하라. 걱정의 적정선을 정한 뒤 그 이상은 걱정하지 말라.

6. 과거가 죽은 자를 묻도록 하라. 톱으로 톱밥을 다시 켜려고 하지 말라.

PART

4

평화와 행복을
가져오는
일곱 가지 방법

1

당신의 인생을
바꿔놓을 한 문장

몇 년 전 한 라디오 프로그램에 출연했을 때 이런 질문을 받았다. "당신에게 있어 가장 큰 교훈은 무엇입니까?"

나는 쉽게 대답할 수 있었다. 내가 배웠던 그 어떤 것과도 비교할 수 없는 가장 큰 교훈은 바로 생각의 중요성이다. 여러분이 어떤 생각을 하는지 알기만 하면 여러분이 어떤 사람인지 알 수 있다. 우리의 생각이 우리 자신을 만들기 때문이다. 우리의 정신적 태도가 우리의 운명을 만드는 엑스(X) 함수다. 에머슨은 이렇게 말했다. "온종일 생각하는 모든 것, 그게 바로 그 사람이다." 이것이 아니면 달리 무엇이겠는가?

요즘에 와서 나는 여러분과 내가 해결해야 할 가장 큰

227

과제, 즉 우리 스스로가 해결해야 하는 유일한 문제는 어떻게 올바른 생각을 선택하느냐에 관한 것이라고 확신한다. 그것이 가능하다면 우리는 우리의 문제를 순탄하게 해결할 수 있을 것이다. 로마 제국을 지배하던 위대한 철학자 마르쿠스 아우렐리우스는 이것을 간결하게 한 문장으로 정리했다. 어쩌면 여러분의 운명을 결정지을 수도 있는 그 한 문장은 바로 이것이다.

"우리의 인생은 우리의 생각대로 만들어진다(Our life is what our thoughts make it)."

그렇다. 행복한 생각을 하면 우리는 행복해진다. 비참한 생각을 하면 우리는 비참해진다. 두려운 생각을 하면 우리는 두려워진다. 병에 대해 걱정하면 병에 걸릴지도 모른다. 실패한다고 생각하면 분명 실패한다. 스스로 자기 연민에 빠져 있으면 모든 사람이 우리를 외면하고 피하려 할 것이다. 노먼 빈센트 필은 이렇게 말했다.

"당신은 당신이 생각하는 당신이 아니다. 당신의 생각, 그게 바로 당신이다.(You are not what you think you are, but what you think, you are)"

나는 지금 우리의 모든 문제에 관해 긍정적으로 바라보기만 했던 폴리앤나와 같은 태도를 가져야 한다고 말하고 있는 것일까? 아니다. 인생은 그렇게 단순하지만은 않다. 나는 다만 부정적인 태도보다는 긍정적인 태도를 가져야 한다고 주장하는 것이다. 우리는 우리의 문제에 관심을 가져야 하는 것이지 걱정에 빠져서는 안 된다는 이야기다. 관심과 걱정의 차이는 무엇인가? 예를 들면 이렇다. 교통이 혼잡한 뉴욕의 거리를 건널 때마다 나는 내 행동에 관심을 두지만 걱정하지는 않는다. 관심이란 문제가 무엇인지 이해한 뒤 그 문제를 조용히 대처하는 것이다. 걱정은 정신 나간 사람처럼 불필요하게 제자리를 빙글빙글 맴도는 것이다.

자신에게 관심을 갖는 사람은 심각한 문제에 직면하더라도 가슴에 카네이션을 꽂고 고개를 들고 걸어갈 수 있다. 나는 로웰 토머스가 꼭 그렇게 하는 것을 보았다. 영광스럽게도 예전에 나는 로웰 토머스가 제1차 세계대전에서 활약하던 앨런비와 로렌스에 관한 유명한 영화를 상영할 때 함께 작업한 적이 있다. 그와 동료들은 수많은 전

229

장의 모습을 사전에 담았다. 그들이 가진 기록 중에서 T. E. 로렌스와 그가 이끄는 아라비아 군대의 화려한 모습을 담은 사진들과 앨런비가 팔레스타인을 탈환하는 모습을 담은 영화는 정말 훌륭했다. 그는 '팔레스타인의 앨런비와 아라비아의 로렌스'라는 제목으로 강연을 열어 수많은 사진과 영화를 보여주었다. 그 결과 런던뿐만 아니라 세계 전역에서 호응을 얻었다.

그가 코벤트 가든의 로열 오페라 하우스에서 자신이 직접 경험한 놀라운 사건에 관해 들려주고 또 사진을 보여 주는 일이 계속 진행되도록 하기 위해 런던의 오페라 시즌이 6주나 연기되기도 했다. 그는 런던에서 커다란 성공을 거둔 뒤에 수많은 나라를 돌아다니며 성공적으로 강의했다. 그 후 인도와 아프가니스탄 사람들의 모습을 영화로 제작하기 위해 그곳에서 2년간 머물렀다. 하지만 믿기 힘든 불행이 계속 찾아왔다. 그러다 벌어지면 안 될 일이 벌어지고야 말았다. 그가 런던에서 파산한 것이다. 바로 그때 나는 그와 함께 있었다.

나는 우리가 라이언스 코너 하우스 식당에서 싸구려

음식을 먹은 것을 기억한다. 만약 토머스가 스코틀랜드 출신의 유명한 예술가 제임스 맥베이에게 돈을 빌리지 못했다면 그곳에서도 식사를 하지 못했을 것이다. 내가 하고 싶은 말은 이것이다. 어마어마한 빚을 지고 형언할 수 없을 만큼 낙담을 하고 있었지만 로웰 토머스는 절대 걱정하지 않았다는 것이다. 만약 시련에 무너진다면 그는 채권자는 물론이고 모든 이에게 가치 없는 사람이 되리라는 것을 알고 있었다. 그래서 그는 매일 아침 집을 나서기 전 꽃을 사서 단추 구멍에 꽂고는 고개를 들고 옥스퍼드 거리로 힘찬 발걸음을 내디뎠다. 그는 긍정적이고 용감한 생각을 가지고 패배가 자신을 무너뜨리지 못하게 했다. 그에게 있어 시련이란 게임의 일부이며 정상에 오르려는 사람이라면 반드시 거쳐야 할 필수 훈련일 뿐이었다.

우리의 정신 자세는 심지어 육체에 대해서도 믿기 어려울 만큼의 영향력을 가지고 있다. 영국의 유명한 정신병 학자 J. A. 해드필드는 『힘의 심리학』이라는 소책자를 출간했다. 54페이지에 불과하지만, 굉장히 훌륭한 이 책은 놀라운 사례를 제시하고 있다. 그는 이렇게 썼다. "나는 세 명의 남성에게 암시가 근력에 미치는 영향력을 실험할 수 있도록 해달라고 요청했다." 그리고 나서 그는 실험 참가자에게 최대한 힘껏 악력계를 쥐라고 말했다. 그는 그들에게 조건이 다른 세 가지의 실험을 하도록 했다. 정상적으로 깨어 있는 상태에서 실험하자 평균 악력은 45킬로그램이 나왔다. 그들에게 '당신들은 몹시 약하다.'라는 최면을 건 뒤 실험을 해보니 악력은 겨우 13킬로그램이었다. 정상적인 근력의 3분의 1도 채 안 된 것이다. (참가자 중에는 격투기 우승자도 있었다. 그에게 '당신은 약하다.'라는 최면을 걸자 그는 자신의 팔이 '아기의 팔처럼 자그마하게' 보인다고 말했다.)

세 번째 실험에서는 해드필드가 이들에게 아주 힘이 세다는 최면을 걸었다. 그들의 평균 악력은 64킬로그램으로 집계됐다. 긍정적인 사고를 한 후 육체적인 힘이 다섯 배 가까이 증가했다. 이렇듯 우리의 정신은 믿기 어려울 만큼의 힘을 가지고 있다.

미국 역사상 가장 경이로운 이야기 하나를 들려주겠다. 책 한 권으로 써도 모자랄 정도의 이야기지만 짤막하

232

게 언급하겠다. 남북전쟁이 끝난 지 얼마 되지 않은 10월의 어느 추운 밤, 집도 없고 가진 돈 한 푼 없이 여기저기 떠도는 한 여인이 매사추세츠 주 에임즈베리에 살고 있던 퇴역한 해군 장성의 부인인 '마더' 웹스터의 집을 찾아가 문을 두드렸다.

문을 연 '마더' 웹스터는 '뼈와 살가죽밖에 없어 45킬로그램이 채 되지 않을 것 같은 겁먹은' 작은 체구의 누군가가 서 있는 모습을 봤다. 낯선 여인은 자신을 글로버 부인이라고 밝혔다. 그는 온종일 자신을 괴롭히는 문제를 해결하기 위해 거처할 곳을 찾던 중이라고 했다.

만약 '마더' 웹스터의 사위 빌 엘리스가 휴가차 뉴욕에서 오지 않았다면 글로버 부인은 그 집에서 평생 묵을 수도 있었을 것이다. 빌은 글로버 부인을 보자 이렇게 외쳤다.

"집에 부랑자를 들일 수 없습니다."

그리고 나서 그는 갈 곳 없는 여인을 밖으로 내쫓았다. 비바람이 몰아치고 있었다. 여인은 빗속에서 몇 분간 떨더니 머물 곳을 찾아 길을 떠났다.

놀라운 이야기는 지금부터다. 빌 엘리스가 쫓아낸 그

'부랑자'는 지금껏 존재한 어떤 여인보다 인류의 사고에 막대한 영향을 미칠 운명을 지닌 사람이었다. 그녀는 지금 수백만의 추종자들을 거느린 메리 베이커 에디라는 이름으로 알려져 있다. 그녀는 크리스천 사이언스의 창시자였다.

그때까지만 해도 그녀의 인생은 질병과 슬픔, 비극으로 가득 차 있었다. 그녀의 첫 번째 남편은 결혼한 지 얼마 되지 않아 세상을 떠났다. 두 번째 남편은 그녀를 버리고 유부녀와 도망갔다. 그녀에게 유일했던 네 살배기 아들 또한 가난과 질병, 질투로 빼앗기고 말았다. 그녀는 아들에 대한 소식을 전혀 들을 수 없었고 31년간 단 한 번도 아들을 만날 수 없었다.

건강이 좋지 않았던 에디 여사는 오랫동안, 그녀의 표현을 빌리자면 '정신적 치유의 과학'에 대해 관심이 있었다. 어느 날 매사추세츠 주 린에서 그녀의 인생 최대의 전환점이 되는 사건이 발생했다.

어느 추운 날 그녀는 미끄러져 넘어지면서 차가운 바닥에 부딪혀 정신을 잃었다. 척추를 심하게 다친 그녀는 때때로 경련을 일으켰다. 의사는 그녀가 살지 못할 거로 생각했고 기적적으로 살아난다 해도 다시는 걸을 수 없을 거라고 단언했다.

침대에 누워 죽음을 기다리며 메리 베이커는 성경을 읽었다. 그녀의 말에 의하면 성령의 부름으로 마태복음서의 다음 구절을 읽게 됐다고 한다. "침상에 누운 중풍 환자를 데리고 오자 예수께서 이르시니, 소자야 안심하라. 너의 죄를 사하노라. 일어나서 네 침상을 가지고 집으로 가라 하시자 그가 일어나 집으로 돌아가더라."(마태복음 9장 2절~7절)

그녀는 예수의 이 말씀으로 말미암아 강력한 힘과 믿음, 거대한 파도 같은 위대한 치유력이 생겼다고 털어놓았다. 그녀는 '그 즉시 자리에서 일어나 걸었다.' 그리고 에디 여사는 이렇게 단언했다.

"나는 뉴턴의 사과처럼 스스로 평온해지고 다른 사람들 역시 평온하게 만들 방법을 깨달았다. 모든 것은 마음에서 비롯된다. 모든 결과는 정신적인 현상이라는 과학적 확신을 하게 됐다."

이렇게 메리 베이커 에디는 지구 곳곳으로 퍼져나간 새로운 종교이며, 여성에 의해 창설된 종교 중에 가장 위대한 종교인 크리스천 사이언스의 창시자이자 교주가 됐다.

독자 여러분은 지금쯤 속으로 이렇게 생각할지도 모르겠다. '카네기 이 사람, 지금 크리스천 사이언스를 전파하는 중이군.'이라고 생각할지도 모르겠다. 그렇다면 여러분은 틀렸다. 나는 크리스천 사이언스 신도가 아니다. 나는 단지 생각이 지닌 위대한 힘을 확신하는 것뿐이다. 35년 간 성인들을 대상으로 강의해온 결과, 나는 사람들이 생각을 전환함으로써 걱정과 두려움, 모든 종류의 질병을 몰아낼 수 있을 뿐만 아니라 자신들의 인생을 변화시킬 수 있다는 것을 알게 됐다. 나는 안다! 정말로 나는 안다! 정말로, 정말로, 정말로 나는 안다! 믿기 힘든 변화가 일어나는 것을 수백 번이나 목격했다. 너무 자주 본 나머지 이제는 그런 변화를 봐도 놀라지 않는다.

예를 들면 내 강좌를 수강하던 한 명에게 생각의 힘을 잘 보여주는 놀라운 변화가 일어났다. 그는 신경 쇠약에 걸려 있었다. 걱정 때문이었다. 그 수강생은 내게 이렇게 털어놓았다.

"저는 모든 일을 걱정했습니다. 너무 말라서 걱정이었고, 머리카락이 빠지고 있다는 생각이 들어서 걱정이었고, 결혼 자금을 마련하지 못할 것 같아 걱정이었으며, 결코 좋은 아빠가 되지 못할 것 같아 걱정이었고, 결혼 상대를 놓치고 있는 것 같아 걱정이었으며 제대로 살고 있지 못한 것 같아 걱정이었습니다. 그리고 저는 다른 사람들의 눈에 비친 제 인상을 걱정했고 제게 위궤양이 생긴 건 아닐까 하고 걱정했습니다.

더 이상 일을 할 수 없어서 직장에 사표를 냈습니다. 긴장이 너무 쌓여 마치 내가 안전장치가 없는 보일러가 된 기분이었지요. 버틸 수 없을 정도로 압력이 높아졌고 마침내 터져버리고 말았어요. 만약 여러분이 신경 쇠약에 걸려본 경험이 없다면 하느님께 절대 걸리지 않게 해 달라고 비세요. 어떤 육체적 고통도 견딜 수 없을 만큼 고뇌하는 정신적 고통보다 심하진 않을 테니까요.

신경 쇠약이 너무 심해 가족한테도 말할 수 없을 정도

였습니다. 제 생각을 스스로 통제하기 힘들었지요. 너무 두려웠습니다. 바늘 떨어지는 소리에도 깜짝 놀라곤 했지요. 저는 모든 사람을 피했습니다. 그러고는 이유도 없이 눈물을 흘리곤 했습니다.

하루하루가 고통의 연속이었습니다. 사람들 모두가, 심지어 하느님마저도 저를 버렸다는 생각이 들었지요. 강물에 뛰어들어 이 모든 걸 끝내고 싶다는 유혹에 빠지기도 했습니다. 그러다 문득 새로운 곳으로 가면 나아질지도 모른다는 생각에 플로리다로 여행을 떠나기로 했습니다. 기차를 타려는데 아버지께서 편지를 건네시며 플로리다에 도착해서 열어보라고 하시더군요. 제가 플로리다에 갔을 때는 관광객이 한창 몰리던 시기였지요. 호텔을 구할 수가 없어서 차고에 있는 방 한 칸을 빌려 잠을 청했습니다. 저는 마이애미에서 출발하는 화물선의 선원이 되고 싶었지만, 운이 따르지 않았습니다. 저는 해변에서 시간을 보냈습니다. 집에 있을 때보다 오히려 플로리다에서 더 비참했지요. 그러다 아버지의 편지를 읽었습니다. 편지에는 이렇게 적혀 있었습니다.

'아들아, 너는 지금 집에서 2,400킬로미터나 떨어진 곳에 있겠지만 상태는 전혀 나아지지 않았을 것이다. 그렇지 않느냐? 네가 네 문제의 근원과 함께 떠났기 때문이다. 그것은 바로 너 자신이다. 네 정신이나 육체는 아무 이상이 없다. 너를 버린 건 네 주변의 상황이 아니라 그 상황에 대한 네 생각이다. 사람이 마음속으로 생각하고 있는 것, 그게 바로 그 사람인 것이다. 아들아, 이것을 깨닫게 된다면 집으로 돌아오너라. 그때쯤 분명 너는 다 나았을 테니까 말이다.'

아버지의 편지를 읽고 나는 화가 났습니다. 저는 훈계가 아닌 동정을 바라고 있었습니다. 너무 화가 나서 저는 그 자리에서 다시는 집으로 돌아가지 않겠다고 다짐했습니다. 그날 밤, 마이애미 뒷골목을 걷다 어느 교회 앞을 지나가게 되었는데 안에서는 예배를 드리고 있었습니다. 교회 안으로 들어가자 목사님이 이런 구절을 언급하며 설교하고 계셨습니다. '자신의 마음을 다스릴 줄 아는 사람은 성을 빼앗는 사람보다 낫다.' 하느님의 성전 안에 앉아 있자 아버지가 쓰신 편지와 똑같은 생각이 들었습니다. 이 모든 것들이 합쳐져 제 머릿속에 있던 잡생각들을 말끔히 몰아내 버렸습니다. 저는 생전 처음으로 명확하고 분별 있는 생각을 할 수 있었습니다. 그리고 제가 얼마나 어리석었는지 깨달았지요. 자신을 있는 그대로 바라볼 수 있었기에 깜짝 놀랐습니다. 저는 모든 세상과 사람들을 바꾸고 싶어 했습니다. 유일하게 바꿔야 하는 한 가지는 카메라 렌즈의 초점, 바로 저 자신의 생각이었음에도 말이지요.

다음 날 아침, 저는 짐을 챙겨 집으로 향했습니다. 일주일 후 저는 다시 직장에서 일하고 있었습니다. 그리고 4개월 후에는 제가 잃을까 봐 두려워하던 아가씨와 결혼했습니다. 다섯 아이를 낳고 행복한 가정생활을 했습니다. 하느님께서는 물질적, 정신적으로 저에게 축복을 내려 주셨습니다. 신경 쇠약에 걸렸을 당시 저는 작은 백화점의 야간 파트 조장이었고, 열여덟 명의 부하 직원을 두고 있었습니다. 지금 저는 종이 상자를 제조하는 공장이 공장장으로서 450명의 직원들을 감독하고 있습니다. 인생은 더욱더 풍요로워졌습니다. 저는 인생의 전정한 가치를 깨달았습니다. 누구나 그럴 때가 찾아오겠지만, 불안할 때마다 저는 스스로 카메라 초점을 다시 맞추라고 말합니다. 그러면 모든 게 제자리로 돌아오게 됩니다.

솔직히 저는 제가 신경 쇠약에 걸린 게 오히려 다행이라고 봅니다. 그 쓰라린 경험을 통해 생각이 우리의 정신과 육체에 어떤 영향을 미치는지 깨달았기 때문이지요. 지금 저는 제 생각이 저를 해치게 만드는 것이 아닌, 저 자신을 위해 일할 수 있도록 만들 수 있습니다. 그리고 '외부의 상황이 아닌 그 상황에 대한 제 생각이 제게 고통을 가져다주는 것'이라고 하셨던 아버지의 말씀이 옳았다는 것을 확실히 알고 있습니다. 그 사실을 깨닫자 저의 병은 치유됐습니다. 그 후로 다시는 고통을 겪지 않았습니다."

그 수강생의 경험은 그러했다. 나는 우리 마음의 평화와 인생의 즐거움이 우리가 어디에 있으며, 우리가 무엇을 하고, 또 우리가 누구인지에 따라 달라지는 것이 아닌 오직 우리의 정신 상태에 달려 있다고 확신한다. 외부 조건은 거의 아무런 상관도 없는 것이다.

존 브라운의 경우를 예로 들어보자. 그는 하퍼스 페리에 있는 미국의 병기고를 약탈하고 노예들의 반란을 주도한 죄로 교수형을 받았다. 그는 자신의 관 위에 앉은 채 처형대로 실려갔다. 그의 옆에 앉아서 가던 간수는 초조해하고 불안한 모습을 보였다. 하지만 존 브라운은 오히려 조용하고 침착했다. 그는 버지니아의 블루리지 산맥을 바라보며 경탄했다.

"얼마나 아름다운 나라인가! 전에는 미처 이 나라를 진정으로 보지 못했구나."

로버트 팰콘 스콧과 그의 동료들을 살펴보자. 그들은 남극에 도착한 최초의 영국인이었다. 하지만 그들이 돌아오는 길은 아마도 인류 역사상 최대의 잔인한 여정이었을 것이다. 식량도, 연료도 바닥이 났다. 꼬박 열하루 동안 밤낮으로 세차게 땅으로 휘몰아치는 눈보라 때문에 더 앞으로 나아갈 수도 없었다. 매섭고 날카로운 바람은 남극의 얼음 표면에 골을 만들 정도로 강력했다. 스콧과 동료들은 자신들이 점점 죽어가고 있다는 사실을 알고 있었다. 그리고 그들은 이런 상황에 대비해 꽤 많은 아편을 가지고 있었다. 적정량을 넘어서 피운다면 그들은 모두 자리에 누워 다시는 깨지 않을 행복한 꿈속에 빠져들 것이었다. 하지만 그들은 아편을 사용하지 않았다. 그들은 용기를 북돋우는 노래를 힘차게 부르며 죽어 갔다. 이 사실은 8개월 후 수색대가 꽁꽁 언 그들의 시체를 발견했을 때 함께 있던 마지막 편지로 알려졌다. 그렇다. 우리가 용기와 침착함과 같은 창의적인 생각을 한다면 우리가 묻힐 관 위에 앉아 교수대로 향하면서도 풍경을 즐길 수 있는 것이다. 배고픔과 추위로 죽어가면서도 용기를 북돋우는 힘찬 노래로 우리의 텐트를 채울 수 있는 것이다.

300년 전 밀턴은 시력을 잃고 난 뒤 이와 같은 진리를 깨달았다.

정신은 그 자체가 하나의 세계이니,

그 안에서 천국을 지옥으로 만들기도 하고,

또 지옥을 천국으로 만들기도 한다.

나폴레옹과 헬렌 켈러는 밀턴의 이러한 진술을 입증하

는 훌륭한 사례다.

나폴레옹은 영광과 명예, 그리고 부와 같은 인간이 원하는 모든 것을 가지고 있었다. 하지만 그는 세인트 헬레나에게 이렇게 말했다.

"사는 동안 내가 행복했던 날은 단 6일도 되지 않는다."

하지만 눈도 보이지 않고 귀도 들리지 않으며 말도 할수 없는 헬렌 켈러는 이렇게 말했다.

"인생이 정말 아름답다는 사실을 알게 되었습니다."

반백 년 살아온 인생이 내게 조금이라도 가르쳐 준 것이 있다면 바로 이것이다.

'자기 자신에게 평화를 가져다줄 수 있는 것은 오직 자기 자신뿐이다.'

내가 지금 여러분에게 전하려고 애쓰는 이 말은 에머슨이 '자립'이라는 글을 마무리하며 정리한 것을 반복하는 것에 불과하다. "정치적 승리나 임대료의 인상, 건강의 회복, 떠나간 친구가 되돌아오는 일, 혹은 그 밖의 여러 가지 외부 사건이 여러분을 즐겁게 하고 미래에 긍정적인 기대를 할 수 있도록 만들어준다. 하지만 그것을 믿지 말라. 결코 그런 식으로 되는 게 아니다. 자신에게 평화를 가져다줄 수 있는 것은 오직 자기 자신뿐이다."

위대한 금욕주의 철학자인 에픽테토스는 '우리 몸에 있는 종기와 종양'을 제거하는 것보다 마음에 있는 그릇된 생각을 떨쳐내는 것에 더 많은 관심을 가져야 한다고 경고했다.

에픽테토스의 이 말은 1,900년 전의 이야기지만 그의 말은 현대 의학에 의해서도 증명되고 있다. G. 캔비 로빈슨 박사의 말에 따르면, 존스 홉킨스 병원에 입원한 환자들 다섯 명 중에 네 명은 긴장과 압박에 의해 유발되는 질환으로 고통을 받고 있다고 한다. 기질성(器質性) 교란과 같은 증세도 역시 비슷한 이유로 빈번하게 발생한다. 그는 이렇게 말했다.

"이런 증상은 인생과 인생의 문제에 대한 부적응에 기인하고 있습니다."

프랑스의 위대한 철학자 몽테뉴는 이 말을 자신의 좌우명으로 삼았다. '인간은 일어나는 일에 의해서가 아니라 일어나는 일에 대한 자신의 견해로 더 큰 상처를 받는다.' 그리고 일어나는 일에 대한 우리의 의견은 전적으로 우리에게 달려 있다.

내 말의 의미는 무엇인가? 온 신경이 날카롭게 곤두서 있는 여러분 앞에서, 그런 상황에서도 의지를 보이며 노력한다면 정신 상태를 바꿀 수 있다는 엄청난 주장을 하고 있는 것일까? 그렇다! 내 말은 정확히 그런 의미다. 하지만 그게 다는 아니다. 나는 여러분에게 어떻게 그럴 수 있는지를 증명해 보이겠다. 복잡한 비밀이 있는 것은 아니다. 약간의 노력이 필요할 뿐이다.

실용 심리학의 최고 권위자로 인정받는 윌리엄 제임스는 언젠가 이런 말을 했다.

"행동이 감정을 따라오는 것처럼 보이지만 실제로 행동과 감정은 동시에 일어난다. 의지의 직접적인 통제를 받는 행동을 조절함으로써 의지의 통제에서 먼 감정을 간접적으로 조절할 수 있는 것이다."

윌리엄 제임스는 '정신을 차리는 것'만으로는 우리의 감정을 즉각적으로 변화시킬 수는 없지만, 행동을 변화시킬 수는 있다고 주장했다. 또한 우리가 행동을 변화시킴으로써 자동적으로 감정을 변화시킬 수 있다고 했다.

그는 이렇게 설명한다. "그러므로 유쾌한 기분이 사라
졌을 때 다시 유쾌해지기 위해 택할 수 있는 최고의 방법
은 유쾌한 마음을 가진 채 유쾌한 상태인 것처럼 행동하
고 말하는 것이다."

이렇게 간단한 방법이 실질적인 효과가 있을까? 여러
분이 직접 경험해 보기 바란다. 얼굴에 진심이 담긴 미소
를 크게, 그리고 시원시원하게 지어보라. 어깨를 뒤로 젖
혀 보라. 숨을 있는 힘껏 크게 들이마셔 보라. 그리고 노
래를 한 소절 흥얼거려 보라. 노래를 못하면 휘파람이라
도 불어 보라. 휘파람이 안 되면 콧노래라도 상관없다. 그
렇게 하면 여러분은 곧 윌리엄 제임스가 한 말의 의미가
무엇인지 깨닫게 될 것이다. 여러분이 정말 행복할 때 보
이는 현상들을 몸으로 드러내고 있는 동안만큼은 물리적
으로 우울하거나 풀이 죽어 있는 것이 불가능하다는 사실
을 깨닫게 될 것이다.

이것이 바로 우리의 일상에서 쉽게 기적을 만들어낼
수 있는 기본 진리 중 하나다. 나는 캘리포니아에 거주하

는 한 여성을 알고 있다.(이름은 거론하지 않겠다.) 만약 그녀가 이 비밀을 알게 된다면 24시간 안에 비참한 기분을 말끔히 떨쳐 낼 수 있을 것이다. 그녀는 나이 든 미망인이다. 슬픈 일이라는 사실은 인정한다. 하지만 그녀가 행복하게 살기 위해 노력하고 있을까? 아니다. 만약 여러분이 그녀에게 지금의 기분이 어떠냐고 묻는다면 아마 그녀는 이렇게 말할 것이다. "좋아요." 하지만 그녀의 표정과 애처로운 목소리는 이렇게 말하고 있다. "묻지 마세요. 제가 얼마나 고생을 했는지 당신은 결코 알 수 없을 거예요." 그녀는 마치 자신 앞에서 어떻게 그토록 행복한 표정을 할 수 있느냐고 질책하는 것처럼 보인다.

물론 그녀보다 불행한 여인은 수도 없이 많다. 그녀의 남편은 그녀가 여생을 편히 살 수 있도록 꽤 많은 보험금을 남겼다. 그리고 그녀는 결혼한 자녀들과 함께 살고 있다. 하지만 나는 그녀가 웃는 모습을 거의 본 적이 없다. 그녀는 자녀들의 집에 몇 달씩 머무르면서도 세 명의 사위 모두가 인색하고 이기적이라며 불평을 늘어놓는다. 노후 자금으로 자신의 돈을 꽁꽁 숨겨놓고 있으면서도 딸들이 자신에게 선물을 해주지 않는다고 투덜거린다. 그녀는 스스로뿐만 아니라 가엾은 그녀의 가족에게도 고통의 근원이 되고 있다. 과연 그럴 필요가 있을까? 안타까운 점은 바로 여기에 있다. 그녀에게 변하고자 하는 의지만 있다면 그녀는 언제라도 품위 있고 사랑받는 가족 구성원이 될 수 있을 것이다. 이러한 변화를 위해 그녀가 해야 하는 일은 오로지 유쾌하게 행동하는 것이다. 불행한 자신에게만 사랑을 주는 것이 아닌 타인에게도 사랑을 줄 수 있는 사람처럼 행동하는 것이다.

나는 인디애나 주 텔 시 11번가 1335번지에 사는 H. J. 잉글러트라는 사람을 알고 있는데, 그는 10년 전에 성홍열에 걸렸으나 이 비밀을 알게 된 덕분에 지금껏 살아 있다. 그는 그 병에서 회복되자 이번에는 자신이 신장 질환 중 하나인 신장염에 걸렸다는 것을 알게 됐다. 그가 내게 말한 바에 따르면 돌팔이를 포함한 모든 의사들을 찾아다녔다고 한다. 하지만 누구도 그의 병을 고치지 못했다.

그러던 어느 날, 그에게 다른 합병증이 생겼다. 혈압이 높아진 것이다. 병원에 찾아가니 의사는 수축기 혈압이 최고 214라며 치명적인 상태라고 말했다. 또한 지금도 병이 진행 중이니 하루 빨리 주변을 정리하라고 권했다. 그는 이렇게 답했다.

"저는 미납된 보험료가 있는지 확인한 뒤 신에게 내가 저지른 잘못에 대해 용서를 빌었습니다, 그러고는 우울한 생각에 잠겼습니다. 저는 모든 이들을 불행하게 만들었습니다. 아내와 가족들은 웃음을 잃었고 저 역시 깊은 우울 속으로 빠져들어 갔습니다. 일주일을 그렇게 저 자신에 대한 연민으로 헤매다 보니 문득 이런 생각이 들었습니다. '너 정말 멍청하게 굴고 있구나! 적어도 1년은 더 살게 될 텐데, 왜 그 시간만큼이라도 즐겁게 보낼 수는 없는 거지?'

나는 가슴을 쭉 펴고 미소를 지었습니다. 그런 뒤 마치 아무 일도 없는 것처럼 행동하기로 마음먹었습니다. 처음에는 그러기 위해 애를 써야만 했다는 걸 인정합니다. 하지만 나는 억지로라도 저 자신을 즐겁고 유쾌하게 만들려고 했습니다. 이것은 가족뿐만 아니라 저에게도 도움이 되었습니다. 무엇보다도 기분이 유쾌해졌습니다. 거짓으로 유쾌한 척하는 만큼 기분도 좋아졌습니다. 모든 게 나아지고 있었습니다. 저세상에 가야 할 날을 몇 달이나 넘긴 지금도 저는 행복하고 건강하게 살고 있습니다. 혈압도 내려갔습니다. 이 사실 하나만은 확실히 압니다. 만약 제가 죽는다는 사실 때문에 절망에 잠겨 있었다면 저는 분명 의사의 말처럼 됐을 것입니다. 하지만 저는 저를 이겨낼 기회를 주었습니다. 그 어떤 것도 아닌 오로지 정신 상태를 변화시켜서 말입니다!"

한 가지 질문을 하겠다. 오로지 유쾌하게 행동하고 건강과 용기라는 긍정적인 생각을 하는 것만으로도 그는 생명을 유지할 수 있었다. 그렇다면 여러분이나 내가 단 1분이라도 사소한 우울과 걱정거리로 힘들어할 필요가 있을까? 단지 유쾌하게 행동하는 것만으로도 행복해질 수 있는데 우리는 왜 자신과 주변 사람들을 불행하고 우울하게 만들고 있는 것인가?

오래전 나는 내 삶에 아주 깊게 각인된 책 한 권을 읽었다. 제임스 레인 앨런이 쓴 『인간은 생각한다』라는 책이다. 거기에 이런 구절이 있었다.

우리가 주변 사물과 사람들에 대한 생각을 바꾸면 우리 주변의 사물과 사람들이 변한다는 사실을 알 수 있다. …근본적인 생각을 바꾸기만 해도 주변의 현실적인 상황은 놀라울 만큼 빠르게 변한다. 사람들은 자신이 원하는 것을 끌어당기지 않고 오로지 자신만을 끌어당긴다. …우리의 목적에 형상을 부여하는 신성함은 우리의 내면에 있다. 그것은 바로 우리 자신이다. 인간이 성취하는 것은 모두 자신의 생각에 대한 직접적인 결과다. 자신의 생각을 고무시킬 수 있는 사람만이 일어나서 정복할 수 있고 성취할 수 있다. 자신의 생각을 고무시키기를 거부하는 사람은 나약하고 멸시받는 가엾은 사람이 될 뿐이다.

창세기에는 하느님이 인간으로 하여금 온 땅을 지배하게 했다고 적혀 있다. 실로 엄청난 선물이다. 하지만 나는 이런 초특급 특권에는 별 흥미가 없다. 나는 나 자신을 지배하고 싶을 뿐이다. 내 생각과 두려움, 내 정신과 영혼을 지배할 수 있기를 바랄 뿐이다. 그리고 놀랍게도 내 행동을 통제하는 것만으로도 이런 지배력을 얻을 수 있다는 사실을 알고 있다. 내 행동에 대한 통제는 내 반응에 대한 통제로 이어지기 때문이다.

그러니 우리는 윌리엄 제임스가 남긴 다음과 같은 말을 기억하도록 하자.

"우리가 악이라 부르는 것 중에 스스로 힘을 얻을 수 있고 정신이 들게 만들어 선으로 변화시킬 수 있는 것들이 종종 있다. 하지만 그렇게 하려면 스스로가 두려움을 투지로 바꿔야만 한다."

자신의 행복을 위해 투쟁하자. 즐겁고 건설적인 생각을 할 수 있도록 하루 단위의 프로그램을 실행함으로써 우리의 행복을 위한 투쟁을 시작하자. 그 프로그램의 이름은 '오늘 하루만큼은'이며 내용은 다음과 같다. 이 프로그램은 커다란 깨우침을 준다고 여겨졌기에 나는 수백 명의 지인에게 이 프로그램을 나누어 주었다. 이것은 36년 전에 시빌 F. 파트리지가 쓴 글이다. 이 프로그램을 시행한다면 우리는 대부분의 걱정을 떨쳐낼 수 있을 것이다. 프랑스인들이 말하는 'la joie de vivre', 즉 풍요로운 '삶의 기쁨'을 풍족하게 누릴 수 있을 것이다.

오늘 하루만큼은

1. 오늘 하루만큼은 나는 행복한 마음을 갖겠다. 에이브러햄 링컨의 말처럼 "대부분 사람은 자신이 행복하고자 하는 만큼 행복하다."라는 사실을 인정하겠다는 의미다. 행복은 내면에서 나온다. 외부 환경의 문제가 아니다.

2. 오늘 하루만큼은 현실의 모든 것을 내 기대에 맞추려 하지 않고 나 자신을 현실에 맞추기 위해 노력하겠다. 내 가족과 사업, 운을 그대로 받아들이고 나 자신을 거기에 맞추겠다.

3. 오늘 하루만큼은 내 몸을 돌보겠다. 몸을 함부로 움직이거나 방치하지 않고 운동을 하고 주의 깊

게 살피고 영양 보충도 하겠다. 나 자신을 조종 가능한 완벽한 기계로 만들겠다.

4. 오늘 하루만큼은 내 정신을 강하게 만들겠다. 유익한 것을 배우겠다. 정신적으로 나태해지지 않겠다. 노력하고 생각하고 집중해야 읽히는 글을 읽겠다.

5. 오늘 하루만큼은 세 가지 영적 훈련에 참여하겠다. 남모르게 친절을 베풀겠다. 윌리엄 제임스의 말처럼 하고 싶지 않은 일도 최소한 두 가지 정도는 하겠다.

6. 오늘 하루만큼은 유쾌한 사람이 되겠다. 화사한 얼굴로 멋있게 차려입고 조용조용 말하면서 예의 바르게 행동하고 칭찬을 많이 하겠다. 하지만 절대 다른 사람을 비판하거나 그들의 잘못을 꼬집거나 그들의 행동을 고치고 개선하려 하지 않겠다.

7. 오늘 하루만큼은 인생의 모든 문제를 전부 풀려고 하지 않을 것이며 순간에 충실히 하려고 노력할 것이다. 불가능해 보이는 일도 열두 시간 집중하면 해낼 수 있다.

8. 오늘 하루만큼은 계획대로 행동하겠다. 시간마다 내가 할 일을 적어두겠다. 계획대로 실천할 수 없을지도 모르지만 그런데도 계획을 세우겠다. 그렇게 하면 두 가지 문제, 즉 성급함과 망설임 같은 문제가 사라질 것이다.

9. 오늘 하루만큼은 30분 정도 조용한 휴식 시간을 갖겠다. 그 시간을 신에 대해 생각하며 내 인생에 대한 통찰력을 강화하는 시간으로 만들겠다.

10. 오늘 하루만큼은 두려워하지 않겠다. 행복을 느끼고 아름다운 것을 즐기고 사랑하는 것에, 내가 사랑하는 사람들이 나를 사랑한다는 믿음에 두려움을 느끼지 않겠다.

우리에게 평화와 행복을 가져다주는 정신력을 만들고 싶다면 다음 방법을 반드시 기억하라.

평화와 행복을 가져오는 마음 습관 1

유쾌하게 생각하고 행동하라. 그러면 유쾌해질 수 있다.

2

앙갚음의 대가는
크다

　오래전 어느 날 밤 옐로스톤 국립공원을 여행하던 때의
이야기다. 나는 다른 관광객들과 소나무와 전나무가 꽉 들
어차 있는 숲의 맞은편 관람석에 앉아 있었다. 우리는 숲의
공포인 회색 곰을 보기 위해 기다리고 있었다. 얼마 지나지
않아 회색 곰이 환한 조명 사이로 등장했다. 그러고는 공원
내부 호텔 주방에서 가져온 음식물을 먹기 시작했다. 관광
객들은 흥분했고 삼림경비대원 마틴데일 대령은 말에 탄
채 곰에 관해 설명했다. 그는 회색 곰이 버펄로나 코디액
불곰 정도를 제외하면 서구에 존재하는 어떤 동물도 이길
수 있다고 말했다. 하지만 그날 밤 나는 숲에서 걸어 나와
조명을 받은 회색 곰에게 자신과 함께 음식을 먹도록 허락

한 동물이 있다는 사실을 알았다. 바로 스컹크였다. 회색 곰이 자신의 강한 발을 쓰면 스컹크 따위는 한 번에 죽일 수도 있었다. 왜 그러지 않은 것일까? 왜냐하면 회색 곰은 그렇게 하는 것이 자신에게 이득이 되지 않는다는 것을 알고 있었기 때문이다.

나도 그런 사실을 알고 있었다. 농장에서 어린 시절을 보낸 나는 한 줄로 늘어선 미주리 주의 관목들 틈에 덫을 놓아 다리가 넷인 스컹크를 잡은 적이 있다. 어른이 됐을 때 뉴욕의 한 골목에서 다리가 둘인 스컹크를 보기도 했다. 가슴 아픈 경험을 통해 나는 무언가를 자극해서 좋을 것이 없다는 사실을 깨달았다.

우리가 적을 증오할 때 우리는 적에게 우리를 지배하는 힘을 주게 된다. 우리의 잠, 식욕, 혈압, 건강, 행복을 지배하는 힘이다. 그들이 우리에게 얼마나 걱정을 끼치고 괴롭히는지, 우리에 대한 복수심을 키우는지 알게 된다면 우리의 적은 기쁨에 춤을 출 것이다. 우리의 증오심은 그들에게 조금도 해를 끼치지 못한다. 우리의 증오심은 우리의 하루를 지옥으로 만들 뿐이다.

다음과 같은 말을 한 사람이 누구인지 알고 있는가. "이 기적인 자들이 당신을 이용해 이득을 챙기려 한다 해도 무시하고 갚아주려 애쓰지 말라. 갚으려 하는 순간 당신은 다른 사람이 아닌 자신을 해치게 된다." 이 말이 눈을 반짝거리는 이상주의자가 하는 말로 들릴지도 모른다. 하지만 그렇지 않다. 이건 밀워키 경찰청 회보에 나오는 말이다.

여러분이 앙갚음을 하려고 애쓰면 여러분에게 어떤 해가 따를까? 여러 측면에서 살필 수 있다. 《라이프》 지에 따르면 건강을 잃게 될 수 있다. "고혈압이 있는 사람들의 가장 큰 특징은 바로 분노. 분노가 만성화되면 고혈압과 심장 질환이 뒤따라 발생한다."

예수의 "원수를 사랑하라."라는 말은 비단 건전한 윤리 정신만을 피력한 것이 아니다. 그는 20세기 의학을 설파했다. "일곱 번씩 일흔 번까지 용서하라."라고 말할 때 예수는 여러분과 내게 고혈압과 심장 질환, 위궤양, 그 외의 수많은 질병을 예방하는 방법을 전해준 셈이다.

얼마 전 내 친구 중 한 명이 최근 심각한 심장 발작을 일으켰다. 의사는 친구를 침대에 눕히고는 어떠한 경우라도 절대 화를 내지 말라고 지시했다. 의사는 심장이 약한 사람들이 갑자기 화를 내는 것만으로도 죽을 수 있다는 사실을 알고 있다. 방금 내가 '죽을 수도 있다.'라고 말했는가? 몇 년 전, 워싱턴 주 스포캔에서 레스토랑을 운영하던 한 사람이 화를 내다가 죽은 사건이 있었다. 지금 내 앞에 워싱턴 주, 스포캔 경찰청장 제리 스워타웃이 보낸 편지가 놓여 있다. 거기에는 이렇게 적혀 있다.

"몇 년 전, 스포캔에서 카페를 운영하던 68세의 윌리엄 폴커버는, 요리사가 커피를 마실 때마다 자신의 커피 잔 받침을 사용하자 벌컥 화를 내다가 죽고 말았습니다. 그 카페 주인은 너무나 화가 나서 권총을 들고 요리사를 쫓아가다 심장 발작을 일으켜 권총을 손에 꼭 쥔 채 숨졌습니다. 검시관의 보고서에 따르면 분노로 유발된 심장 발작이 일어났다고 합니다."

예수는 "원수를 사랑하라."라고 말하면서 어떻게 하면 더 나은 외모를 가질 수 있는지에 대해서도 말했다. 내가 아는 여성 중 증오심으로 인해 얼굴에 주름이 가득하고,

표정도 굳어 있으며 우거지상을 하고 있는 사람이 있다. 여러분이 아는 여성들 중에도 그런 사람이 있을 것이다. 이 세상에 존재하는 어떠한 피부 미용 기술도 용서와 다정함, 사랑이 주는 효과보다 강력하지 않을 것이다.

증오심은 심지어는 음식을 맛있게 먹는 능력까지도 떨어뜨린다. 성경 잠언 15장 17절을 보면 이런 말이 있다.

"채소를 먹으며 서로 사랑하는 것이 살찐 소를 먹으며 미워하는 것보다 나으니라."

우리의 증오심은 우리의 에너지를 빼앗아 가고, 우리를 지치고 신경질적으로 만들며, 우리의 외모를 망가뜨리고, 심장 질환을 유발하면서, 수명을 단축할 것이다. 만일 우리의 원수가 이러한 사실을 알게 된다면 그들은 손을 싹싹 비비며 즐거워하고 있지 않을까?

원수까지 사랑하지는 못할지라도 최소한 자기 자신만은 사랑하자. 우리가 자신을 사랑함으로써 원수가 우리의 행복과 건강, 외모를 지배하지 못하게 하자. 셰익스피어는 이렇게 말했다.

적의를 불태우지 말라

네가 먼저 그을릴 테니.

예수는 원수를 '일곱 번씩 일흔 번까지' 용서하라고 했
을 때, 우리에게 사업상의 교훈 또한 설파하고 있었다. 이
글을 쓰는 지금 내 앞에 놓인 편지를 예로 들겠다. 스웨덴
웁살라프라데가탄 24번지에 사는 조지 로나가 보낸 것이
다. 조지 로나는 오랫동안 빈에서 변호사로 일했다. 하지
만 제2차 세계대전이 일어나자 스웨덴으로 피신했다. 수
중에 돈이 한 푼도 없었기에 그는 반드시 일자리를 구해야
만 했다. 여러 외국어에 능통했던 그는 수출입 관련 회사
의 해외 연락 담당 자리를 구하고 있었다. 하지만 대부분
의 회사들은 전쟁의 여파로 일자리가 없다며, 만약 자리가
생기면 연락을 주겠다는 식의 답변을 해왔다. 하지만 그중
한 사람이 조지 로나에게 이런 편지를 보냈다. "당신은 제
사업에 대해 잘못 알고 있습니다. 잘못 알고 있을 뿐만 아
니라 당신은 참 어리석군요. 나는 그런 연락 담당자가 필
요 없습니다. 혹 필요하더라도 당신을 채용할 생각은 없

습니다. 당신은 우리말도 제대로 하지 못하니까요. 당신이 쓴 편지는 맞춤법이 어긋난 곳이 굉장히 많군요."

그 편지를 읽은 조지 로나는 도널드 덕이 분노하듯 화를 냈다. '내가 스웨덴 말도 제대로 쓰지 못한다니 이 사람이 대체 무슨 소리를 하는 거야? 이 스웨덴 사람이 쓴 편지야말로 엉망진창이잖아.' 이렇게 생각하며 조지 로나는 편지를 보낸 사람의 분노를 유발한 만한 답장을 쓰기 시작했다. 그러다 갑자기 그는 멈추고 이런 생각을 했다. '잠깐, 이 사람이 틀렸다는 걸 어떻게 알지? 나는 스웨덴어를 공부하긴 했지만, 모국어는 아니니 실수를 했을지도 모르잖아. 혹시 그럴 수도 있고 다른 데 취직하려면 더 열심히 공부하는 게 맞을 테지. 의도한 바는 아니겠지만 이 사람은 오히려 내게 도움을 준 거나 마찬가지야. 표현은 마음에 안 들지만, 그런 이유로 내가 그에게 빚을 졌다는 건 변하지 않을 테니. 이 사람한테 고맙다는 편지를 써야겠군.' 조지 로나는 이미 썼던 비난의 편지를 찢어버린 뒤 다음과 같은 편지를 새롭게 썼다.

'연락 담당자가 필요치 않음에도 제게 편지를 보내주신 노고에 감사드립니다. 제 불찰을 죄송하게 생각합니다. 저는 귀사가 사업 부문에서 선도적인 역할을 하는 회사라는 판단이 들어 편지를 보냈습니다. 제 편지에 문법적인 오류가 있는 것을 알지 못했습니다. 부끄럽게 생각하며 사과의 말씀을 드립니다. 앞으로는 스웨덴어 공부를 더 열심히 해서 잘못된 점을 고쳐 나가겠습니다. 자기 향상의 길에 매진할 수 있도록 도움을 주신 점에 대해 감사드립니다.'

며칠 뒤 조지 로나는 그에게서 자신을 만나러 와 달라는 답장을 받았다. 그 만남을 통해 그는 일자리를 얻었다. 조지 로나는 경험을 통해 "온화한 대답이 분노를 누그러뜨린다."라는 사실을 깨달았다.

성인(聖人)이 아닌 이상 원수를 사랑하는 일은 힘들지도 모른다. 하지만 우리는 자신의 건강과 행복을 위해서라도 그들을 용서하고 잊어야만 한다. 그것이 현명한 길이다. 공자가 말했다.

"나쁜 일을 당하거나 도둑을 맞아도 마음속에 담아 두고 생각하지 않는다면 아무것도 아니다."

언젠가 나는 아이젠하워 장군의 아들 존 아이젠하워에게 아버지가 마음속에 분노를 담아두는 것을 본 적이 있느냐고 물었다. 그러자 그는 이렇게 말했다.

"없습니다. 아버지는 결코 마음에 들지 않는 사람을 생각하면서 시간을 낭비하지 않았습니다."

오래된 격언 중 이런 말이 있다.

"미련한 사람은 화를 내지 못하지만 현명한 사람은 화를 내지 않는다."

뉴욕 시장이었던 윌리엄 J. 게이너의 정책이 바로 이러했다. 그는 황색 신문에서 혹독한 비판을 받은 뒤 어떤 미치광이가 쏜 총에 맞아 죽을 뻔했다. 병원의 침상에 누워 생사의 기로에 서서 그는 이렇게 말했다. "밤마다 나는 모든 일과 모든 사람을 용서합니다." 지나친 이상주의인가? 너무 유쾌한 시각인가? 그런 생각이 든다면『염세주의 연구』를 저술한 독일의 위대한 철학자 쇼펜하우어의 말을 들어 보자. 그는 인생을 무의미하고 괴로운 모험이라고 생각했다. 그가 가는 곳마다 우울함이 뚝뚝 떨어져내렸다. 절망의 늪에서 허우적대던 쇼펜하우어조차 이렇게 외쳤다. "누구에게도 조금의 악의도 품어서는 안 된다."

버나드 바루크는 윌슨과 하딩, 쿨리지, 후버, 루스벨트, 트루먼 등 여섯 명의 대통령으로부터 신뢰받던 조언자였다. 한번은 그에게 정적의 공격 때문에 당황했던 적이 있느냐고 물었다. 그는 이렇게 대답했다. "저에게 모욕감을 주거나 저를 당황하게 할 사람은 없습니다. 저 스스로가 그렇게 하도록 내버려두지 않을 테니까요."

우리가 허락하지 않는 한 여러분이나 나를 모욕하거나 당황하게 만들 수 있는 사람은 없을 것이다. 막대기와 돌로 내 뼈를 부러뜨릴 수 있을지언정 말로는 내게 상처를 주지 못할 것이다.

오랜 세월 동안 인류는 예수님이 그랬던 것처럼 원수에게 원한을 품지 않는 사람들에게 촛불을 바쳐 기려 왔다. 때때로 나는 캐나다의 재스퍼 국립공원을 찾아가 서양에서 제일 아름다운 산으로 꼽히는 에디스 카벨 산을 바라보고는 한다. 이 산은 1915년 10월 12일, 독일군의 총살 처형대 앞에서 성자처럼 죽은 영국인 간호사 에디스 카벨을 추모하기 위해 만들어졌다. 그녀의 죄명은 무엇이었을까? 그녀는 프랑스와 영국의 부상자들을 벨기에에 있는 자신의 집에 숨기고는 치료해주고 음식을 주었으며 그들이 네덜란드로 도망갈 수 있도록 도왔다. 10월에 집행되었던 사형 당일 아침에 임종 미사를 위해 영국인 신부가 브뤼셀에 있는 군대의 감옥으로 그녀를 찾아갔다. 에디스 카벨은 이렇게 말했다. "나는 애국심만으로는 부족하다는 것을 압니다. 누구도 증오하거나 원망하지 않을 겁니다."

그녀의 말은 청동이 섞인 화강암 석판에 새겨져 있다. 4년이 흐른 뒤 그녀의 시신은 영국으로 옮겨졌고 추념식을 한 뒤 웨스트민스터 사원에 안장됐다. 일전에 나는 런던에 1년 정도 머물렀던 적이 있다. 가끔 국립 초상화 전시실 맞은편에 있는 에디스 카벨의 동상 앞에서 화강암에 각인된 그녀의 말을 읽곤 했다. "나는 애국심만으로는 부족하다는 것을 압니다. 누구도 증오하거나 원망하지 않을 겁니다."

우리가 적을 용서하고 잊기 위해 할 수 있는 가장 확실한 방법 가운데 하나는 우리 자신과 비교조차 할 수 없는 아주 큰 대의(大義)에 몰두하는 것이다. 그렇게 함으로써 우리는 그 대의 외의 모든 일을 가볍게 여겨서 모욕감이나 원한을 사소하게 넘길 수 있다. 그 예로 지난 1918년 미시시피 주의 소나무 숲에서 발생한 흔하면서도 극적인 사건을 들 수 있다. 그건 다름 아니라 폭력에 얽힌 사연이다.

로렌스 존스는 흑인이었고 교사이자 목사로 일하고 있었는데, 그는 폭력을 당할 위기에 처해 있었다. 오래전 나는 로렌스 존스가 설립한 파이니우즈 컨트리 스쿨에서 학생들을 모아놓고 강연했다. 그 학교는 전국적으로 유명하지만 지금 내가 언급하려는 사건은 그보다 과거의 일이다. 그 사건은 제1차 세계대전이 한창 중이라, 사람들이 매우 감정적이던 시기에 발생했다. 독일군이 흑인들을 선동해 폭동을 일으킬 준비를 하고 있다는 소문이 중부 미시시피 지역에 퍼지고 있었다. 로렌스 존스는 앞서 언급했듯 흑인이었기에 그가 자신의 민족을 선동해 반란을 일으킬 준비를 한다는 의심을 받았다. 백인들이 우르르 몰려와 교회 밖에 서서 로렌스 존스가 군중들에게 외치는 소리를 들었다. "인생은 곧 전쟁이므로 우리 흑인은 무장해 생존해야 하고 성공을 위해 투쟁해야 합니다."

'투쟁!', '무장!' 이것만으로도 충분했다. 흥분한 백인 청년은 밤에 말을 타고 사람들을 불러 모은 뒤 교회로 돌아왔다. 목사를 밧줄로 묶어 1마일이나 끌고 다녔다. 그러고 나서 장작더미 위에 세우고 성냥에 불을 붙여 교수형과 더불어 화형을 시키려 했다. 누군가가 외쳤다. "불에 타 죽기 전에 저 검둥이의 말을 한번 들어보자. 연설하라! 연설하라!" 그러자 로렌스 존스는 장작더미 위에 서서 밧줄을 목에 건채 자신의 삶과 대의에 관해 말했다.

그는 1907년 아이오와 대학을 졸업했다. 그는 학업 성적도 훌륭했고 음악적 재능도 있었기에 학생과 교수들의 사랑을 동시에 받았다. 졸업한 뒤 그는 자신을 크게 키워준다는 호텔 경영자의 제안을 거절하고, 자신의 돈을 투자해 음악 교육을 해 준다는 재력가의 제안도 거절했다. 왜 그랬을까? 그는 뜨거운 사명감이 있었다. 그는 부커 T.

워싱턴의 전기를 읽고 난 뒤 자신의 삶을 가난 때문에 문자를 깨치지 못한 동족들을 교육하는 데 바치기로 했다. 그는 남부에서 가장 열악한 곳으로 갔다. 미시시피 주 잭슨에서 남쪽으로 40킬로미터 떨어진 곳이었다.

그는 자신의 시계를 전당포에 맡기고 받은 1.65달러를 가지고 숲속 공터에서 나무 그루터기를 책상으로 삼아 학교를 열었다. 로렌스 존스는 자신을 죽이려고 혈안이 된 사람들에게 배우지 못한 아이들을 가르치기 위해, 그 아이들이 훌륭한 농부와 기술자, 요리사, 가정부가 되게 하기 위해 얼마나 노력했는지 말했다. 그리고 자신이 파이니 우즈 컨트리 스쿨을 설립할 때 도움을 준 백인들에 대해서도 언급했다. 그들은 그가 교육 사업을 이어 나갈 수 있도록 토지와 장작, 돼지와 소, 돈을 조달했다.

사람들은 로렌스 존스에게 그를 질질 끌고 와 목을 매달고 화형에 처하려 했던 사람을 증오하지 않느냐고 물었다. 그러자 그는 자신은 대의를 이루기 위해 너무 바쁘며, 자신보다 더 큰 어떤 것에 집중하느라 증오할 여유가 없다고 말했다. "나는 언쟁할 시간도, 후회할 시간도 없습니

다. 어떤 누구도 그들을 미워할 만큼 나를 비천하게 만들
지 못할 겁니다."

로렌스 존스가 진지하게, 또한 감동적일 만큼 자신에
대해서가 아니라 자신의 대의에 대해 유창하게 연설하자
사람들의 마음이 누그러지기 시작했다. 마침내 군중 속에
있던 남부의 퇴역 군인 한 명이 입을 열었다.

"이 친구는 진실을 말하고 있는 것 같구먼. 이 사람이
언급했던 그 백인들을 나도 알고 있지. 이 사람은 좋은 일
을 하고 있어. 우리가 실수한 거야. 이 사람의 목을 매달
것이 아니라 이 사람을 도와야 할 것 같네." 퇴역 군인은
모자를 벗어 사람들에게 돌렸다. 파이니 우즈 컨트리 스
쿨을 설립한 그의 목을 매달기 위해 몰려들었던 사람들은
52.5달러라는 돈을 모아 그에게 전달했다.

19세기 전 에픽테토스는 "뿌린 대로 거둔다.", 즉 "운명
은 항상 우리의 악행에 대가를 치르게 한다."라는 말을 했
다. 에픽테토스는 또 이렇게 말했다. "길게 보았을 때 모
든 사람은 자신의 잘못에 대한 대가를 치르게 돼 있다. 이
것을 기억한다면 사람들은 누구에게도 화를 내지 않을 것

272

이고 분노하지도 않을 것이다. 비난하지도, 탓하지도 않을 것이며, 불쾌하게 만들지도 증오하지도 않을 것이다."

미국 역사상 링컨만큼 다른 사람에게서 비난을 받고 배신을 당한 사람도 없을 것이다. 하지만 링컨 자서전의 고전이라 부를 만한 헌든의 자서전에는 이런 말이 있다. "링컨은 자신의 호불호에 따라 남들을 평가하지 않았다. 적이라 하더라도 링컨은 다른 사람과 마찬가지로 자신이 맡은 역할을 잘 수행하리라는 것을 알고 있었다. 자신을 비난하거나 적대적으로 대했던 사람일지라도 링컨은 그가 어떤 자리의 적임자라고 생각되면 마치 자신의 친구에게 그러하듯 그 자리를 선뜻 내주었다. 그가 자신의 적이기 때문에 혹은 자신을 싫어하기 때문에 누군가를 자리에서 물러나게 한 적은 한 번도 없다."

링컨은 자신이 직접 고위직에 임명한 사람들, 예를 들면 매클렐런, 시워드, 스탠턴, 체이스 같은 사람들에게 비난과 모욕을 받았다. 하지만 링컨의 법률적 동반자였던 헌든에 따르면 링컨은 "어떤 일을 함으로써 칭찬을 받거나 또 어떤 일을 하고 하지 않았다는 이유로 비난받을 사람은 아무도 없다."라고 믿었다. '모든 사람은 조건과 상황, 환경, 교육, 습관, 유전이 결과로 빚어진 아이들이며 이 모든 것이 그 사람의 현재와 미래를 결정하기 때문'이라는 주장이었다.

링컨이 옳았을 것이다. 만약 여러분과 내가, 우리의 적이 물려받은 육체적, 정신적, 감정적인 특징을 똑같이 물려받았다면, 우리가 그들과 똑같은 영향을 받았다면, 아마도 우리는 우리의 적과 똑같은 행동을 할 것이다. 결코 다르게 행동하지 않을 것이다. 수(Sioux)족 인디언들이 지닌 관대함을 가지고 다음과 같이 기도해보자.

"위대한 영혼이여. 제가 보름 동안 다른 사람의 입장이 되어 보기 전까지는 그들을 판단하거나 비판하지 않게 해주소서." 우리는 적을 증오하는 대신 그들을 가엾게 여기고 우리가 그들처럼 되지 않았음에 신께 감사를 드리자. 적에게 저주와 복수를 하는 대신 그들을 이해하고 공감하면서 도움을 주고 용서하고 그들을 위해 기도를 드리자.

나는 매일 저녁 성경에 나오는 사건에 대한 글을 읽거나 성경의 한 부분을 따라 읽은 뒤 무릎을 꿇고 '가정 기도문'을 외우는 집안에서 자랐다. 내 귓가에는 아직도 쓸쓸한 마주리 농가 안에서 예수님의 말씀을 들려주시던 아버지의 목소리가 들리는 것 같다. 인간이 예수의 이상을 소중하게 여기는 한 다음 구절은 영원히 남을 것이다. "너희의 원수를 사랑하라. 너희를 저주하는 자들을 축복하고 너희를 미워하는 자들에게 선행을 베풀고 너희를 모욕하고 괴롭히는 자들을 위해 기도하라."

나의 아버지는 예수의 가르침대로 살기 위해 노력했다. 그렇게 함으로써 이 세상의 제왕과 성주들이 그토록 간절히 갈구했으나 찾지 못하던 마음의 평화를 찾았다.

평화와 행복을 가져오는 정신 자세를 갖추고자 한다면 다음의 방법을 꼭 기억하라.

평화와 행복을 가져오는 마음 습관 2

결코 적에게 앙갚음하려고 하지 말라. 적보다 우리 자신을 해치게 될 것이다. 아이젠하워 장군이 그랬 듯 마음에 들지 않는 사람들 생각으로 단 1분도 낭 비하지 말자.

3

감사의 표시를
받지 못해 화가 날 때

얼마 전 나는 텍사스에서 사업가 한 사람을 만났다. 무슨 일인지 그는 화가 잔뜩 나 있었다. 그는 15분 이내에 자신이 왜 화가 났는지 말해주겠다고 했고 실제로도 그랬다. 그가 그토록 화가 난 사건은 11개월 전에 있었던 일 때문이었다. 그는 지금도 그 일 때문에 화를 내는 중이었다. 그는 그 사건 말고는 다른 어떤 일도 언급할 수 없었다.

그는 크리스마스 보너스로 34명의 직원에게 1만 달러, 그러니까 한 사람당 거의 300달러 가까이 건넸는데, 아무도 그에게 고맙다는 인사를 하지 않았다고 한다. 그가 격렬하게 불만을 늘어놓았다. "그들에게 단돈 1센트라도 주었다는 사실이 너무 화가 납니다."

공자는 이렇게 말했다. "화가 난 사람은 늘 독이 차 있다." 이 사람은 너무나 독으로 가득 차 있어서 솔직히 나는 이 사람이 가엾게 느껴질 정도였다. 그의 나이는 대략 예순 정도였다. 오늘날 생명보험사들은 우리가 평균 수명인 여든 살까지 살 경우 남은 기간 중 3분의 2보다 조금 더 살 것으로 계산한다. 그가 앞으로 살 날은 운이 좋으면 지금으로부터 14년에서 15년 정도 남아 있는 셈이다. 하지만 그는 과거 일 때문에 화를 내고 속상해하며 얼마 남지 않은 인생 중에 거의 1년을 허비한 것이다. 그러니 나는 그를 가엾게 여길 수밖에 없었다.

그는 화를 내거나 신세 한탄을 늘어놓으며 고통의 시간을 보내는 대신 왜 자신이 감사 인사를 받지 못했는지 스스로 되돌아보았어야 했다. 어쩌면 그는 직원들에게 적은 급여를 주면서 많은 일을 시켰을지도 모른다. 어쩌면 직원들은 크리스마스 보너스를 선물이 아닌 자신들의 노동에 대한 당연한 대가라 생각했는지도 모른다. 어쩌면 그가 너무 비판적이고 좀처럼 다가가기 힘든 사람이라 누구도 선뜻 그에게 감사 인사를 하지 못한 것인지도 모른다. 어쩌면 직원들은 어차피 세금으로 나갈 이익을 보너스로 주었다고 생각했을지도 모른다. 반대로 직원들이 이기적이고 천박하고 예의가 없는 사람들일지도 모른다. 이럴 수도 있고 저럴 수도 있는 것이다. 여러분과 마찬가지로 나 역시 이 사건에 대해 자세히 알지 못한다. 하지만 나는 새뮤얼 존슨 박사가 다음과 같은 말을 했다는 사실을 알고 있다.

"감사는 오랜 수양의 열매다. 교양이 없는 사람들에게는 감사의 열매가 맺히지 않는다."

내 말의 요지가 바로 이것이다. 그는 자기 자신을 괴롭히는 실수, 다시 말해 감사를 기대하는 실수를 저지른 것이다. 그는 인간의 본성을 모르고 있었다. 다른 사람의 목숨을 구해준다면, 그가 감사하게 여길 거라 생각하는가?

물론 그런 기대를 할 수도 있다. 형사 전문 변호사로 유명한, 후에 판사가 된 새뮤얼 라이보비츠는 전기의자에서 죽을 뻔한 일흔여덟 명의 목숨을 구해준 적이 있었다. 그들 중 몇 명이 새뮤얼 라이보비츠에게 감사의 인사를 전했을까? 몇 명이나 크리스마스카드를 보냈을까? 얼마나 될지 한번 생각해보라. 그렇다. 단 한 명도 없었다.

어느 오후, 예수는 나병 환자 열 명을 치료해주었다. 하지만 과연 그중 몇 명이나 예수에게 감사 인사를 하러 왔을까? 한 명뿐이었다. 누가복음을 살펴보라. 사도들을 돌아보던 예수는 "나머지 아홉은 어디에 있느냐?"라고 물었다. 그들은 이미 도망가 버리고 없었다. 감사 인사 한마디 없이 사라져버린 것이다. 질문 하나를 해보겠다. 나나 여러분이, 혹은 이 텍사스 사업가가 작은 선행을 베풀었다고 해서 예수가 받았던 것 이상으로 감사 인사를 기대할 만한 이유라도 있는가? 더구나 돈 문제와 관련된 것이라면! 그렇다면 더욱 가능성이 없다. 찰스 슈워브는 자신이 예전에 은행 소유 펀드로 주식 투자를 한 은행원을 구해주었다고 했다. 그는 그 은행원이 감옥에 가지 않도록 대신 돈을 갚아주었다. 그 은행원은 고마워했을까? 물론 그랬다. 잠시 그랬다. 얼마 되지 않아 그는 슈워브를 외면하고 그에게 비난을 퍼부었다. 자신을 감옥에 가지 않게 해준 그 사람을 말이다!

만약 여러분이 친척에게 100만 달러를 준다면 그가 여러분에게 고마워할 것 같은가? 앤드루 카네기가 그러한 경우에 속했다. 하지만 만약 앤드루 카네기가 얼마 후 무덤에서 일어나 돌아왔다면, 놀랍게도 그는 그 친척이 자신을 비난하고 있는 것을 보았을 것이다. 비난의 이유는? 앤드루가 자선 단체에 3억 6500만 달러나 기부하면서 정작 자신에게는 '고작 100만 달러만 떼어주고' 갔기 때문이었다. 그의 말을 빌리자면 그렇다.

그는 자신의 일기에 이렇게 적었다. "나는 오늘도 상당히 말이 많은 사람들과 만나게 될 것이다. 이기적이고, 자기중심적이고, 감사할 줄 모르는 사람들을 말이다. 나는 전혀 놀라거나 불쾌해하지 않을 것이다. 그런 사람들은 세상에 늘 존재한다."

현명한 생각이다. 그렇지 않은가? 만약 여러분이나 내가 감사할 줄 모르는 사람들에 대해 불만을 늘어놓는다면 잘못은 어디에 있는 것일까? 인간의 본성일까? 아니면 인간의 본성에 대해 알지 못하는 우리에게 있는 것일까? 감사하는 마음을 기대하지 말자. 어쩌다 누군가에게 감사 인사를 받게 될 때 아주 놀랍고 즐거울 것이다. 감사 인사를 바라며 살아간다면 우리는 앞으로 너무 많은 상처를 받게 될 것이다.

뉴욕에 사는 한 여성을 알고 있는데 그녀는 항상 외롭다며 불평을 늘어놓는다. 그녀의 친척 중에 그녀와 가깝게 지내려는 사람이 단 한 명도 없다는 게 이해가 간다. 그녀를 만나러 가면 그녀는 조카들이 어렸을 때 자신이 얼마나 그 아이들에게 잘해주었는지에 대해 몇 시간씩 떠든다. 그 아이들이 홍역과 볼거리, 백일해에 걸렸을 때 보살펴주고 몇 년간 자신의 집에 데려다 키웠으며, 그 중 한 명이 경영대학원에 들어갔을 때 도와주었고, 또 다른 아이는 결혼을 할 때까지 함께 살았다는 이야기를 늘어놓는다.

조카들이 그녀를 찾아왔을까? 물론 가끔 오기는 했다. 의무감에서 비롯된 것이지만 말이다. 그들은 방문할 때마다 마음이 편치 않았다. 그들은 꼼짝없이 붙들려 몇 시간씩 훈계를 들어야 한다는 사실을 알고 있었다. 그들은 격렬한 불만과 신세 한탄을 하며 한숨 짓는 소리를 계속 듣고 있어야 했다. 그녀가 혼을 내고, 화를 내고, 괴롭혀도 조카들이 찾아오지 않으면 그녀는 비장의 '마법'을 쓰곤 했다. 심장 발작을 일으켰다.

심장 발작은 진짜였을까? 물론 그랬다. 의사들은 그녀가 '신경과민성 심장'을 가지고 있으며 심계항진증이 있다고 진단했다. 하지만 의사들은 그녀에게 해줄 수 있는 게 아무것도 없다고 덧붙였다. 그녀의 병은 감정에서 비롯된 것이기 때문이다. 그녀가 진정으로 바라는 것은 사랑과 관심이다. 하지만 그녀는 이것을 '감사'라고 부른다. 그녀는 감사나 사랑을 받지 못할 것이다. 그녀가 그것을 원하기 때문이다.

그녀처럼 '감사할 줄 모르는 사람' 혹은 외로움이나 외면 등으로 고통스러워하는 여성들이 상당히 많다. 그들은 사랑받기를 원한다. 하지만 그들이 세상에서 사랑받는 유일한 방법은 사랑을 갈구하지 말고 아무런 조건도 없는 사랑을 베푸는 것이다. 순진하고 비현실적이며 사변적인 이상주의처럼 들리는가? 그렇지 않다. 이것은 상식일 뿐이다. 우리가 원하는 행복을 위해 여러분과 내가 선택할 수 있는 좋은 방법이다. 나는 확신한다. 내 가정에서 그런 일이 일어나는 것을 보았다.

내 부모님은 다른 사람을 돕는다는 즐거움 때문에 베풀고 살았다. 우리 집은 가난했고 늘 빚에 쪼들리고 있었다. 비록 가난했지만 부모님께선 어떤 식으로든 돈을 마련해 매년 보육원에 기부하셨다. 아이오와 주 카운실블러프스에 있는 크리스천 홈이 그곳이다. 어머니와 아버지께서는 한 번도 그곳을 방문한 적이 없다. 아마 편지를 제외하고는 아무도 그분들에게 감사 인사를 전한 적이 없을 것이다. 하지만 부모님은 충분한 보상을 받았다. 대가로 감사의 표시를 바라거나 기대하지도 않고서 어린 아이들을 돕는 즐거움을 누렸기 때문이다.

나는 집을 떠난 이후로 크리스마스가 가까워오면 항상 부모님께 용돈을 보내 드리면서 당신 자신을 위해 호사를 약간 누려보시는 게 어떠냐고 권한다. 하지만 부모님이 그러시는 경우는 거의 없었다. 크리스마스를 앞두고 집에 가면 아버지께서는 내게 우리 동네에 '아버지가 세상을 떠난 가정'이 있는데 아이들은 많고 음식과 연료를 살 돈이 부족해 석탄과 음식을 사주었다고 말씀하셨다. 그 선물로 부모님께서는 얼마나 큰 즐거움을 누리셨을까! 그것은 어떠한 대가도 바라지 않고 베푸는 즐거움이었다.

나는 아버지가 아리스토텔레스가 제시한 이상적인 사람, 가장 행복할 수 있는 사람이라고 믿고 있다. 아리스토텔레스는 이렇게 말했다. "이상적인 사람은 다른 사람을 돕는 데서 기쁨을 찾는다. 그리고 다른 사람이 자신을 돕는 것을 부끄럽게 생각한다. 호의를 베푸는 것은 우월함을 뜻하지만 호의를 받는 것은 열등함을 뜻하기 때문이다."

내가 이 장에서 말하고자 하는 두 번째 요지는 바로 이것이다. 행복을 느끼고 싶다면 감사 인사를 하느냐 하지 않느냐에 대해 신경 쓰지 말라. 행위 자체로 얻을 수 있는 내적인 즐거움을 추구해야 한다.

부모들은 자식들이 감사할 줄 모른다며 불만을 드러냈다. 셰익스피어의 비극 『리어왕』의 주인공 리어왕은 이렇게 외쳤다. "감사할 줄 모르는 아이들을 갖는다는 것은 독사의 이빨보다도 더 날카롭구나!"

그런데 만일 어른들이 강요하지 않는다면 아이들이 감사해야 할 이유가 어디 있겠는가? 감사하지 않는 것은 마치 잡초처럼 자연스러운 일이다. 감사란 마치 장미와 같

다. 거름과 물을 주고 돌봐주고 사랑하며 보살펴야 피어
날 수 있다.

우리의 자녀가 감사할 줄 모른다면 그것은 과연 누구
의 잘못일까? 아마도 우리 자신일 것이다. 우리가 다른 사
람에게 감사할 줄 아는 마음을 갖도록 교육하지 않았는데
어떻게 우리에게 감사하기를 기대할 수 있겠는가?

시카고에 사는 한 남자를 알고 있다. 그는 자신의 의붓
아들들에게 감사할 줄 모르는 아이들이라고 말할 만한 수
많은 이유를 가지고 있다. 그는 상자를 만드는 공장에서
온몸을 바쳐 일하고 있다. 하지만 일주일에 40달러 이상
을 버는 경우는 거의 없다. 그는 남편과 사별한 한 여자와
결혼했다. 그녀는 그를 설득해 돈을 대출받은 뒤 이제는
성인이 된 자신의 두 아들을 대학에 보냈다. 그는 일주일
에 40달러를 받으면서 생활비뿐만 아니라 대출금도 갚아
야만 했다. 그는 4년간 불평 한마디 하지 않고 중국 막노
동자인 쿨리처럼 열심히 일했다.

그는 감사 인사를 받았을까? 그렇지 않다. 그의 아내는
그것을 당연하게 받아들였다. 아들들 역시 마찬가지였다.

그들은 의붓아버지에게 빚을 지고 있다는 생각을 하지 않았다. 심지어 감사해야겠다는 마음조차 갖지 않았다.

누구의 잘못일까? 아이들의 잘못일까? 아이들에게도 잘못은 있다. 하지만 더 큰 잘못은 어머니에게 있다. 그녀는 이제 막 새로운 인생을 시작하려는 아들들에게 '채무 의식'이라는 부담을 주는 것은 부끄러운 일이라 여겼다. 그녀는 아이들이 빚을 지고 시작하는 것을 바라지 않았다. 그녀가 아이들에게 "너희들을 대학에 보내주신 아버지는 천사 같은 분이시다!"라고 말하는 것은 상상도 할 수 없는 일이었다. 오히려 그녀는 이러한 태도를 보였다. "아버지라면 최소 이 정도는 해줘야 하는 것 아닌가?" 그녀는 이것이 아들들을 위한 길이라고 생각했을 것이다. 하지만 삶의 터전으로 진입하는 아이들에게 오히려 세상이 그들을 먹여 살려야 한다는 위험한 생각을 심어 주고 있었다. 위험한 발상이었다. 아들 중 한 명이 자신의 고용주에게 '돈을 빌리려다' 감옥에 갔기 때문이다. 아들 자신의 말에 따르면 그렇다.

우리는 우리가 교육하는 대로 아이들이 자란다는 사실

을 기억해야 한다. 그 예로 미니애폴리스 주 웨스트 미네하하 파크웨이 144번지에 살고 계시는 내 이모 비올라 알렉산더 이야기를 하겠다. 이모는 '감사를 모르는' 아이들이라고 불평할 이유가 전혀 없는 사람이 어떤 모습인지를 보여주었다.

내가 어릴 때 비올라 이모는 자신의 어머니, 즉 내 외할머니를 집으로 모셔와 애정을 쏟으며 보살펴드렸다. 또한 시어머니 역시 집으로 모셔 와 그렇게 해드렸다. 아직도 눈을 감으면 그 두 분께서 비올라 이모의 농가 난롯가에 앉아 계시던 모습이 생생하게 떠오른다. 그분들은 과연 비올라 이모의 '근심거리'였을까? 때때로 나는 그랬을지도 모른다고 생각한다.

하지만 나는 이모의 모습에서 전혀 그런 점을 발견하지 못했다. 이모는 두 분을 사랑했다. 그래서 그분들이 원하시는 것을 다 해드리고 무엇을 해도 이해하면서 편하게 지내실 수 있도록 해드렸다. 비올라 이모에게는 여섯 명의 아이들이 있었다. 하지만 이모는 두 분을 모시고 산다고 해서 자신이 특별히 대단한 일을 하고 있다고 생각하

지 않았다. 찬사를 받아야 한다고도 생각지 않았다. 그 일
은 이모에게 자연스럽고 또 당연한 일이었으며 그녀가 원
하는 일이었다.

비올라 이모는 지금 어떻게 지내실까? 이모는 혼자가
된 지 20여 년이 지났다. 다섯 아이는 모두 자라서 가정을
이루었고 다들 이모를 자신의 집으로 모시겠다고 난리다.
이모의 자녀들은 이모를 정말 좋아한다. 아무리 오래 함
께 있어도 더 있고 싶어 한다. '감사'의 표시였을까? 아니
다! 이것은 사랑이다. 온전한 사랑인 것이다.

이모의 자녀들은 따뜻한 사랑과 인간적인 다정함 속에
서 자라왔다. 이제는 상황이 변했으니 그들이 사랑을 되
돌려주는 것은 전혀 놀라운 일이 아닐 것이다. 감사할 줄
아는 자녀를 키우고 싶다면 우리가 먼저 감사할 줄 아는
사람이 돼야 한다는 사실을 명심하자. '아이들은 귀가 밝
다.'는 점을 잊지 말고 말을 조심하자.

누군가의 다정함에 불만을 드러내고 싶더라도 아이들
이 곁에 있다면 일단 멈추자. "수 언니가 크리스마스로 선
물로 보낸 이 행주를 좀 봐라. 언니가 직접 만든 행주야.

단돈 1센트도 안 쓰려고 한다니까!" 이런 식으로 말하지 말자. 언뜻 보기에는 별일 아닌 듯해도 아이들은 유심히 듣고 있다.

아마 이런 식으로 말하는 것이 좋을 것이다. "수 언니가 크리스마스 선물로 이 행주를 만들기 위해 얼마나 많은 시간을 들였을까! 정말 좋은 사람이야. 지금 당장 고맙다는 편지를 써야겠다." 자녀들은 자신도 모르게 감사하고 칭찬할 줄 아는 습관을 익히게 된다. 감사 인사를 받지 못해 화가 나거나 불쾌해지고 싶지 않다면 다음의 방법을 기억하라.

평화와 행복을 가져오는 마음 습관 3

감사할 줄 모른다며 화를 내지 말고 그런 기대를 아예 하지 말라. 예수는 하루에 열 명의 나병 환자를 낫게 해 주었으나 단 한 명만이 그에게 감사 인사를 전했다. 우리가 예수보다 더 감사를 받아야 할 이유가 있는가?

행복을 찾는 유일한 방법은 감사 인사를 받기를 기대하는 것이 아니라 베푸는 즐거움 그 자체를 느끼는 것이다.

감사는 '학습되는' 특성이라는 것을 명심하자. 우리의 자녀가 감사할 줄 아는 사람이 되기를 바란다면 그들에게 감사하는 방법을 가르쳐야 한다.

4

100만 달러를 준다면 지금 가지고 있는 것을 포기하겠는가?

내가 해럴드 애벗과 알게 된 건 오래전의 일이다. 그는 미주리 주 웹 시의 사우스 매디슨 애비뉴 820번지에 산다. 그는 내 강좌의 매니저였다. 어느 날 나는 캔자스 시에서 그를 만났다. 그는 나를 미주리 주 벨튼에 있는 농장까지 차로 태워다 주었다. 차 안에서 나는 그에게 걱정을 어떻게 예방하냐고 물었다. 그는 내가 평생 잊지 못할 만큼 심오한 이야기를 들려주었다. 그는 이렇게 말했다.

"저는 걱정이 많은 편입니다. 1934년 어느 봄날이었습니다. 저는 웹 시에 있는 웨스트도허티 거리를 걷다가 제모든 걱정을 싹 없애주는 광경을 봤습니다. 단 10초 만에 일어난 일이었습니다. 저는 그 10초 사이에 10년간 배운 것보다 더 많은 것을 배웠습니다.

저는 2년째 웹 시에서 식료품 가게를 운영하고 있었습니다. 하지만 모아두었던 돈을 다 날렸을 뿐만 아니라 대출받은 돈을 7년에 걸쳐 갚아야 했습니다. 바로 전 토요일에 저는 가게 문을 닫았습니다. 그러고는 캔자스 시에서 일자리를 찾기 위해 상공인 은행에 대출을 받으러 가는 길이었습니다. 저는 마치 누군가에게 한 대 맞은 듯 자신감과 의욕을 상실한 채 걷고 있었습니다. 그때 갑자기 길 건너편에 있는 한 사람이 눈에 들어왔습니다. 다리가 없었던 그는 롤러스케이트 바퀴를 단 작은 나무판 위에 앉아 양손에 쥔 나무막대로 땅을 밀어서 앞으로 가고 있었습니다.

저는 그가 길을 건너 인도와 차도 사이에 있는 낮은 턱을 넘기 위해 몸을 들려고 애쓰는 순간, 그의 모습을 봤습니다. 그는 저와 눈이 마주치자 활짝 웃으며 인사를 건넸습니다. '안녕하세요? 날씨가 정말 좋지요?' 그가 활기차게 말했습니다. 가만히 그를 지켜보고 있으니 저는 정말 가진 게 많다는 생각이 들었습니다. 저는 두 다리를 가지고 있습니다. 걸어 다닐 수도 있습니다. 자기 연민에 빠져 있던 자신이 부끄러웠습니다. 다리가 없는 저 사람도 행복해하고 즐겁고 당당한데 다리도 있는 제가 그러지 못할 이유는 없을 것 같았습니다.

원래 저는 상공인 은행에서 100달러만 대출을 받을 계획이었습니다. 지금은 200달러를 요청할 용기가 있습니다. 원래는 일자리가 있을지도 모를까 봐 캔자스 시에 가려고 한다고 말할 생각이었지만 이제는 당당하게 캔자스 시에 일자리를 구하러 가겠다고 말할 수 있게 됐습니다. 저는 대출을 받았고 일자리를 구했습니다.

요즘 저는 화장실 거울에 다음 구절을 붙여놓고 매일 아침에 면도할 때마다 읽고 있습니다."

나는 우울했다네, 신발이 없어서.
발 없는 사람을 거리에서 만날 때까지.

언젠가 에디 리켄베커에게 태평양 망망대해에서 동료

들과 함께 구명 뗏목을 타고 21일 동안 아무런 희망도 없이 떠다닐 때 배운 가장 큰 교훈이 무엇이냐고 물어보았다 그러자 그가 말했다.

"그 일로 내가 배운 가장 큰 교훈은 목이 마를 때 마실 수 있는 깨끗한 물이 있고 배고플 때 먹을 수 있는 음식이 있다면 어떤 일이든 불평해서는 안 된다는 것입니다."

과달카날 섬에서 부상을 입은 하사관에 대한 기사가 《타임》지에 실렸던 적이 있다. 폭탄 파편 때문에 목에 부상을 입은 하사관은 무려 일곱 번의 수혈을 받았다. 그는 종이에 글을 써서 의사에게 보여주었다. "살 수 있나요?" 의사는 그렇다고 말했다. 그러자 그가 다시 종이에 글을 써 의사에게 보여주었다. "말할 수 있나요?" 의사는 다시 그렇다고 말했다. 그러자 그가 다시 글을 썼다. "이거 도대체 걱정할 이유가 전혀 없잖아?"

여러분도 지금 당장 걱정을 멈추고 이렇게 질문해보라. "대체 나는 왜 걱정하는 것일까?" 아마 여러분은 그것이 지극히 사소한 이유 때문이라는 것을 알게 될 것이다. 우리의 인생을 살펴보면 문제가 없는 부분이 90퍼센트 정도

이고 그렇지 않은 부분은 10퍼센트 내외에 불과하다. 행복해지고 싶다면 문제가 없는 90퍼센트에 집중하고 그렇지 않은 10퍼센트는 무시해버리면 된다. 걱정하면서 마음상하고 위궤양에 걸리고 싶다면 문제가 있는 10퍼센트에 집중하고 화려하게 빛나는 90퍼센트를 무시하면 된다.

크롬웰 시대의 단순한 양식을 강조하는 영국 교회에는 다음 구절이 새겨진 곳이 많다. "생각하라. 그리고 감사하라." 우리의 마음속에도 이를 새겨놓아야 한다. "생각하라. 그리고 감사하라." 우리가 감사해야 할 모든 것을 생각하라. 우리가 받은 은혜와 은총에 대해 감사하라.

『걸리버 여행기』의 작가인 조나단 스위프트는 영국 문학사상 가장 악명 높은 염세주의자였다. 그는 자신이 이 세상에 태어났다는 사실 자체에 불만을 품고 생일이 되면 검은 옷을 입고 아무것도 먹지 않았다. 그는 이렇게 늘 절망에 빠져 살았지만, 영국 최고의 염세주의자였던 그조차 유쾌함과 행복은 사람을 건강하게 만드는 위대한 힘을 가지고 있다고 찬양했다. 그는 이렇게 확신했다. "세상에서 가장 위대한 의사는 식이 요법 선생, 고요함이라는 선생,

그리고 즐거움이라는 선생이다."

우리는 믿기 어려울 정도로 그 옛날의 알리바바가 소유했던 것보다도 더 많은 부를 가지고 있다. 만약 여러분과 내가 이러한 부에 집중하게 된다면 우리는 하루하루 '즐거움이라는 선생'의 도움을 무료로 받을 수 있을 것이다. 만약 누군가가 1억 달러를 준다면 여러분은 자신의 두 눈을 팔겠는가? 두 다리는 얼마를 받을 것인가? 손은? 귀는? 여러분의 자녀는? 여러분의 가족은? 여러분이 가진 자산을 세어본다면, 록펠러나 포드, 모건 가문이 이룩한 부를 다 준다고 해도 여러분이 소유한 것과 바꿀 수 없다는 사실을 알게 될 것이다.

우리는 이러한 자산을 올바르게 평가하고 있는 것일까? 절대 그렇지 않다. 쇼펜하우어가 말했다. "우리는 우리가 가진 것에 대해서는 거의 생각하지 못하고, 가지지 못한 것에 대해서만 늘 생각한다." 그렇다. 가진 것에 대해서는 거의 생각지 못하고 가지지 못한 것만 늘 생각하는 것은 인류가 지닌 가장 큰 비극인 것이다. 역사에 유례가 없을 만큼 어떠한 전쟁이나 재해도 이 정도로 큰 재앙을 유발하지는 못했을 것이다.

  존 파머가 '사근사근한 친구에서 불만 가득한 노인'으로 변하고 인생이 망가진 것도 바로 이것 때문이었다. 내가 그 일에 대해 알고 있는 것은 그가 내게 말해주었기 때문이다. 파머는 뉴저지 주페터슨 19번가 30번지에 살고 있다. 그는 이렇게 말했다.

  "퇴역하고서 얼마 지나지 않아 저는 개인 사업을 시작했습니다. 온종일 열심히 일했습니다. 일도 잘되고 있었지요. 그러다 갑자기 문제가 생겼습니다. 부품이 제대로 공급되지 않았던 것입니다. 사업을 그만둬야 하는 건 아닐까 하고 걱정했습니다. 어찌나 걱정이 심했던지 예전에는 붙임성 있는 친구로 불렸는데 이제는 불만 가득한 노인이 됐습니다. 당시에는 몰랐지만 돌이켜보면 걱정과 불만이 너무 많아 행복한 가정을 거의 무너뜨릴 뻔했습니다. 어느 날, 저와 함께 일하던 상이용사 한 사람이 이런 말을 했습니다.

  '조니, 자네는 부끄럽게 생각해야 해. 마치 이 세상 고민은 다 젊어진 것처럼 굴고 있으니 말이야. 가령 당분간 가게를 닫는다고 생각해보세. 그게 그리 대단한 일인가? 상황이 나아지면 다시 시작할 수 있지 않나? 자네한테는 감사해야 할 일이 아주 많아. 자네는 늘 불만만 늘어놓고 있지. 만약 내가 자네라면 난 더 부러울 게 없을 거야. 나를 봐. 팔은 하나에 얼굴 반쪽이 없잖아. 하지만 내가 불평 한마디 했던가? 그런 식으로 계속 불평만 늘어놓는다면 사업도 망하고 건강도, 가정도, 친구도 다 잃고 말 거야.'

그 말을 듣고 즉시 불평하던 버릇을 고쳤습니다. 그 한마디 덕분에 저는 제가 얼마나 편하게 살고 있었는지 깨닫게 됐습니다. 저는 그 자리에서 지금의 모습을 버리고 예전의 제 모습을 되찾겠노라 마음먹었고 실제로 그렇게 했습니다."

루실 블레이크라는 내 친구도 역시 가진 것에 만족하는 법을 배우기 전까지는 비극적인 생활을 하고 있었다. 나는 오래전 컬럼비아 대학교 언론대학원에서 단편소설 작법을 배울 당시 그녀를 만났다. 9년 전, 그녀의 인생을

송두리째 흔든 충격적인 일이 발생했다. 그 당시 그녀는
애리조나 주 투손에 살고 있었다. 이제부터 그녀가 내게
들려준 얘기를 듣기로 하자.

"저는 눈코 뜰 새 없이 바쁘게 살고 있었습니다. 애리조
나 대학에서 정치조직에 대해 공부하고 시내에서 대중 연
설 지도 과정을 진행하며, 제가 머물고 있던 데저트 윌로
목장에서는 음악 감상 교실을 지도했습니다. 또 늦은 밤
까지 파티나 무도회, 승마 모임에 참석했습니다. 그러던
어느 날 아침 저는 갑자기 쓰러지고 말았습니다. 심장에
문제가 생겼던 겁니다. 의사는 '1년간 입원하며 완전한 휴
식을 취해야 한다.'는 처방을 내렸습니다. 그렇게 하면 건
강을 회복할 수 있다는 말도 하지 않은 채 말이죠.

　1년간 입원하라니! 환자가 될 뿐만 아니라 죽을 수도
있다니! 나는 겁에 질렸습니다. '대체 왜 나에게 이런 일
이 생기는 것일까?' 내가 무슨 짓을 저질렀기에 이런 벌을
받는 것일까? 계속해서 눈물만 흘렸습니다. 너무 분해서
아무 소리도 들리지 않았습니다. 그래도 저는 의사의 지

시에 따라 입원했습니다. 이웃에 사는 예술가 루돌프 씨가 이런 말을 했습니다.

'지금부터 1년간 누워 있는 게 비극이라고 생각하시는군요. 하지만 그렇지 않을 거예요. 당신은 생각을 정리하고 스스로에 대해 더 잘 알게 되는 시간을 가지게 될 거예요. 그리고 당신이 살아온 날들보다 앞으로의 몇 달 동안 당신은 정신적으로 더욱 성숙하게 될 거예요.'

저는 평정심을 되찾고 새로운 가치를 찾기 위해 노력했습니다. 영감을 얻을 수 있는 책도 읽었습니다. 그러던 어느 날, 라디오에서 시사평론가 한 사람이 이런 말을 하는 것을 들었습니다. '여러분은 여러분 자신의 의식 속에 있는 것만 표현할 수 있습니다.' 물론 예전에도 수차례 비슷한 말을 들은 적이 있었지만 이번에는 내 안에 깊숙이 파고 들었습니다.

저는 제가 평생 기억하고 살고 싶은 생각만 하겠다고 다짐했습니다. 즐거움, 행복, 건강, 이런 것들에 대한 생각 말이지요. 아침에 눈을 뜨면 저는 제가 감사해야 할 일들을 생각했습니다. 고통이 없는 상태, 사랑스러운 어린 딸,

시력, 청력, 라디오에서 나오는 유쾌한 음악, 독서할 수 있는 여유, 훌륭한 음식, 좋은 친구들, 저는 너무 유쾌해졌고 저를 찾아오는 손님들도 많았습니다. 의사는 저에게 한 번에 한 명씩, 정해진 시간에만 손님을 받으라고 지시를 내렸습니다.

9년이 흐른 지금, 저는 충만하고 활기찬 인생을 살고 있습니다. 이제 와 생각해보면 입원하면서 보낸 1년이란 시간이 더없이 소중하게 느껴집니다. 그 1년은 제가 애리조나 주에서 보낸 시간 중 가장 소중하고 행복했던 시간이었습니다. 아침마다 제가 가진 행복을 찾아보는 습관을 갖게 됐습니다. 그 습관은 지금까지 유지되고 있습니다. 그건 저의 가장 귀한 보물입니다. 어쩌면 죽게 될지도 모른다는 걱정을 하기까지 인생을 제대로 사는 방법을 알지 못했다는 사실이 부끄럽게 느껴집니다."

내 사랑스러운 친구, 루실 블레이크는 아마 몰랐겠지만, 그녀가 깨달은 건 200년 전 새뮤얼 존슨 박사가 깨달았던 바로 그 교훈이다. 존슨 박사는 이렇게 말했다. "모든 사건에 대해 가장 긍정적인 면을 보는 습관은 1년에 수억을 버는 일보다 더 가치 있다."

이 말을 한 사람은 모두가 인정하는 낙관주의자가 아니다. 그는 20년간 불안과 빈곤, 굶주림을 겪다가 마침내 당대 최고의 작가이자 모든 세대를 통틀어 가장 대화에 능한 사람으로 인정받은 사람이다.

로건 피어설 스미스는 아주 커다란 지혜를 단 몇 마디로 압축해서 이렇게 말했다.

"인생의 목표로 삼아야 할 것 두 가지가 있다. 하나는 원하는 것을 얻는 것이다. 그다음은 그것을 즐기는 것이다. 가장 현명한 자만이 즐기는 것에 성공한다."

혹시 여러분은 부엌에서 하는 설거지도 스릴 넘치는 경험으로 바꾸는 방법을 알고 싶은가? 만약 그러고 싶다면 보르그힐드 달의 저서 중에 엄청난 용기와 영감을 주는 책을 읽어 보라. 제목은 『나는 보기를 원했다』이다. 이 책은 50년간 거의 시각 장애인으로 산 여성이 쓴 책이다. 그녀는 이렇게 썼다. "나는 눈이 하나밖에 없다. 하지만 그마저도 상처가 심해서 눈의 왼쪽 구석에 있는 작은 틈으로 봐야만 했고 그것이 내가 보이는 세상의 전부였다. 책을 보려면 얼굴 가까이에 책을 대고 최대한 눈을 왼쪽으로 돌려야 했다."

하지만 그녀는 동정 받기를 거부했고 자신을 '다르게' 생각하는 것 또한 거부했다. 어렸을 때 그녀는 친구들과 줄을 그어놓고 뛰어다니며 놀고 싶었지만, 바닥에 그은 줄을 볼 수가 없었다. 그녀는 아이들이 집으로 돌아간 뒤 바닥에 엎드려 눈을 줄에 바짝 대고 기어 다니곤 했다. 그녀는 친구들과 함께 놀던 놀이터의 모든 곳을 외웠다. 얼마 후 그녀는 누구보다 잘 뛰어다니면서 놀 수 있게 됐다. 집에서 책을 읽을 때면 큰 활자로 된 책을 눈에 너무 가까이 대서 속눈썹이 종이에 닿을 정도였다. 그녀는 미네소타 대학의 학사 학위와 컬럼비아 대학의 석사 학위를 취득했다.

그녀는 미네소타 주 트윈밸리에 있는 작은 마을에서 강의했고 그 후 사우스다코타 주 수폴스의 아우구스타나 대학의 언론학 및 문학 교수가 됐다. 그녀는 13년간 그곳에서 재직하며 여성 클럽을 대상으로 강의했고 책과 저자에 대한 대담을 라디오를 통해 진행했다. 그녀는 이렇게 썼다. "마음 한편에는 늘 시력을 완전히 잃을지도 모른다는 두려움이 자리 잡고 있었다. 이 두려움을 이겨내기 위해 나는 인생이 희극으로 보일 정도로 유쾌한 태도를 유지했다."

그러다 1943년, 그녀가 52세가 됐을 무렵 기적이 일어났다. 메이오 클리닉에서 수술을 받게 된 것이다. 그녀는 예전보다 무려 40배 가까이 잘 보이게 됐다.

사랑으로 가득 차 있으면서도, 새롭고 신나는 세상이 그녀의 눈앞에 펼쳐졌다. 그녀는 부엌에서 설거지하는 것조차 짜릿하게 느꼈다. 그녀는 이렇게 썼다. "나는 개수통의 보드라운 비누 거품과도 놀 수 있다. 나는 손가락을 안에 넣어 작은 비누 거품 하나를 떼어낸다. 그것을 빛이 있는 쪽으로 들어 올려 보면 화려한 빛깔의 작은 무지개가 보인다." 그녀는 부엌 창밖에서 '두껍게 내리는 눈 사이로 참새들이 날아다니며 검은색과 회색 날개를 퍼덕거리는 모습'을 볼 수 있었다.

그녀는 그 비누 거품과 참새들을 보면서 너무나 큰 희

열을 맛보았기에 자신의 책을 이렇게 끝내고 있다. "나는 이렇게 속삭인다. 주여, 하늘에 계신 우리 아버지시여, 감사합니다. 감사합니다."

생각해보라. 설거지를 할 수 있고 비누 거품 안에서 무지개를 볼 수 있고, 눈 속을 날아다니는 참새를 볼 수 있다는 것만으로도 신에게 감사하는 것을!

여러분과 나는 스스로 부끄러워해야 한다. 우리는 그동안 아름다운 동화 속에서 살아왔다. 우리는 그것을 알아볼 수 있는 눈이 없었고, 즐기기에는 너무 만족스러운 상태였다. 걱정을 멈추고 활기찬 인생을 살고 싶다면 다음 방법을 꼭 기억하라.

평화와 행복을 가져오는 마음 습관 4

여러분이 안고 있는 문제를 헤아리지 말고
여러분이 받고 있는 축복을 헤아려보라.

5

자신을 알고
자기 모습대로 살라

내 앞에는 노스캐롤라이나 주 마운트 에어리에 사는
에디스 올레드 부인이 보낸 편지가 있다. 그녀는 편지에
서 이렇게 말했다.

"어렸을 때 저는 무척 예민하고 부끄러움을 많이 탔어
요. 저는 항상 체중이 많이 나가는 편이었는데, 뺨 때문에
실제보다 더 뚱뚱해 보였지요. 엄마는 옛날 분이라 옷을
예쁘게 만드는 것은 미련한 일이라고 생각하셨어요. 엄
마는 늘 제게 이렇게 말씀하셨어요. '큰 옷은 입어도 작은
옷은 못 입어.' 그러고는 그 말대로 제게 옷을 입혔지요.
저는 파티에 가본 적도, 즐겁게 놀아본 적도 없습니다. 학

교에서도 다른 아이들과 밖에서 뛰어논 적이 한 번도 없었지요. 심지어 체육 시간에도 말이에요. 저는 병적일 만큼 부끄러움을 탔어요. 저는 제가 다른 사람들과 다르며 그들이 저를 좋아하지 않는다고 생각했어요.

세월이 흐르고 저는 저보다 몇 살 연상의 남자와 결혼했어요. 하지만 저는 변하지 않았어요. 시댁 식구들은 모두 차분하고 자신감이 넘치는 사람들이었어요. 저는 시댁 식구들을 닮으려고 애썼지만 실패했어요. 그들이 저를 밖으로 끌어내리고 할수록 저는 점점 더 제 안으로 파고들어가 버렸지요. 저는 더욱 예민해지고 걸핏하면 화를 냈어요. 친구들도 만나지 않았지요. 심할 경우에는 누군가가 현관 벨을 누르기만 해도 놀랄 정도였어요.

저는 완전히 실패한 사람이었지요. 저는 그것을 알았고 제 남편이 혹시 그 사실을 알게 될까 봐 두려웠어요. 다른 사람과 함께할 때면 저는 즐거운 척하려고 노력했고 일부러 과장되게 행동했지요. 저는 제가 과장된 행동을 하고 있다는 사실을 알고 있었어요. 그렇게 하고 나면 며칠간은 제 자신이 너무 비참하게 느껴졌어요. 결국 저는 너무 불행하다는 생각에 더 살아야 할 이유를 찾지 못하게 됐어요. 그래서 자살에 대해 생각하기 시작했지요."

무슨 일이 이 불행한 여인의 삶을 바꾸어놓았는가?

"그러다 우연히 듣게 된 한마디가 제 인생을 송두리째 바꿔 놓았어요. 어느 날, 시어머니께서 아이들을 어떻게 키웠는지에 대해 얘기하다가 이런 말씀을 하셨어요. '어떤 경우라도 나는 아이들이 자신의 모습 그대로 살라고 가르쳤지.' 이는 '자신의 모습대로 산다.' 바로 이 말이었습니다. 그 순간 저는 정신이 번쩍 들면서 자신과 맞지 않는 방식에다 저를 맞추려고 했기에 스스로 불행했다는 사실을 깨닫게 됐습니다.

하루 만에 저는 달라졌습니다. 저는 제 모습으로 살기 시작했습니다.

저는 제 성격에 대해 조금 더 자세히 알기 위해 노력했습니다. 제가 누구인지 알아내려고 노력했지요. 제 장점을 찾았습니다. 제게 어울리는 옷을 입었지요. 적극적으로 친구를 사귀기 시작했습니다. 모임에도 참석했습니다. 작은 모임이었지만 거기서 제게 일을 맡겼기에 깜짝 놀랐습니다.

한두 번 이야기하다 보니 점점 자신감이 붙더군요. 오랜 시간이 걸리긴 했지만 지금은 제가 상상도 못 했을 만큼 행복합니다. 저는 자식들에게 제 경험으로 얻은 교훈을 가르쳐주곤 합니다. 어떠한 경우라도 너 자신의 모습으로 살아라!"

제임스 고든 길키 박사는 자신의 모습 그대로 살고자 하는 문제는 '역사만큼이나 오래됐고 인간의 삶만큼 보편적인' 문제라고 말한 바 있다. 이렇듯 있는 그대로의 자신의 모습으로 살지 않으려고 하는 문제는 수많은 질병, 즉 신경 쇠약과 정신병, 콤플렉스를 유발하는 잠재적 원인이 되는 것이다. 어린이의 교육에 관해 열세 권의 책을 쓰고 신문과 잡지에 수천 개의 글을 기고한 안젤로 패트리는 이렇게 말한다.

"정신적, 육체적으로 자기 자신이 아닌 다른 사람이 되려고 하는 사람만큼 불행한 사람은 없다."

자기 자신이 아닌 다른 사람이 되려는 욕구는 할리우드에서 쉽게 볼 수 있다. 할리우드에서 가장 유명한 감독인 샘 우드는 의욕이 가득 찬 젊은 배우들과 함께하면서 가장 힘든 문제는 있는 그대로의 그들 모습을 보이게 하는 문제라고 말했다. 그들은 모두 2류의 라나 터너, 혹은 3류의 클라크 게이블이 되고 싶어 한다. 그래서 그는 그들에게 늘 이렇게 말하곤 한다. "대중은 이미 그것에 익숙해졌어. 그러니 이제는 다른 걸 원해." 그는 〈굿바이 미스터 칩스〉나 〈누구를 위하여 종은 울리나〉 등과 같은 영화의 감독직을 맡기 전에 수년간 부동산 일을 하며 세일즈맨으로 활약했다. 그는 사업에서도 영화와 마찬가지로 똑같은 원리가 작용한다고 확신한다. 다른 사람을 흉내 내면 어떤 것도 성취하지 못한다. 앵무새가 되면 안 된다. 샘 우드는 이렇게 말한다.

"저는 경험을 통해 자신이 아닌 다른 모습이 되려고 하는 사람들은 될 수 있으면 빨리 제외시키는 게 낫다는 사실을 알았습니다."

나는 얼마 전 소코니 배큐엄 석유 회사의 인사 담당 임원인 폴 보인턴에게 구직자들이 흔히 저지르는 가장 큰 실수가 무엇이냐고 물었다.

그는 6만 명이 넘는 구직자들이 면접을 봤고 『취업에 성공하는 6가지 방법』이라는 책을 출간했으니 이 질문에 대한 답을 가장 잘 아는 사람일 것이다. 그는 이렇게 말했다. "입사 원서를 제출하면서 사람들이 저지르는 가장 큰 실수는 자기 자신이 아닌 다른 사람의 모습을 하는 것입니다. 그들은 종종 상대가 원한다고 생각하는 대답을 하곤 합니다." 하지만 이것은 결코 통하지 않는다. 그 누구도 가짜를 원하지 않기 때문이다. 가짜 동전을 원하는 사람은 어디에도 없다.

어느 시내 전차 기관사의 딸은 쓰라린 경험을 통해 이 깨달음을 얻었다. 그녀는 가수가 되기를 원했다. 하지만 얼굴이 받쳐주지 않아 걱정이었다. 그녀는 커다란 입에 삐죽한 덧니를 가지고 있었다. 그녀가 처음으로 많은 사람 앞에서 노래를 불렀던 건 뉴저지에 있는 나이트클럽이었다. 그녀는 그때 윗입술을 내려 덧니를 감추려 했다. 그녀는 '매력적으로' 보이려고 노력했다. 그 결과 어떻게 되었을까? 그녀는 웃음거리가 됐다. 그녀의 앞날에는 실패가 있을 뿐이었다.

하지만 그 나이트클럽에서 이 소녀의 노래를 들은 한 남자가 그녀에게 재능이 있다고 판단했다. 그는 단도직입적으로 말했다. "이봐요, 아가씨. 아가씨가 노래하는 모습을 봤는데 뭘 감추려는지 알겠어. 덧니 때문에 부끄러워하고 있더군." 소녀는 몹시 당황스러웠다. 하지만 그는 계속해서 말했다. "대체 그게 어떻다고 그렇게까지 하는 거야? 덧니가 있는 게 죄는 아니잖아? 그러니 굳이 숨기려 하지 마! 입을 벌리라고. 아가씨가 부끄러워하지 않는 모습을 보이면 관객들은 아가씨를 좋아하게 될 거야. 그리고 아가씨가 감추려던 그 덧니 때문에 아가씨는 큰돈을 벌게 될 거야."

그의 조언을 받아들인 캐스 데일리는 자신의 이에 대한 생각을 잊기로 했다. 그때부터 그녀는 오직 관객들만 생각했다. 그녀는 입을 벌리고 열정을 가득 담아 노래를 불렀다. 결국 그녀는 영화와 방송계에서 유명 인사가 됐다. 그녀의 모습을 흉내 내는 코미디언도 있었다.

모두가 다 알고 있는 윌리엄 제임스가 일반적인 사람들은 자신의 잠재력을 10퍼센트밖에 발휘하지 못한다고 했을 때, 그는 자기 자신이 누구인지 알지 못하는 사람들에 관한 이야기를 하고 있었다. 그는 이렇게 썼다. "우리는 우리가 가진 잠재력의 절반 정도만 깨어 있다. 우리는 우리의 육체적 정신적 자원의 일부만을 사용하고 있다. 이 말을 일반화하면, 개인으로서 인간은 자신의 한계에 한참 미치지 못하는 인생을 살아가는 셈이다. 인간은 습관적으로 활용하지 못한, 다양한 능력을 지니고 있다."

여러분과 나는 이런 능력을 소유하고 있다. 우리가 다른 사람들과 비슷하지 않다는 걱정으로 단 1초라도 허비하지 말자. 여러분은 이 세상에 존재하지 않던 새로운 무엇이다. 태고 이래 여러분과 정확히 일치하는 사람은 단한 명도 없었다. 앞으로도 영원히 여러분과 똑같은 사람은 다시 나타나지 않을 것이다.

새로운 과학인 유전학에 따르면 우리가 현재의 모습을 갖게 된 것은 대부분 아버지에게서 물려받은 스물세 개의 염색체와 어머니에게서 물려받은 스물세 개 염색체의 결과라고 한다. 이 마흔여섯 개의 염색체에 여러분이 물려받는 유전적 특징을 결정하는 요소가 다 들어 있다. 암란샤인펠트의 말에 의하면 각각의 염색체에는 "수십 개에서 수백 개의 유전자가 들어 있는데 어떤 경우에는 하나의 유전자가 그 사람의 인생 전체를 바꿔놓을 수도 있다."라고 말했다. 우리는 정말로 '무시무시하면서도 신기하게' 만들어졌다.

여러분의 어머니와 아버지가 결혼한 후에 여러분이라는 특정인이 태어날 확률은 300조분의 1이다. 다시 말하면, 만일 여러분이 300조 명의 형제자매가 있다 하더라도 그들 모두 여러분과 다를 것이라는 것이다. 과학적 근거가 없는 허무맹랑한 소리 같은가? 그렇지 않다. 이것은 과학적인 사실이다.

나는 여러분이 여러분 자신으로 살아야 한다는 주제에 대해 확신을 가지고 말할 수 있다. 왜냐하면 나 자신이 그 사실을 절실히 느끼고 있기 때문이다. 나는 지금 내가 하는 말의 의미가 무엇인지 너무나 잘 알고 있다. 상당히 비싸고 쓰라린 경험을 통해 깨달았기 때문이다. 실제 경험을 예로 들어 보겠다. 내가 미주리라는 시골을 떠나 처음 뉴욕에 도착했을 때 나는 미국 공연 예술 아카데미에 다녔다. 내 꿈은 배우가 되는 것이었다.

내게는 성공의 지름길로 갈 수 있는 빠르고도 간단한 길이 될 만한 뛰어난 아이디어가 있었다. 너무 단순하면서도 누구나 할 수 있는 것이라서 꿈을 꾸는 수천 명의 사람이 왜 지금껏 이것을 발견하지 못했을까 하고 의아하게 여길 정도였다. 그 아이디어는 이렇다. 당대의 유명 배우들, 존 드루, 월터 햄던, 오티스 스키너 같은 배우들이 어떻게 성공했는가에 대해 연구한 뒤 그들의 지닌 최고의 장점만 모방해서 나 자신을 만드는 것이었다. 이 얼마나 어리석고 무모한 생각인가! 나는 미주리 시골뜨기의 머리로, 내가 나 자신이 아닌 다른 누구도 될 수 없다는 사실을 깨달을 때까지 수년이라는 인생을 허비해야 했다.

이런 가슴 아픈 경험을 했다면 평생 잊지 못할 깨달음을 얻었어야만 했다. 하지만 실제는 그렇지 않았다. 나는 깨달음을 얻지 못했다. 나는 너무 둔했다. 그래서 같은 깨달음을 다시 얻지 않으면 안 되었다. 그 후 몇 년 뒤 비즈니스맨을 위한 대중 연설법이라는 주제로 책을 쓰면서, 나는 지금껏 출시된 어떤 책보다 더 좋은 책을 쓰겠노라고 다짐하며 집필에 착수했다. 이 책을 쓰고 있는 지금도 나는 예전에 연기를 배울 때 저질렀던 것과 똑같은 생각을 가지고 있었다. 수많은 다른 저자들의 생각을 모아 한 권에 책에 담으면 그 모든 내용을 포괄하는 책이 될 거라 믿었다. 나는 대중 연설과 관련된 책을 수십 권 사다가 그 안에 담긴 생각을 내 글 속에 담기 위해 1년 동안 노력했다. 이후 나는 내가 또 어리석은 짓을 하고 있구나 하는 생각이 들기 시작했다. 타인의 생각들이 마구 뒤섞인 이 책은 짜깁기에 불과했고 이렇게 깊이가 없는 책을 비즈니스맨들이 끝까지 읽을 리가 없었다. 그래서 나는 1년간 작업한 결과물을 버리고 처음부터 다시 집필했다.

이번에는 스스로 이렇게 다짐했다. "결점도 있고 한계도 분명 있겠지만 너는 데일 카네기, 바로 너 자신이어야만 해. 너는 다른 누구도 될 수 없어." 그래서 나는 다른 사람들을 총망라한 결과물이 되려던 것을 그만두고 팔을 걸어 부치고 처음부터 내가 했어야만 했던 일에 착수했다. 연설을 하고 연설에 대해 가르치면서 깨달은 내 경험과 관찰, 그리고 스스로에 대한 확신을 바탕으로 대중 연설에 관한 교재를 써 내려갔던 것이다. 나는 월터 롤리 경이 깨달은 가르침을 배웠고, 앞으로도 그것을 영원히 간직하기를 바란다. 지금 내가 말하는 월터 경은 여왕이 지나가도록 진흙 바닥에 자신의 외투를 깔았던 그 월터 경이 아니다. 그는 1904년, 옥스퍼드 대학에서 영문학을 강의하던 교수 월터 롤리 경을 의미한다. 그가 말했다. "나는 셰익스피어가 쓸 만한 책을 쓸 수 없다. 나는 단지 나다운 책을 쓸 수 있을 뿐이다."

여러분 자신이 되어라. 어빙 베를린이 조지 거슈윈에게 한 현명한 조언대로 행동하라. 베를린과 거슈윈이 처음 만났을 때 베를린은 이미 유명 인사였으나 거슈윈은 틴 팬 앨리에서 주급 35달러를 받으며 열심히 일하는 신인 작곡가였다. 베를린은 거슈윈의 재능을 높이 사 그에게 지금 받는 보수의 세 배를 주겠으니 자신의 음악 조교가 되지 않겠냐고 했다. 그러면서 이런 조언을 해주었다. "하지만 이 제안을 수락하지 말게. 만약 수락한다면 자네는 2류 베를린이 될 거야. 그렇게 하지 않고 자네 자신의 모습을 유지한다면 언젠가 1류 거슈윈이 될 것이네."

그 조언을 받아들인 거슈윈은 미국에서 가장 훌륭한 작곡가로 서서히 거듭났다. 내가 지금 이 장에서 강조하는 교훈을 찰리 채플린, 윌 로저스, 메리 마거릿 맥브라이드, 진 오트리 등의 수많은 사람이 깨달았다. 그들도 나처럼 쓰라린 경험을 통해 깨달음을 얻었다.

찰리 채플린이 막 영화에 등장하기 시작하던 시절 영화감독들은 그에게 당시 인기가 많았던 독일 코미디언을 흉내 내라고 강요했다. 찰리 채플린은 자신의 모습을 찾을 때까지 전혀 주목받지 못했다. 밥 호프도 마찬가지였다. 수년간 노래와 춤을 선보이며 연극을 했지만, 전혀 주목받지 못하다가 재담에 소질이 있는 자신의 모습을 찾고 나서야 인기를 얻기 시작했다. 윌 로저스는 오랫동안 버라이어티 쇼에서 한마디도 하지 않고 밧줄만 돌리면서 수년을 보냈다. 그런 그가 인기를 얻게 된 것은 그가 자신에게 유머 감각이 있음을 깨닫고 밧줄을 돌리면서 말을 한

다음의 일이었다.

메리 마가렛 맥브라이드가 처음 방송을 탔을 때 그녀는 아일랜드 출신 코미디언의 흉내를 냈으나 전혀 주목을 받지 못했다. 하지만 그녀가 본래 자신이 모습, 즉 미주리 주 출신의 평범한 시골 아가씨 모습을 보이자 뉴욕에서 가장 인기 있는 라디오 스타가 됐다.

진 오트리가 텍사스식 억양을 숨기려고 애쓰면서 도시 아이처럼 꾸미고 스스로 뉴욕 출신이라고 주장했을 때 사람들은, 다만 돌아서서 비웃을 뿐이었다. 하지만 그가 밴조를 퉁기며 카우보이 노래를 부르기 시작하자 그는 라디오와 영화계에서 세계적으로 가장 유명한 카우보이로 우뚝 서게 되었다.

여러분은 이 세상에 없던 새로운 어떤 것이다. 그것을 기뻐하라. 자연이 여러분에게 준 것을 최대한 활용하라. 최종적으로 보면 모든 예술은 자서전적이다. 여러분은 단지 여러분 자신을 노래하고 있을 뿐이다. 여러분은 여러분 자신을 그려낼 뿐이다. 여러분은 여러분의 경험과 환경, 그리고 유전이 빚어낸 여러분일 수밖에 없다. 잘하든 못하든 간에 여러분은 여러분만의 작은 정원을 가꿔야 한다. 잘하건 못하건 간에 인생이라는 오케스트라에서 자신만의 작은 악기를 연주해야 한다.

일찍이 에머슨은 '자립'이라는 글에서 이렇게 말한 바 있다. "교육을 하다 보면 누구에게나 어떤 확신이 들 때가 있다. 즉 부러움은 무지이고, 모방은 자살이며, 좋든 싫든 스스로를 자신의 몫으로 인정해야 하며, 이 넓은 우주에는 좋은 것들이 무수히 많지만, 자신의 경작지를 애써 가꾸지 않으면 결국 옥수수 한 톨도 얻을 수 없다는 확신에 도달하게 되는 때가 있다. 자신의 내면에 있는 능력은 이전까지 자연에 존재하지 않던 것이다. 그러므로 자신이 무엇을 할 수 있는가는 그 자신만이 알 수 있다. 시도하기 전까지는 자신도 알지 못한다."

고인이 된 시인 더글러스 맬럭은 이렇게 말했다.

언덕 꼭대기의 소나무가 되지 못한다면
골짜기의 관목이 되어라, 다만
개울가의 작은 관목 중에 최고의 관목이 되어라

나무가 되지 못하면 덤불이 되어라

덤불이 되지 못하면 풀이 되어라
풀이 되어 큰길을 즐겁게 만들라
커다란 머스키가 되지 못하면 배스가 되라
다만 연못에서 가장 기운 넘치게 펄떡이는 배스
가 되라

모두가 선장이 될 수 없으니 선원도 되라
우리는 누구나 해야 할 일이 있다
큰일도 작은 일도 있지만
우리의 의무는 우리에게 주어진 일

큰길이 아니면 오솔길이 되어라
태양이 아니면 별이 되어라
이기고 지는 것은 크기로 결정되지 않는다
무엇이든 최고가 되어라.

마음의 평화와 걱정으로부터 자유를 가져다주는 정신
력을 갖추고 싶다면 다음의 방법을 생각하라.

> **평화와 행복을 가져오는 마음 습관 5**
> -------------------------------------
> 다른 사람을 흉내 내지 말라.
> 자신이 누구인지 알아내 그 모습대로 살아라.

6

❧

운명이 신 레몬을 건네면
레모네이드를 만들어라

이 책을 쓰는 동안 시카고 대학을 방문할 일이 있어서 나는 그 대학의 로버트 메이너드 허친스 학장에게 어떻게 걱정을 피하냐고 물었다. 그는 이렇게 대답했다.

"전에 시어스 로벅사의 사장이었던 줄리어스 로즌 월드가 제게 이런 조언을 해준 적이 있습니다. '신 레몬을 받으면 레모네이드를 만들어라.' 저는 항상 그 조언을 따르려고 노력합니다."

훌륭한 교육자가 하는 방식은 이러하다. 어리석은 자는 이와 정반대로 행동한다. 인생을 살다가 신 레몬 같은 보잘것없는 결과를 얻게 되면 그는 낙담하면서 이렇게 말한다. "망했어. 운명이야. 기회는 없어." 그리고 나서 그는 세상을 향해 분노하며 자기 연민의 늪에 빠져들어 간다. 하지만 현명한 자는 레몬을 받으면 이렇게 말한다. "이 불행에서 나는 어떤 깨달음을 얻을 것인가? 이 상황을 타개하려면 어떻게 해야 할까? 이 레몬을 어떻게 레모네이드로 만들 수 있을까?"

위대한 심리학자 알프레드 아들러는 인간의 특성 중 가장 놀라운 특성은 '마이너스를 플러스로 바꾸는 능력'이라고 확신했다. 내가 아는 한 여성은 정확히 이 말대로 행동했다. 그녀에 관한 흥미로운 이야기를 들려주겠다. 그녀의 이름은 셀마 톰슨이다. 현재 뉴욕 시 모닝 사이드 드라이브 100번지에 살고 있다. 그녀는 내게 다음과 같은 이야기를 들려주었다.

"제1차 세계대전 당시 제 남편은 뉴멕시코의 모하비 사막 부근에 있는 육군 신병 훈련소에 근무했습니다. 나는 남편과 함께 지내기 위해 그곳으로 이사를 했습니다. 그곳은 정말 끔찍했습니다. 나는 그곳이 너무 싫었습니다. 그 당시만큼 불행했던 적은 일생에 단 한 번도 없었습니다. 남편이 모하비 사막으로 기동 훈련을 하러 떠나면 오두막집에는 나 혼자만이 덩그러니 남겨졌습니다. 섭씨 50도가 넘는 기온 탓에 선인장 그늘에 있어도 견딜 수 없이 너무 뜨거웠습니다. 주위에는 영어를 할 줄 모르는 멕시코인들과 인디언들뿐이라 대화를 나눌 사람도 없었습니다. 바람이 쉴 새 없이 불어와 내가 먹는 음식이며 콧속으로 들어가는 공기도 죄다 모래투성이가 됐습니다. 모래, 모래, 모래!

저는 비참하고 외로운 나머지 부모님께 편지를 보냈습니다. 이제 그만 이 생활을 접고 집으로 가겠다고 말입니다. 더는 1분도 못 버티겠다고 썼습니다. 그럴 바엔 차라리 감옥에 가는 게 나을 것 같다고 말입니다. 아버지가 답장을 보내셨는데 딱 두 줄이 적혀 있었습니다. 그 두 줄이 제 인생을 완전히 바꿔 놓았고, 앞으로도 영원토록 내 기억 속에 자리 잡고 있을 것입니다.

두 사람이 감옥 창살 밖을 보았네.

한 사람은 진흙탕을, 다른 한 사람은 별을 보았다네.

나는 그 두 줄을 읽고 또 읽었습니다. 나는 나 자신이 부끄러웠습니다. 그리고 지금 내 상황에서 좋은 일을 찾아야겠다고 생각했습니다. 별을 찾아야겠다는 생각이었죠.

나는 그 지역 토착민들에게 먼저 다가갔습니다. 그랬더니 그들의 반응은 정말 놀라웠습니다. 내가 그 사람들이 하는 뜨개질과 그릇에 관심을 보이자 그들은 관광객들에게도 팔지 않고 아끼던 물건을 제게 선물해주었습니다. 나는 선인장과 유카, 조슈아 트리가 보여주는 매혹적인 모습을 연구했습니다. 마멋의 일종인 프레리 도그에 대해 연구하고, 해지는 사막의 경관을 관찰했으며 수백만 년 전에는 바다 밑이었던 그 사막의 모래 언덕에 남겨진 조개껍데기를 찾아다녔습니다.

이토록 나를 변화시킨 건 무엇이었을까요? 모하비 사막은 변하지 않았습니다. 인디언들도 마찬가지입니다. 다만 제가 변했을 뿐입니다. 내가 정신적 자세를 바꾼 것입니다. 그렇게 해서 저는 너무도 비참했던 경험을 제 인생 최대의 흥미로운 모험으로 변화시켰습니다. 저는 너무 즐거운 나머지 그때의 경험을 책으로 썼습니다. 『빛나는 성벽』이라는 제목의 소설입니다. 스스로가 만든 감옥 너머에서 별을 찾았습니다."

셀마 톰슨, 그녀가 발견한 것은 기원전 5세기 그리스인들이 가르치던 오랜 진리였다.

"가장 좋은 것은 가장 어려운 것이다."

해리 에머슨 포스딕이 20세기에 와서 그 말을 되풀이했다. "행복은 대부분 즐거움이 아니다. 행복은 대부분 승리감이다." 그렇다. 성취감, 정복감, 레몬을 레모네이드로 변화시켰다는 데서 오는 승리감인 것이다.

언젠가 나는 플로리다에서 독이 든 레몬을 레모네이드로 변화시킨 행복한 농부를 찾아갔다. 그가 처음에 자신의 농장을 마련했을 때 그는 실망을 금치 못했다. 땅이 너무 척박해 과일 농사도 지을 수 없었고 돼지를 키울 수도 없었다. 주변을 둘러봐도 참나뭇과에 속하는 관목들과 방울뱀만 눈에 띌 뿐이었다. 그때 한 가지 생각이 떠올랐다. '지금 이 불리한 상황을 자산으로 만들자. 방울뱀들을 최대한 활용하자.' 그는 방울뱀 통조림을 만들기 시작했다.

몇 해 전 내가 그를 찾아갔을 때 그의 방울뱀 농장을 구경하기 위해 한 해에 2만 명이 넘는 관광객이 몰려오고 있었다. 사업은 성공적이었다. 나는 그가 키우는 방울뱀의 독 이빨에서 나온 독이 독사용 해독제로 쓰이기 위해 연구소로 가는 광경을 목격했다. 방울뱀의 가죽이 여성의 신발이나 가방의 재료로 쓰이느라 굉장히 비싼 가격에 팔리는 것을 목격했다. 그리고 방울뱀 통조림이 전 세계의 고객들에게 팔리는 것을 보았다. 나는 그곳의 풍경을 담은 엽서를 사서 이제는 '플로리다 주 방울뱀 마을'이라고 이름을 바꾼 그 마을의 우체국에서 보냈다. 그 이름은 독이 든 레몬을 달콤한 레모네이드로 변화시킨 사람을 위해 붙여진 것이었다.

나는 미국 전역을 수차례 돌아다니면서 '마이너스를 플러스로 만드는 능력'을 보여주는 수많은 이들을 만나는 특권을 누렸다.

『신에 맞선 12인』의 저자인 볼리도는 이렇게 말했다. "인생에서 가장 중요한 것은 이익을 사용하는 것이 아니다. 어리석은 사람도 그렇게 할 수 있다. 정말 중요한 것은 손실을 이롭게 만드는 것이다. 이것은 분명히 머리를 써야 하는 일이다. 현명한 자와 어리석은 자는 여기에서 판가름이 난다."

볼리도가 이 말을 했을 때 그는 한쪽 다리를 사고로 잃은 후였다. 하지만 내가 알고 있는 사람 중에 두 다리를 잃고도 마이너스를 플러스로 바꾼 사람이 있다. 벤 포트슨이 바로 그 사람이다. 나는 그를 조지아 주 애틀랜타에 있는 어느 호텔 엘리베이터 안에서 만났다. 엘리베이터에 들어서자 한쪽 구석에 두 다리가 없는 사람이 밝은 표정을 하고 휠체어에 앉아 있는 것이 보였다. 엘리베이터가 그가 내릴 곳에 이르자 그는 밝은 목소리로, 휠체어가 지나갈 수 있도록 길을 비켜 달라고 부탁했다. "귀찮게 해서 정말 죄송합니다."라고 말하는 그의 얼굴에는 정말 화사한, 보는 이로 하여금 마음을 따뜻하게 만들어주는 미소가 떠올랐다.

나는 방으로 가는 동안에 유쾌했던 장애인이 계속 생각났다. 나는 수소문 끝에 그를 찾아 사연을 들려달라고 부탁했다. 그는 웃으며 내게 말했다.

"그 사건이 일어난 건 1929년이었습니다. 저는 마당에 마련한 콩밭에 지지대로 쓸 나뭇가지를 꺾으러 갔습니다. 저는 나뭇가지를 모은 뒤 타고 갔던 포드 자동차에 싣고는 집으로 향했습니다. 그런데 막 급커브를 돌리려고 할 때 나뭇가지 하나가 떨어지면서 차 밑으로 들어가 방향 조종 장치를 망가뜨렸습니다. 차는 제방을 들이받았고 그때 저는 튕겨 나가 나무에 부딪혔습니다. 등뼈가 무척 아팠습니다. 다리에는 아무런 감각이 없었습니다. 그 사고가 났을 때 저는 스물네 살이었습니다. 그 후 저는 한 걸음도 걷지 못하고 있습니다."

고작 스물네 살의 나이에 평생 휠체어를 타고 다녀야 한다는 선고를 받다니! 그런데도 어떻게 이렇게 의연할 수 있느냐고 물었더니 그가 이렇게 대답했다. "솔직히 말하면 그러지 못했습니다." 그는 자신도 화가 나서 누구의 말도 들으려 하지 않았다고 했다. 그는 자신의 운명에 울분을 토했다. 하지만 시간이 흐름에 따라 그는 그렇게 반발해봤자 오히려 더 아프기만 할 뿐 아무 소용이 없다는 사실을 알게 됐다. 그는 이렇게 말했다. "저는 다른 사람들이 제게 친절을 베풀고 있다는 사실을 깨달았습니다. 그래서 저 역시 다른 사람들을 배려하고 그들에게 친절하게 대하려고 노력하고 있습니다."

나는 그에게 세월이 한참 흐른 지금도 당시의 그 사고가 지독한 불행이었다고 생각하느냐고 물었다. 그는 곧바로 이렇게 말했다. "아닙니다. 지금은 오히려 그 사고 때문에 기쁘다고 해야 할 정도입니다." 그는 그때의 충격과 슬픔에서 벗어나 전혀 다른 인생을 살게 됐다고 말했다. 그는 독서를 시작했고 좋은 문학 작품에 대한 애정을 갖게 되었다. 그의 말에 따르면 지난 14년간 최소 1,400권의 책을 읽었다고 했다. 그 책들은 그에게 새로운 삶의 가능성을 보여주었다.

그의 인생은 풍요로워졌다. 그는 음악을 듣기 시작했다. 예전 같으면 지루해 했을 훌륭한 교향곡을 감상하며 감동을 느꼈다. 가장 중요한 변화는 생각하는 시간을 가지게 됐다는 것이다. 그는 이렇게 말했다. "태어나서 처음으로 세상을 바라볼 수 있게 됐습니다. 진정한 가치를 알아볼 수 있게 됐지요. 과거에 제가 그토록 바라던 것들이 전혀 가치가 없다는 것을 깨달았어요."

독서를 시작한 이후 정치학에 관심이 생긴 그는 공공의 문제에 대해 연구하기 시작했다. 그리고 휠체어에 앉은 채 대중들 앞에서 연설도 하게 됐다! 그는 사람들을 알아가기 시작했고 사람들도 그를 알아가기 시작했다. 그는 여전히 휠체어 신세를 지고 있지만, 조지아 주의 국무장관이 되었다!

나는 지난 35년간 뉴욕 시에서 성인 교육 강좌를 했다. 그 강좌에서 나는 수많은 성인이 대학에 가지 않은 것에 대해 몹시 후회하고 있다는 사실을 알았다. 그들은 대학 교육을 받지 않은 것을 큰 단점으로 생각했다. 물론 나는 그 생각이 반드시 옳은 것은 아니라는 사실을 알고 있다. 고등학교밖에 나오지 않았지만 성공한 수많은 사람을 알고 있기 때문이다.

그래서 나는 종종 수강생들에게 내가 아는 사람 중 초등학교도 졸업하지 못한 한 사람에 대해 들려주곤 했다. 그는 정말로 빈곤한 가정환경에서 자랐다. 그의 아버지가 돌아가셨을 때 장례식에 쓸 관을 사기 위해 아버지의 친구들이 돈을 거뒀을 정도였다. 아버지의 장례를 치른 뒤 그의 어머니는 하루에 열 시간씩 우산 공장에서 일했고 저녁에는 집으로 일거리를 가져와 밤 11시까지 일했다. 이러한 환경에서 자란 그는 다니던 교회의 모임에서 공연하는 아마추어 연극 무대에 섰다. 그는 무대에 오르자 말할 수 없는 기쁨을 느끼고는 그때부터 대중 연설을 해야겠다고 결심했다. 그의 결심은 그를 정치계로 이끌었다. 서른 즈음 그는 뉴욕 주의 입법 의원이 되었다.

하지만 그는 안타깝게도 그 임무를 수행할 준비가 전혀 돼 있지 않았다. 그가 내게 고백한 사실에 따르면, 그는 그 자리가 어떤 자리인지도 알지 못했다. 그는 입법과 관련된 투표를 해야 하는 길고 복잡한 법률에 대해 열심히 공부했다. 물론 그에게 법률은 그가 전혀 알 수 없는 인디언 종족인 촉토족의 언어나 다름없었다.

그가 어느 위원회에 배정되었을 때 그는 걱정이 된 나머지 몹시 당황했다. 숲에 전혀 들어가 본 적이 없는 사람이 숲과 관련된 위원회의 위원이 된 것 같은 느낌이었

다. 그는 지금껏 은행 계좌를 개설한 적도 없었는데 주 금
융 위원회의 위원이 돼 있었다. 그는 내게, 만약 어머니에
게 자신의 패배를 인정하는 게 수치스럽지만 않았어도 좌
절감을 느껴 의원직에서 물러났을지도 모른다고 고백했
다. 그는 절망 속에서 하루 열여섯 시간씩 연구하며 무지
의 레몬을 지식이라는 레모네이드로 바꿔야겠다고 다짐
했다. 그는 결국 이 일을 해냈고 지역 정치인이었던 그는
전국적인 유명 인사로 성장했다. 《뉴욕 타임스》지는 그
를 '뉴욕에서 가장 사랑을 받는 시민'이라고 불러 주었다.

이것은 앨 스미스에 관한 이야기다.

정치적인 독학 프로그램을 시작한 지 10년이 흐르자
앨 스미스는 뉴욕 주 행정 기관에서 일하는 사람 중 가장
권위 있는 사람이 되었다. 그는 뉴욕 주지사를 네 번이나
연임했는데 이는 그 누구도 이루어내지 못한 업적이었다.
1928년 그는 민주당 대통령 후보가 됐다. 초등학교밖에
나오지 못한 그에게 컬럼비아와 하버드 등 여섯 개 대학
에서 명예 학위를 수여했다.

앨 스미스 본인이 나에게 털어놓은 바에 의하면, 만약

자신이 마이너스를 플러스로 바꾸기 위해 하루에 열여섯 시간씩 열심히 공부하지 않았다면 절대 이런 일은 없었을 거라고 말했다. 초인에 대한 니체의 공식은 '역경을 견뎌 낼 뿐만 아니라 역경을 사랑할 것'이었다.

위대한 업적을 이룬 사람들을 연구할수록 나는 예상외로 수많은 사람이 역경 때문에 성공할 수 있었다는 굳게 믿게 되었다. 그 역경이 그들의 노력을 이끌고 더 큰 보상을 받게 만든 것이다. 윌리엄 제임스의 말대로 "우리가 가진 약점, 바로 그것이 뜻밖에 우리를 돕는다."

맞는 말이다. 밀턴이 더 훌륭한 시를 쓸 수 있었던 것은 앞이 보이지 않았기 때문이고, 베토벤이 더 좋은 음악을 작곡할 수 있었던 것은 귀가 안 들렸기 때문인지도 모른다. 헬렌 켈러가 그토록 빛나는 결과를 만들 수 있었던 그녀가 앞도 보이지 않고 귀도 들리지 않았기 때문에 가능했다.

만일 차이콥스키가 불행한 결혼 생활에 낙담하고, 거의 자살할 지경까지 이르지 않았다면, 만약 그 삶이 비통하지 않았다면 그는 불명의 교향곡인 〈비창〉을 작곡하지 못했을 수도 있다. 도스토옙스키와 톨스토이가 고통스러운 삶을 살지 않았다면, 그들은 불멸의 소설을 쓰지 못했을 것이다.

지구상에 존재하는 생명에 관한 과학적인 인식을 바꾸어놓은 어떤 사람은 이런 말을 했다. "만약 내가 무척 심각한 환자가 아니었다면, 만약 그랬다면, 나는 내가 이룬 것만큼 많은 일을 해내지 못했을 것이다." 자신이 가진 약점이 뜻밖에도 자신을 도왔다는 찰스 다윈의 고백이다.

영국에서 다윈이 태어나던 바로 그날, 켄터키 주 어느 숲속 오두막에서는 다른 아기가 태어났다. 그 역시 약점의 도움을 받았다. 아기 이름은 링컨, 에이브러햄 링컨이었다. 만약 그가 훌륭한 집안에서 자라고 하버드 법대를 나와 행복한 결혼 생활을 했다면 아마도 게티스버그 연설 같은 불멸의 구절도, 대통령에 재선된 후에 취임식에서 했던 신성한 시이자 어떤 정치가의 말보다도 아름답고 고결한 '누구에게도 악의를 품지 말고, 모든 이들에게 선의를 가지고'로 시작되는 말을 자신의 마음 깊은 곳으로부터 꺼내지 못했을 것이다.

해리 에머슨 포스딕은 『통찰력』에서 이렇게 말했다. "스칸디나비아에 우리 중 몇몇이 표어로 삼을 만한 속담이 있다. '북풍이 바이킹을 만들어냈다.' 안전하고 즐거운, 어떠한 고난도 없이 쉽게 풀리는 편안한 인생이 사람들을 선량하고 행복하게 만든다는 인식은 어디서 비롯된 것일까? 자신에게 연민을 느끼는 사람들은 상황이 개선되어도 계속 자신을 연민하지만, 역사상 훌륭한 인물을 지니고 행복을 누린 사람들은 상황과 관계없이 자신의 개인적 책임을 다하는 사람들이었다. 그러므로 북풍은 끊임없이 바이킹을 만들어내고 있는 것이다."

우리가 좌절에 빠져 신 레몬을 레모네이드로 바꿀 의욕이 생기지 않는다고 가정해보자. 그래도 우리가 노력해야만 하는 두 가지 이유가 있다. 첫째, 우리는 성공할 수도 있다. 둘째, 성공하지 못한다고 해도, 마이너스에서 플러스로 바꾸려는 시도만으로도 우리는 과거가 아닌 미래를 보게 된다. 부정적인 생각은 긍정적인 생각으로 바뀐다. 생산적인 힘이 생기면 우리는 바쁘게 몸을 움직이게 되므로 과거를 슬퍼할 만큼의 시간도 생각도 생기지 않을 것이다.

세계적으로 유명한 바이올리니스트 올레 불이 파리에서 공연하던 중 갑자기 바이올린 줄 하나가 끊어졌다. 하지만 올레 불은 세 개의 줄로 연주를 마쳤다. 헤리 에머슨 포스딕은 이렇게 말했다. "이것이 바로 인생이다. 하나의 줄이 끊어지면 세 줄로 연주를 해야 한다."

이것은 단순히 인생이 아니다. 인생 그 이상이다. 찬란하게 빛나는 인생인 것이다.

나는 만일 내가 할 수만 있다면 윌리엄 볼리도가 했던 말을 동판으로 제작해 미국 전역의 학교 벽에 걸어놓고 싶다.

"인생에서 가장 중요한 일은 이익을 사용하는 게 아니다. 아무리 어리석은 자도 그 일은 할 수 있다. 진짜로 중요한 일은 손실을 이롭게 만드는 것이다. 이것이야말로 머리를 써야 하는 일이다. 현명한 자와 어리석은 자는 바로 여기에서 차이가 난다."

그러므로 평화와 행복을 불러오는 정신 자세를 갖추고
싶다면 다음의 방법을 꼭 기억하라.

> **평화와 행복을 가져오는 마음 습관 6**
> --
> 운명이 신 레몬을 건네준다면
> 레모네이드를 만들기 위해 노력하라.

7

2주 만에
우울증을 치료하는 방법

나는 이 책을 쓰기 시작하면서 '나는 이렇게 걱정을 극복했다.'라는 주제로 가장 실질적인 도움을 주는 수기를 쓴 사람에게 200달러를 주겠다고 약속했다.

그리고 이 시합을 위해 이스턴 항공 에디 리켄베커 사장, 링컨 메모리얼 대학 총장인 스튜어트 W. 맥클레런드 박사, 라디오 뉴스 분석가 H. V. 칼텐본을 심사 위원으로 초청했다. 하지만 수기 가운데 두 편이 너무 훌륭해 심사 위원조차 우열을 가리지 못했다. 그래서 우리는 상금을 반으로 나눴다. 공동 1위를 수상한 C. R. 버튼의 수기를 들려주고자 한다. 그는 미주리 주 스프링필드 커머셜 가에 거주하고 있으며 미주리 휘저 자동차 판매회사에 다니고 있다. 그가 보내온 수기는 다음과 같다.

"저는 아홉 살에 어머니를 잃고 열두 살에 아버지마저 잃었습니다. 아버지는 사고로 세상을 떠나셨지만 어머니는 19년 전 집을 나가신 이후로 만날 수 없었습니다. 어머니가 데려간 두 여동생도 다시는 볼 수 없었습니다. 어머니가 제게 편지를 보낸 것은 집을 나가신 지 7년이 지난 후였습니다.

어머니가 집을 나간 지 3년 뒤에 아버지는 사고로 돌아가셨습니다. 아버지는 동료와 함께 미주리 주에 있는 작은 마을에서 카페를 운영하셨습니다. 어느 날 아버지가 출장을 간 사이 아버지의 동료가 카페를 팔아 현금을 챙겨 달아나버렸습니다. 그래서 아버지 친구 한 분이 아버지께 빨리 돌아오라고 전보를 보내셨는데, 그 소식을 듣고 서둘러 돌아오시던 중 캔자스 주 살리나스에서 교통사고로 돌아가시고 말았습니다.

나이가 많아서 건강이 좋지 않은 데다가 가난한 고모 두 분이 어린 우리 중에 셋을 맡아 키웠습니다. 저와 남동생을 원하는 사람은 아무도 없었습니다. 우리는 마을 사람들의 동정에 맡겨졌습니다. 우리는 사람들이 우리를 고아로 취급할까 봐 두려웠습니다. 그 두려움은 현실이 됐습니다. 저는 마을에 있는 한 가난한 집에 잠시 기대어 살았는데, 시절이 어려웠을 뿐만 아니라 그 집의 가장이 실직하게 되자 그들은 더 이상 저를 키우지 못했습니다.

그러자 마을에서 17킬로미터 정도 떨어진 농장에 사는 로프틴 부부가 저를 데려갔습니다. 로프틴 경은 일흔 정도 되었고 대상 포진을 앓고 있어서 침상에 누워 있었습니다. 그는 제게 '거짓말을 하지 않고 도둑질을 하지 않고 말을 잘 들으면' 오래오래 함께 있을 수 있다고 말했습니다. 세 가지 규칙은 제게 성경의 말씀과도 같았습니다. 저는 규칙을 철저하게 지켰습니다.

저는 학교에 다니기 시작했습니다. 학교에 간 첫째 주에 집으로 돌아와 아기처럼 펑펑 울었습니다. 아이들이 저를 보며 코가 주먹만 하다, 벙어리다, 고아 녀석이다 라며 놀리고 괴롭혔기 때문입니다. 저는 화가 나서 그 아이들을 때려 주고 싶었습니다. 하지만 저를 받아들인 로프틴 경은 제게 이렇게 말했습니다. '물러서지 않고 싸우는 것보다 물러설 수 있는 사람이 큰 사람이라는 사실을 항상 명심해라.'

저는 싸움을 피하려 했습니다. 하지만 어느 날 어떤 녀석이 학교 마당에 있는 닭똥을 가져와 제 얼굴에 집어던졌을 때는 결국 참지 못했습니다. 저는 그 녀석을 두들겨 팼습니다. 그리고 친구가 몇 명 생겼습니다. 그들은 그 녀석은 맞아도 된다고 하더군요.

저는 로프틴 부인이 사준 모자를 자랑스럽게 생각하고 있었습니다. 어느 날 저보다 나이 많은 여자아이가 제가 쓰고 있던 모자를 확 벗기더니 물을 부어 망가뜨렸습니다. 그 여자아이는 제가 너무 돌 머리라서 부드럽게 만들어 주려고 모자에 물을 부었다고 말했습니다.

저는 학교에서는 절대 울지 않았지만 집에 와서는 엉엉 울곤 했습니다. 어느 날 로프틴 부인이 제게 충고를 해주었습니다. 그것으로 제 모든 문제는 사라졌고 적이라고 여겼던 아이들이 친구로 변하게 됐습니다. 그녀는 이렇게 말했습니다. '랠프, 그 아이들에게 관심을 가지고 그들을 도울 방법을 찾아봐라. 그렇게 하면 그 애들은 너를 괴롭히거나 고아라고 놀리지 않을 거다.' 저는 부인의 충고를 따랐습니다. 열심히 공부를 해서 반에서 최고의 우등생이 됐습니다. 하지만 결코 다른 이들의 시기를 받지는 않았습니다. 적극적으로 나서 친구들을 도왔기 때문입니다.

저는 남자아이들이 발표문을 쓰는 것을 도와주었습니다. 어떤 아이들 것은 아예 다 써주기도 했습니다. 어떤 아이는 제가 자기를 도와주고 있다는 것을 식구들이 알까 봐 부끄럽게 생각했습니다. 그래서 그는 종종 자신의 엄마에게 사냥을 하러 간다고 말했습니다. 그러고 나서 그는 로프틴 경 농장에 찾아와 헛간에 개를 묶어놓은 뒤 제 도움을 받으며 공부했습니다. 저는 어떤 아이에게는 독후감을 써 주었고 어떤 여자아이에게는 며칠 밤 동안 수학을 가르쳐주었습니다.

그러다 마을에 죽음이 찾아왔습니다. 나이 든 농부 두 명이 죽었고 남편이 부인을 버리고 달아난 집도 있었습니다. 저는 주변에 있는 네 집안 중에서 유일한 남자였습니다. 저는 2년간 그 미망인들을 도왔습니다. 등하교를 하면서 그들의 농장에 들러 장작을 패고 소젖을 짜고 가축들에게 물과 먹이를 주었습니다. 사람들은 이제 저를 흉보는 대신에 칭찬하기 시작했습니다. 모든 사람들이 저를 친구라고 생각해주었습니다. 제가 해군 복무를 끝내고 돌아오자 이웃 사람들은 저를 진심으로 반갑게 맞아주었습니다. 집으로 돌아온 첫날에는 200명이 넘는 농부들이 찾아와 저를 환대해주었습니다. 130킬로미터나 되는 먼 곳에서 찾아온 사람도 있었는데 그들이 제게 보여준 애정은 전부 진심이었습니다. 다른 사람들을 도와주느라 바빴고 또 행복했기에 저는 거의 걱정이 없었습니다. 13년 전에 들었던 '고아 녀석'이라는 말은 그 후 한 번도 듣지 못했습니다."

C. R. 버튼에게 박수를 보내고 싶다. 그는 친구를 만드는 법을 알고 있었다. 또한 걱정을 이겨내고 즐겁게 사는 법을 알고 있었다.

워싱턴 주의 시애틀에 사는 프랭크 루프 박사 역시 그러했다. 그는 23년간 관절염을 앓던 환자였다. 하지만 '시애틀 스타'의 스튜어트 휘트하우스가 내게 보낸 편지에는 이렇게 적혀 있었다. "저는 루프 박사를 여러 번 인터뷰했습니다. 저는 그 사람만큼 남을 위해 살며 활기찬 인생을 사는 사람을 본 적이 없습니다."

병상에 누워 있기만 했던 이 환자가 어떻게 활기찬 인생을 살았을까? 여러분에게 두 번의 기회를 줄 테니 생각해보기 바란다. 불평과 비난으로 그랬던 것일까? 아니다. 자기 연민에 빠져 다른 사람들이 자신에게 관심을 가지며 비위를 맞추도록 했기 때문에 그랬던 것일까? 그 역시 아니다. 그는 영국 왕세자의 좌우명이었던 '나는 봉사한다.'를 자신의 인생 목표로 삼았다. 그는 여러 환자들의 이름과 주소를 알아낸 뒤 그들에게 즐거움과 용기를 주는 편지를 보내면서 그들과 자기 자신을 즐겁게 만들었다. 더나아가 그는 환자들과 함께 편지를 쓰는 모임을 만들어서로에게 편지를 쓰게 했다. 마침내 그는 '병상에 있는 환자들의 모임'이라는 조직을 전국적으로 결성했다. 그는 병상에서도 매년 평균 140여 통의 편지를 썼으며 병상에 있는 수천 명의 환자들에게 라디오나 책을 보내주며 그들에게 기쁨을 주었다.

루프 박사와 다른 많은 사람들의 차이점은 무엇일까? 그곳은 루프 박사의 내면에는 열정적인 목표와 사명감이 있었다는 것이다. 그는 자신이 더 소중하고 중요한 이념의 수단이 된다는 사실을 알고 기쁨을 느꼈다. 그는 쇼의 말처럼 '세상은 왜 나를 즐겁게 하기 위해 헌신하지 않느냐는 불평을 늘어놓으며 고통과 원망으로 가득 찬 이기적인 작은 흙덩이'가 아니었다.

알프레드 아들러는 우울증 환자들에게 이렇게 말하곤 했다.

"내 처방에 따른다면 당신들의 병은 2주 안에 나을 수 있을 겁니다. 어떻게 하면 다른 사람을 기쁘게 할 수 있을지 생각해보십시오."

믿기 어려운 말이기에 아들러 박사 저서 『우리에게 인생이란 무엇인가』 일부를 인용해 여러분의 이해에 도움을 주어야 할 것 같다.

우울증은 일종의 타인에 대한 만성적인 분노와 비난의

일종이다. 환자는 관심과 연민 그리고 도움을 받고 싶지만, 그는 바로 자신의 잘못 때문에 좌절하곤 한다. 일반적으로 우울증 환자들이 가진 최초의 기억은 다음과 같다. "제가 소파에 누우려고 하는데 다른 사람이 누워 있더군요. 저는 엉엉 울어버렸고 그 사람은 자리를 비켜 줘야만 했어요."

우울증 환자들은 흔히 복수하기 위해 자살을 택하는 경향이 있다. 그래서 의사들이 우선 주의해야 하는 점은 그들에게 자살할 구실을 주지 않는 것이다. 나 역시 긴장을 풀기 위해 '하기 싫은 일을 하지 말라.'가 치료의 첫 번째 규칙이라고 환자들에게 말한다. 이것은 무척 조심스러운 태도로 보이겠지만 나는 이것이야말로 모든 문제의 근본이라고 생각한다. 만약 우울증 환자가 자신이 하고 싶은 일을 다 할 수 있다면 누구를 원망하겠는가? 복수해야 할 이유가 어디 있겠는가? 나는 환자들에게 이렇게 말한다. "공연을 보고 싶다거나 밖으로 나가고 싶다면 그렇게 하세요. 혹시라도 가다가 마음이 변하면 돌아와도 됩니다." 이것은 누구에게나 아주 좋은 상황이 아닐 수 없다.

이것은 우월해지기 위해 노력하는 환자에게 만족감을 준다. 그는 마치 신처럼 마음대로 할 수 있다. 하지만 이것은 환자의 생활 습관과 맞지 않는다. 환자는 다른 이들을 비난하고 그들의 생각을 무시하고 싶은데 그들이 환자의 말에 동의한다면 그는 그들의 의견을 무시할 수 없다. 지금껏 내 환자 중에서 자살한 이는 한 명도 없다.

대개 환자는 이렇게 대답한다. "하지만 저는 하고 싶은 일이 하나도 없는데요." 이런 경우는 흔하다. 이런 대답에 대해서도 나는 준비해놓은 게 있다. 워낙 이런 경우를 많이 보았기 때문이다. 나는 이렇게 말한다. "그렇다면 하고 싶지 않은 일을 하지 마세요." 그런데 가끔 이렇게 대답하는 사람도 있다. "저는 온종일 침대에 누워 있고 싶어요." 만약 내가 그래도 좋다고 한다면 그는 더 그러고 싶은 생각이 생기지 않는다는 걸 나는 알고 있다. 내가 그러면 안 된다고 말하면 그는 나와 한바탕 전쟁을 치를 것이란 사실 또한 알고 있다. 그래서 나는 늘 동의한다.

이것이 첫 번째 규칙이다. 다른 규칙은 환자들의 생활 습관을 조금 더 직접적으로 공격한다. 나는 이렇게 말한다. "내 처방에 따른다면 당신은 2주 안에 나을 수 있습니다. 매일 어떻게 하면 다른 사람을 기쁘게 할 수 있을지 생각해보세요." 이 말이 그들에게 어떤 의미로 다가갈지 생각해보라. 이 말에 대한 대답은 흥미롭다. "그러는 건 어렵지 않아요. 평생을 그렇게 해왔으니까요." 그들은 단 한 번도 그렇게 해본 적이 없다. 그래서 나는 그들에게 잘 생각해보라고 말한다. 하지만 그들은 잘 생각해보지 않는다. 나는 그들에게 이렇게 말한다. "밤에 잠이 오지 않을 때면 어떻게 하면 누군가를 기쁘게 할 수 있을지 생각해보세요. 그것은 당신의 건강에 큰 도움이 될 겁니다." 다음 날 환자를 만나면 나는 이렇게 묻는다. "제가 제안한 것에 대해 깊이 생각해보셨나요?" 그들은 이렇게 말한다. "지난밤에는 자리에 눕자마자 잠이 들었습니다." 물론 이 모든 일은 조심스럽고 친근한 태도로 시작해야 한다.

어떤 사람들은 이렇게 말한다. "저는 너무 걱정돼 그렇게 못할 것 같습니다." 그러면 나는 이렇게 말한다. "걱정을 멈추려 하지 말고 가끔은 동시에 다른 일도 생각해보세요." 나는 항상 그들의 관심을 그들과 가까운 사람에게로 돌리려고 한다. 많은 사람들은 이렇게 내게 묻는다. "제가 왜 다른 사람들을 기쁘게 해야 하는 거지요? 다른 사람들은 나를 기쁘게 해주지 않는데요." 나는 이렇게 말한다. "당신은 당신 자신의 건강을 생각해야 합니다. 언젠가 다른 사람들 역시 같은 고통을 겪게 될 겁니다."

"선생님의 제안을 곰곰이 생각해봤습니다."라고 말하는 환자는 거의 없다. 나는 환자가 자신의 주변에 더 많은 관심을 두도록 하기 위해 최선을 다하고 있다.

나는 환자가 가진 병의 근본적 원인이 다른 사람들과의 협력이 부족하다는 데에서 비롯되었다는 것을 알고 있으며, 환자 역시 그 사실을 깨닫게 되기를 바란다. 동료들과 평등하고 협력적인 관계를 만드는 순간 환자는 치유된다. 종교가 사람들에게 주는 가장 큰 과제는 항상 '네 이웃을 사랑하라.'였다. 삶을 살면서 인생에서 스스로 큰 난관에 부딪히고 다른 사람에게 가장 큰 피해를 주는 사람은 자신의 동료에게 관심을 두지 않는 개인이다. 이러한 개인에게서 인간의 모든 실패가 야기되는 것이다. 인간에게 바랄 수 있는 모든 것과 인간에게 보낼 수 있는 최고의 찬사는 '좋은 직장 동료'와 '좋은 친구' 그리고 '사랑과 결혼의 진실한 동반자'라는 말일 것이다.

아들러 박사는 우리가 매일 선행을 하기를 바란다. 선행은 무엇인가? 예언가 마호메트가 말했다. "선행이란 다른 사람의 얼굴에 즐거운 미소를 만드는 것이다."

매일 선행을 하면 왜 선행하는 사람에게 놀라운 결과가 생길까? 우리가 다른 사람을 기쁘게 하기 위해 노력하는 동안 우리 자신의 생각을 멈출 수 있기 때문이다. 걱정과 두려움, 우울증을 유발하는 행위를 멈춘다는 의미다.

뉴욕 5번가 521번지에서 비서 양성 학교를 운영하는 윌리엄 T. 문 여사는 우울증을 치료하기 위해 다른 사람을 어떻게 하면 기쁘게 만들 수 있을까에 대해 생각하며 2주씩이나 보낼 필요가 없었다. 그녀는 알프레드 아들러보다도 한 수 위였다. 아니 한 수가 아니라 열세 수나 높았다. 그녀는 두세 명의 고아들을 어떻게 하면 기쁘게 해줄 수 있을까를 생각하며 자신의 우울증을 2주가 아닌 단하루 만에 없애버렸던 것이다. 문 여사가 전하는 이야기는 다음과 같다.

"지금으로부터 5년 전 12월, 저는 슬픔과 연민에 빠져 있었습니다. 오랜 시간 동안 행복한 결혼 생활을 유지했었는데 남편이 세상을 떠났던 것입니다. 크리스마스 연휴가 다가올수록 제 슬픔은 더 깊어갔습니다. 저는 평생 홀로 크리스마스를 보낸 적이 없었습니다. 그래서 다가오는 크리스마스가 너무나 두려웠습니다. 친구들이 함께 크리스마스를 보내자며 저를 초대했지만 저는 웃고 떠들며 시간을 보내고 싶지 않았습니다. 그 어떤 훌륭한 파티에 가더라도 손수건에 눈물이나 적시고 있을 것임을 충분히 알고 있었으니까요. 그래서 저는 저를 초대하겠다는 친구들의 호의를 거절했습니다. 크리스마스이브가 가까워지자 저는 점점 더 자기 연민에 빠져들었습니다. 대부분 사람이 그렇겠지만 제게도 감사해야 할 일이 아주 많았습니다.

크리스마스 전날 저는 오후 3시에 사무실에서 나와 혹시라도 자신에 대한 연민과 우울함을 떨쳐버릴 수 있을지도 모른다는 기대를 품고 5번가를 거닐었습니다. 거리에는 흥겹고 행복한 사람들로 가득 차 있었습니다. 그 모습을 보자 지나가버린 행복한 시절들이 떠올랐습니다. 저는 아무도 없는 쓸쓸한 아파트로 돌아가야 한다는 사실을 견디기 힘들었습니다. 마음이 너무 혼란스러워 어떻게 해야할지 도무지 알 수 없었습니다. 눈물이 터져 나오는 것을 막을 수가 없었습니다. 한 시간 정도를 정처 없이 걷다가 문득 정신을 차리고 보니 버스 터미널 앞이었습니다. 가끔씩 남편과 함께 모험 정신을 발휘해 아무 버스에나 올라탔던 기억을 떠올리며 버스 터미널에서 가장 먼저 보인 버스에 올랐습니다. 버스는 허드슨 강을 지나 한참 더 갔습니다. 그러다 마침내 종점이라는 안내를 듣고 버스에서 내렸습니다.

이름도 모르는 마을이었습니다. 그곳은 조용하고 평화로운 작은 마을이었습니다. 돌아가기 위해 버스를 기다리던 저는 집들이 즐비한 길을 따라 걷기 시작했습니다. 그러다 교회 앞을 지나가는데 〈고요한 밤〉을 부르는 아름다운 소리가 들려왔습니다. 저는 교회로 들어갔습니다. 교회 안에는 오르간 연주자 말고는 아무도 없었습니다. 저는 예배당 한구석에 조용히 앉았습니다. 아름답게 장식된 크리스마스트리에서 나오는 불빛이 장식물에 반사되면서 달빛 아래서 수많은 별이 춤을 추고 있는 것 같았습니다. 저는 아침부터 아무것도 먹지 못한 데다 여운을 남기는 음악을 듣고 있자 갑자기 졸음이 밀려왔습니다. 지치고 무거운 짐을 지고 있던 저는 저도 모르게 깊은 잠속에 빠졌습니다.

그러다 잠에서 깨었을 때 저는 제가 있는 곳이 어디인지도 알 수 없었습니다. 덜컥 겁이 났습니다. 제 앞에 크리스마스트리를 보러 왔음이 확실한 어린아이 두 명이 서 있었습니다. 그중 어린 여자아이가 저를 가리키며 말했습니다. "혹시 산타할아버지가 보낸 사람이 아닐까?" 제가 잠에서 깨자 아이들도 놀랐습니다. 저는 아이들에게 나쁜 사람 아니니 놀라지 말라고 말했습니다. 아이들이 입고 있던 옷은 초라했습니다. 저는 아이들에게 부모님은 어디 계시느냐고 물었습니다. 그러자 아이들은 "우린 아빠 엄마가 없어요."라고 대답했습니다. 그 아이들은 저보다 훨씬 가엾은 고아였습니다. 그 아이들을 보고 있으니 제 슬픔과 연민이 부끄러웠습니다. 저는 아이들에게 크리스마스트리를 보여준 뒤 가게로 가서 캔디와 선물 몇 개를 사주었습니다.

그러자 제 외로움은 마치 마법처럼 사라져버렸습니다. 두 명의 고아들은 제가 몇 달이나 찾아 헤매던 진정한 행복과 자기 자신에 대한 용서라는 느낌을 알게 해주었습니다. 나는 그 아이들과 이야기를 나누며 제가 얼마나 행복한 사람인지를 알게 됐습니다. 저는 부모님의 사랑과 보살핌으로 찬란했던 제 어린 시절의 크리스마스에 대해 하느님께 감사를 드렸습니다. 저는 제가 두 명의 고아들에게 주었던 것보다 더 많은 것들을 그 아이들에게서 받았습니다. 그때의 경험을 통해 저는 스스로 행복해지기 위해서는 다른 사람을 행복하게 해줘야 한다는 사실을 새삼 깨닫게 되었습니다. 행복은 전염된다는 사실을 말이지요. 베푸는 것이 곧 얻음이었던 것입니다. 다른 사람을 도와주고 사랑을 나누어 줌으로써 저는 걱정과 슬픔, 자기 연민을 떨쳐버릴 수 있었고 마치 새 사람이 된 것 같은 기분을 맛보았습니다. 실제로 저는 그때뿐만 아니라 그 후로도 새로운 사람이었습니다."

　　나는 자기 자신을 잊음으로써 건강과 행복을 되찾은 사람들의 이야기로 책 한 권을 쓸 수 있다. 미국 해군에서 가장 유명한 여성인 마거릿 테일러 예이츠를 예로 들어 보자.

　　예이츠 여사는 소설가다. 하지만 그녀의 어떤 미스터리 소설도 일본이 진주만의 미군 기지를 공격하던 운명적인 그날 아침에 그녀에게 일어난 일보다 흥미롭지는 않을 것이다. 예이츠 여사는 1년 이상이나 환자 신세였다. 심장에 문제가 있었기 때문이다. 그녀는 하루 24시간 중에 22시간을 침대에 누워서 보냈다. 그녀가 경험했던 가장 긴 여행은 앞마당에서 햇볕을 쬐러 나간 것이었다. 그럴 때조차도 그녀는 자신을 도와주고 있는 사람의 팔에 의지해서 걸어가야 했다. 그녀가 내게 자신의 여생을 그렇게 환자로 지내야 할 것 같다는 생각을 하고 있었다고 말했다. 그러면서 이렇게 이야기했다.

"만일 일본이 진주만을 습격해서 내 안일함을 깨뜨리지 않았다면 나는 아마 제대로 된 인생을 살아가지 못했을 거예요. 그 사건이 일어나자 모든 게 혼란과 혼동 그 자체였지요. 저희 집 근처에서 폭탄이 터져서 그 충격으로 저는 침대 밑으로 떨어졌지요. 육군 트럭들이 히컴 육군 비행장, 스코필드 병영, 카네오헤 비행장으로 달려가 부인과 어린이 등 육군과 해군 소속의 가족들을 공립학교로 대피시켰어요. 그리고 적십자에서는 그들을 수용할 수 있는 방이 있는 집을 찾아 전화를 걸었지요. 적십자 직원들이 내 침대 옆에 전화가 있는 것을 알고 있었기에 저희 집을 정보 센터로 쓸 수 있게 해달라고 요청하더군요. 그래서 저는 군인 가족들이 어디에 머물고 있는지 주시하게 됐습니다. 육군과 해군 병사들에게 만약 가족들의 안부가 궁금하면 제게 전화를 하라는 지시를 내렸지요.

저는 곧 제 남편 로버트 롤리 예이츠 사령관이 안전하다는 소식을 들었습니다. 저는 남편의 생사를 아직 확인하지 못한 부인들에게 힘을 주기 위해 노력했습니다. 그리고 남편의 전사 소식을 들은 미망인들을 위로하기 위해 애

359

썼습니다. 미망인은 정말 많았습니다. 2,117명이나 되는 해군과 해병대 소속 장교와 병사들이 전사했고 실종자도 960명이나 되었습니다. 처음에 저는 침대에 누운 채 이런 전화를 받았습니다. 그러다 점차 침대에서 일어나 전화를 받게 되었습니다. 너무 바쁘고 정신이 없다 보니 저는 제가 아프다는 사실조차 잊어버린 채 침대에서 일어나 책상 앞에 앉았습니다. 저는 저보다 훨씬 힘든 사람들을 도우며 제 자신을 완전히 잊고 있었습니다. 그 후, 저는 매일 밤 여덟 시간의 규칙적인 잠을 자는 것 외에는 결코 침대에 의지하지 않았습니다. 지금 생각해보면 만약 일본이 진주만을 공격하지 않았다면 저는 아마 일생을 환자처럼 살았을지도 모릅니다. 침대에 누워 있는 것은 편했습니다. 누군가가 늘 저의 시중을 들어주었기에 저도 모르게 건강해지겠다는 의지가 없어졌는지도 모르겠습니다.

미국 역사상 가장 비극적인 사건이었던 진주만 습격은, 개인적으로 봤을 때 제게 일어난 가장 좋은 일이었습니다. 비극적인 위기는 제가 미처 깨닫지 못한 힘을 발견할 수 있게 해주었습니다. 그 사건은 제게 저 자신뿐만 아니라 다른 사람들에게 관심을 가지도록 해주었습니다. 그 사건은 제가 인생의 목표로 삼아야 할 더 크고 근본적이고 중요한 무언가를 알려주었습니다. 저는 이제 저 자신에 대해 생각하거나 걱정할 시간이 없습니다."

정신과 의사에게 도움을 받기 위해 달려가는 환자들 중의 3분의 1은 마거릿 예이츠처럼 다른 사람들을 돕는 일에 관심을 가지기만 해도 완치될 것이다. 이건 나만의 생각일까?

그렇지 않다. 칼 융 역시 이와 비슷한 말을 했다. 칼 융은 이 분야의 최고 전문가다. 그가 말했다. "내 환자 중에 3분의 1은 임상으로 규정할 수 있는 신경 질환이 아니라 무의미한 인생, 허탈함으로 고통 받고 있다." 그들은 다른 사람의 차를 얻어 타고 인생길을 가려고 하는데 계속 지나가는 차 중에 누구도 그들을 태워주지 않은 셈이다.

그래서 그들은 정신과 의사를 찾아가 자신들의 사소하고 무의미한, 허무한 인생에 대해 하소연한다. 그들은 이미 배가 떠나버린 부두에서 자신을 제외한 모든 이들을 원망하며 이기적인 자신의 욕망을 채워달라고 세상을 향해 외치고 있다.

여러분은 아마도 지금쯤 이런 생각을 하고 있을지 모르겠다. '이런 이야기는 내게 별다른 감흥을 주지 않아. 크리스마스이브에 고아를 만난다면 나도 관심을 가질 수 있겠어. 만약 내가 진주만에 있었다면 나 역시 마거릿 테일러 예이츠 여사처럼 행동했겠지. 하지만 내 처지는 그렇지가 않잖아. 나는 지극히 평범한 생활을 하고 있어. 하루 여덟 시간을 지긋지긋한 일에 시달리면서 말이야. 극적인 사건이라고는 하나도 없어. 그러니 내가 어떻게 다른 사람을 돕는 일에 관심을 가질 수 있겠어? 그럴 이유가 있겠어? 그게 나한테 무슨 도움이 되지?'

충분히 나올 수 있는 질문들이다. 이 질문에 대해 내 나름대로 대답해보겠다. 여러분이 아무리 단조로운 존재라 해도 분명 여러분은 살면서 매일 누군가를 만나고 있다. 여러분은 그들을 어떻게 대하고 있는가? 그저 바라보기만 하는가? 혹은 그들에게서 어떤 반응을 유도하기 위해 애쓰는가? 우체부를 예로 들어보자.

그는 여러분의 집 문 앞에 편지를 전달하기 위해 매년 수백 킬로미터를 걷는다. 여러분은 그에게 사는 곳이 어딘지 물어보거나 혹은 그의 부인이나 아이들의 사진을 보여달라고 말을 붙이려는 노력을 해본 적이 있는가? 다리는 안 아픈지, 일이 지겹진 않은지 물어본 적이 있는가?

가게의 점원이나 신문 배달원, 혹은 길 한구석에서 여러분의 신을 닦아주는 사람에게는 어떻게 대했는가? 그들은 인간이다. 수많은 문제와 꿈, 개인적 희망을 품고 있는 인간이다. 그들은 그것을 다른 사람과 공유할 기회를 얻기를 바라고 있다. 여러분은 그들에게 그런 기회를 준 적이 있는가? 그들과 그들의 인생에 대해 진심으로 적극적인 관심을 가진 적이 있는가? 내가 하고 싶은 말은 바로 이것이다. 더 나은 세상을 만들기 위해 여러분이 플로렌스 나이팅게일이나 사회 개혁가가 될 필요는 없는 것이다. 당장 내일 만날 사람들부터 시작해보라.

그게 대체 여러분에게 어떤 도움이 되느냐고 묻고 싶은가? 그것은 더욱더 커다란 행복을 가져다준다! 더욱 큰 만족감과 여러분 스스로에 대한 자부심을 가져다준다! 아리스토텔레스는 이러한 태도를 '계몽된 이기주의'라고 불렀다. 조로아스터는 이렇게 말했다. "타인에게 선행을 하는 것은 의무가 아니라 즐거움이다. 그렇게 함으로써 너 자신의 건강과 행복이 증대되기 때문이다." 그리고 벤저민 프랭클린은 이것을 아주 짤막하게 요약했다. 그가 말했다. "당신이 다른 사람에게 좋은 일을 하고 있을 때 당신 자신에게는 가장 좋은 일을 하는 것이다."

뉴욕 심리상담센터의 헨리 C. 링크 소장은 이렇게 적고 있다. "내 견해로는 현대 심리학의 발견 중 그 무엇보다 중요한 점은 자아실현과 행복을 위해서는 자기희생이나 훈련이 필요하다는 것을 과학적으로 증명했다는 겁니다."

다른 사람에 대해 생각하는 것은 여러분 자신에 대해 걱정을 예방해주며 여러분이 많은 친구를 사귀고 커다란 즐거움을 느낄 수 있게 도와준다. 이런 일이 어떻게 가능할까? 나는 언젠가 예일대의 윌리엄 라이언 펠프스 교수에게 그런 일이 어떻게 가능한지 물어봤다. 그러자 그는 이렇게 말했다.

"저는 호텔이나 이발관, 가게 등 어디를 가도 만나는 사람들에게 다정하게 인사를 합니다. 저는 그들을 기계의 부품이 아닌 독립된 인격체로 대접하기 위한 말을 건네려고 노력합니다. 예를 들면, 가게에서 저를 도와주는 여직원에게 눈이나 머리가 예쁘다는 칭찬을 합니다. 이발사에게는 계속 서서 일하니 피곤하지 않으냐는 말을 건넵니다. 그러면서 어떻게 이발사가 됐는지 일을 한 지는 얼마나 됐는지 혹은 그동안 얼마나 많은 사람의 머리를 깎았는지 등에 관해 묻곤 합니다. 그리고 그가 계산하는 것을 도와주기도 합니다. 내가 관심을 보이면 그들은 기뻐하며 환한 얼굴을 보이곤 합니다. 그리고 저는 자주 기차역에서 내 짐을 날라주는 인부들과 악수를 합니다. 그는 그것만으로도 기뻐 온종일 유쾌하게 일을 합니다. 어느 무더운 여름날, 저는 뉴헤이븐 철도 안의 식당 칸에 점심을 먹으러 갔습니다. 그곳은 사람들로 붐볐고 마치 용광로처럼 더웠으며 음식은 늦게 나왔습니다. 직원이 다가와 제게 메뉴판을 건네자 저는 이렇게 말했습니다. '오늘 더운 주방에서 음식을 만드는 사람들은 엄청난 고생을 하겠군요.' 직원은 상스러운 욕부터 했습니다. 목소리에서 짜증이 느껴졌습니다. 처음에는 그가 화를 낸다고 생각했지요. '정말 돌아버릴 것 같습니다. 오는 사람마다 음식에 대해 불평을 하니까요. 왜 이렇게 늦게 나오느냐며 화를 내고, 왜 이렇게 더우냐, 왜 이렇게 비싸냐는 불평을 늘어놓지요. 저는 19년간 이런 잔소리만 들어왔지 선생님처럼 저 더운 주방에서 요리하는 사람을 걱정하는 말을 건네주신 분은 처음입니다. 선생님 같은 손님이 더 많아지면 좋겠네요.' 그는 이렇게 외쳤습니다."

펠프스 교수는 계속해서 이렇게 말했다.

"그 직원은 내가 흑인 요리사들을 커다란 철도 회사의 부속품이 아닌 한 인간으로 생각한다는 사실에 놀라고 있었습니다. 사람들이 바라는 건 인간적인 작은 관심입니다. 길을 가다가도 예쁜 강아지를 보면 저는 늘 그 강아지가 예쁘다고 칭찬해줍니다. 그렇게 지나친 뒤에 뒤를 돌아보면 강아지 주인이 뿌듯해하며 강아지를 바라보며 쓰다듬는 장면을 종종 목격하곤 하지요. 내가 그의 강아지에게 예쁘다고 하니까 그 역시 예쁘다는 생각을 다시 한번 하게 된 거지요. 언젠가 영국에서 양치기를 만난 적이 있는데 그의 곁에 크고 똑똑한 양치기 개가 있어서 진심으로 감탄했습니다. 그에게 어떻게 개를 훈련했느냐고 물었습니다. 그와 헤어지고 걸어가다가 뒤를 돌아보니 그가 자신의 어깨에 개의 발을 걸쳐놓고 개를 쓰다듬어주고 있었습니다. 저는 양치기와 개에게 작은 관심을 가짐으로써 양치기를 행복하게 해주었습니다. 그 개를 행복하게 해주고 또한 저 자신을 행복하게 만들었습니다."

여기에 짐꾼들과 악수를 하고 무더운 주방에서 일하는 요리사들을 걱정하는 말을 건네며 개를 데리고 가는 사람에게 그의 개가 정말 멋있다고 말하는 사람이 있다. 여러분은 이 사람이 불쾌하거나 걱정을 많이 해서 정신과 의사를 찾아가야 하는 상황을 상상할 수 있겠는가? 쉽지 않은 상상일 것이다. 그렇지 않은가? 이 상황에 적합한 중국 속담이 있다. "장미를 건네는 손에는 항상 장미의 향이 묻어 있다."

이 말을 굳이 예일대의 빌리 펠프스 교수에게 할 필요는 없다. 그는 이미 이것을 알고 있었고 이 말대로 살았기 때문이다.

만약 여러분이 남자라면 다음 이야기는 그냥 넘어 가라. 별로 흥미롭지 않을 것이다. 불행하고 걱정이 많던 소녀가 어떻게 해서 여러 남자들의 구애를 받게 되었는지를 말하는 대목이기 때문이다. 이 이야기의 주인공은 이제 할머니다. 몇 해 전 나는 그 부부 집에서 하룻밤을 묵은 적이 있었다. 그녀가 사는 동네에서 강의가 있었기 때문이다. 하룻밤을 보내고 그다음 날 아침 그녀는 내가 뉴욕 센트럴 역을 가는 기차를 탈 수 있게 나를 80킬로미터 정도 떨어진 역까지 태워다 주었다. 얘기를 나누던 중 화제가 친구를 사귀는 일에 이르자 그녀는 말했다. "카네기씨, 지금껏 누구에게도 심지어 남편에게도 말하지 않았던 이야기를 들려드릴게요." (이 이야기는 여러분의 기대만큼 재미있지 않을 수도 있다.) 그녀는 필라델피아 사교계에서 유명한 집안에서 자랐다고 말했다. 그러고는 이렇게 말을

이었다.

"어릴 시절, 그리고 성장하고 나서도 제 불행은 우리 집이 가난하다는 사실이었습니다. 저는 우리와 비슷한 사회적 신분을 가진 여자아이들이 누리고 있는 것을 누릴 형편이 못 됐습니다. 좋은 옷을 입어본 적도 없습니다. 저는 빨리 컸기에 옷은 금세 작아졌고 그것마저도 유행에 맞지 않는 옷들이었습니다. 저는 창피하고 부끄러워 늘 울다 지쳐 잠이 들었습니다.

그래서 순전히 궁여지책으로 한 가지 아이디어를 떠올렸는데, 그것은 저녁 모임에서 만나는 모든 사람에게 그들의 경험과 생각, 앞으로의 계획에 대해 말해달라고 하는 것이었습니다. 제가 특별히 그 대답이 궁금했기에 그런 질문을 했던 것은 아니었습니다. 순전히 상대가 내 초라한 옷에 신경을 쓰지 못하게 하기 위해서였습니다. 그런데 이상한 일이 벌어졌습니다. 상대방 남자가 하는 이야기를 듣고 그들을 더 많이 알게 될수록 그들의 이야기에 정말 관심이 생기기 시작했으니까요. 그렇게 흥미를 가지고 이야기를 듣다 보니 제 옷에 대한 생각은 전혀 할 수 없게 됐지요. 그런데 나를 정말로 놀라게 하는 일이 벌어졌습니다. 제가 상대 남자의 이야기를 잘 들어주고 그들이 자신의 이야기를 꺼내도록 부추겨줌으로써 그들은 저로 말미암아 행복함을 느꼈고 저는 제가 속한 사교 모임에서 가장 인기 있는 여자가 됐습니다. 마침내 세 명의 남자에게서 청혼을 받았습니다.

(여성들이여, 바로 이것이다. 남자들에게 인기를 얻으려면 이렇게 해야 된다.)

이 이야기를 읽은 사람 중에 이런 말을 하는 사람이 있을지도 모른다. "다른 사람에게 관심을 가지라는 이런 이야기는 전혀 쓸모없는 얘기야! 종교적인 사람들에게나 할 얘기라고! 나한텐 이런 얘기가 안 통해! 내 돈은 내 지갑에 넣어 둘 거야. 그리고 내가 가질 수 있는 건 모조리 다 내가 가질 거야. 바로 지금 당장. 멍청한 인간들은 썩 꺼지라고 해!"

여러분의 생각이 이러하다면 그러한 생각에 대해 뭐라 하고 싶은 생각은 없다. 나만 이러한 여러분의 생각이 옳다면 예수, 공자, 부처, 플라톤, 아리스토텔레스, 소크라테스, 성 프란체스코 등 수많은 훌륭한 철학자와 스승들이 틀린 것이 된다. 어쨌든 여러분이 종교적 지도자들의 가르침을 비웃는 것도 가능하므로 무신론자들의 조언을 들어보자. 우선 당대 최고의 학자 중 한 사람으로 꼽히는 케임브리지 대학의 A. E. 하우스만 교수의 경우를 살펴보기로 하자.

1936년 그는 케임브리지 대학에서 '시(詩)의 제목과 성격'이라는 주제로 강의했다. 그 강연에서 그는 이렇게 말했다. "지금껏 논의된 가장 위대한 진리이자 인류 역사상 가장 심오한 도덕적인 발견은 바로 예수가 했던 다음의 말이다. '자신의 목숨을 얻으려는 사람은 잃게 될 것이며 나를 위해 자신의 목숨을 잃는 사람은 얻게 될 것이다.'" 성직자들이야 이런 말을 늘 해왔다. 하지만 하우스만은 무신론자였고 염세주의자였으며 자살을 생각하던 사람이었다. 그조차도 자신만을 생각하는 사람은 풍요로운 인생을 살지 못할 거로 생각했다. 그런 사람의 인생은 비참해진다. 다른 사람들을 위해 봉사하기 위해 자신의 존재를 잊는 사람은 인생의 즐거움을 발견하게 된다.

A. E. 하우스만의 이야기에 별 감흥을 느끼지 못한다면 20세기 미국에서 가장 유명한 무신론자인 시어도어 드라이저의 이야기를 들어보자. 드라이저는 모든 종교는 동화라고 비웃었다. 인생은 '바보들의 이야기이며 소리와 분노로 가득 찬 무의미한 것'이라고 생각했다. 다만 드라이저는 예수의 단 하나의 위대한 원칙인 "다른 사람을 섬기라."라는 말을 지지했다. 드라이저가 말했다.

"만약 누군가가 자신의 인생에서 즐거움을 느끼고 싶다면 그는 자신 외에 다른 사람을 위한 더 나은 상황을 만들기 위해 생각하고 계획해야 한다. 그것은 바로 자신의 기쁨은 다른 사람들로부터 나오는 것이고 다른 사람들의 기쁨은 그에게서 나오기 때문이다."

드라이저가 주장한 대로 '다른 사람들을 위해 상황을 개선'할 생각이 있다면 가능한 한 빨리 실행해야 한다. 시간은 쉬지 않고 흘러가고 있다. "나는 이 길을 한 번만 지나갈 수 있다. 그러므로 내가 다른 이들에게 선행을 하거나 호의를 베풀 수 있는 작은 기회가 있다면 당장 실행해야 한다. 미루거나 게으름을 피워서는 안 된다. 이 길은 다시 지나갈 수 없기 때문이다."

그러므로 걱정을 멈추고 평화와 행복을 키우고 싶다면 다음의 방법을 꼭 기억하라.

평화와 행복을 가져오는 마음 습관 7

다른 사람에게 관심을 가짐으로써
자기 자신을 잊어버려라.

매일 다른 사람 얼굴에 미소가 피어나도록
선행하라.

평화와 행복을 부르는 정신자세를 갖추는
일곱 가지 방법

1. 평화와 용기, 건강, 그리고 희망에 대한 생각으로 머리를 채우라. "우리의 인생은 우리가 생각하는 대로 만들어진다."

2. 적에게 앙갚음하려고 하지 말라. 그것은 적보다 우리 자신을 더 해칠 뿐이다. 마음에 들지 않는 사람들에 대한 생각으로 단 1분도 허비하지 말자.

3-1. 감사할 줄 모르는 사람에게 화 내지 말고 그 어떤 기대도 가지지 말라. 예수는 하루에 열 명의 나병 환자를 치료했으나 단 한 명만이 그에게 감사했다는 사실을 기억하라. 우리가 예수보다 더 감사를 받아야 할 이유가 있는가?

3-2. 행복을 찾는 유일한 방법은 감사를 받을 기대를 하는 것이 아닌 베푸는 즐거움을 누리는 것이다.

3-3. 감사는 '교육되는' 특성이 있다는 사실을 명심하라. 감사하는 자녀를 원한다면 그들에게 감

사하는 방법을 가르쳐라.

4. 여러분이 가진 문제를 세는 대신 여러분이 받는 축복을 세어보라.

5. 다른 사람을 흉내 내지 말라. 자신의 모습을 찾고 그 모습 그대로 살아라. '질투는 무지'이며 '모방은 자살행위'이다.

6. 운명이 신 레몬을 건네주면 레모네이드를 만들어라.

7. 다른 사람에게 작은 행복을 만들어주기 위해 노력하면서 우리 자신의 불행을 잊어버리자. "당신이 다른 사람에게 좋은 일을 하고 있을 때, 당신 자신에게는 가장 좋은 일을 하고 있는 것이다."

PART

5

걱정을 극복하는
완벽한 방법

내 부모님은
어떻게 걱정을 극복하셨는가?

전에 말했듯이 내가 나고 자란 곳은 미주리 주의 한 농장이다. 그 당시 대부분 농부들이 그러했듯 내 부모님 역시 무척 힘겨운 생계를 이어가고 있었다. 어머니는 시골 학교 선생님이었고 아버지는 한 달에 12달러를 받고 농장에서 일했다. 어머니는 우리의 옷과 세탁비누를 직접 만들었다.

우리 집에 돈이 있는 순간은 거의 없었다. 1년에 한 번 돼지를 파는 시기를 빼고 말이다. 우리는 집에서 만든 버터와 달걀을 식료품가게에 가져가 밀가루와 설탕, 커피로 바꿨다. 열두 살 때 내가 받는 용돈은 고작 1년에 50센트 정도였다. 독립 기념일 축제를 보러 간 날 아버지가 용돈으로 쓰라고 10센트를 주신 일을 아직도 기억하고 있다. 그때 나는 억만금을 가진 것처럼 마음이 뿌듯했다.

나는 교실이 하나인 시골 학교에 가기 위해 1.5킬로미터씩 걸어 다녔다. 눈이 높게 쌓이고 기온이 영하 30도까지 내려갔을 때도 걸었다. 나는 열네 살이 될 때까지 고무신이나 덧신을 가지지 못했다. 겨울 동안 내 발은 항상 젖어 있었고 차가웠다. 어릴 때 나는 겨울에도 발이 젖지 않고 따뜻한 사람이 있다는 것은 상상조차 하지 못했다.

내 부모님은 하루에 열여섯 시간씩 고된 일을 했지만 우리는 늘 빚에 시달렸다. 그리고 궂은일들은 끊임없이 계속됐다. 내가 어릴 때 홍수로 102번 강이 범람해 우리 옥수수 농장과 목초지를 덮쳐 모두 망가지는 것을 봤던 기억이 있다. 7년 중 6년은 홍수가 나서 농작물을 파괴했다. 돼지들은 매해 콜레라에 걸려 죽어갔고 우리는 그 돼지들을 불태웠다. 지금도 눈을 감으면 돼지들이 타면서 풍기는 지독한 냄새가 나는 것 같다.

어느 해에는 홍수가 없었다. 풍년이었기에 우리는 가축을 사서 농작물을 먹여 살을 찌웠다. 하지만 그해 역시 홍수가 나던 시기와 다르지 않았다. 시카고 시장에서 가축 가격이 폭락했기 때문이다. 가축을 사서 먹이고 살을 찌웠지만, 우리가 받은 돈은 고작 가축을 샀던 돈에서 30달러가 늘었을 뿐이었다. 1년 내내 고생한 대가가 고작 30달러였다니.

어떤 일에 손을 대보아도 우리는 손해를 봤다. 나는 아버지가 노새들을 사왔던 일을 아직 기억한다. 3년간 노새들을 키웠고 인부를 고용해 노새들을 길들인 뒤 테네시주의 멤피스로 보냈다. 하지만 3년 전에 노새를 샀던 비용보다 더 적은 돈을 받았다.

10년간 고된 일을 했지만, 우리에게 남은 건 한 푼도 없었고 오히려 큰 빚을 지게 됐다. 우리는 농장을 저당 잡혀 대출을 받았다. 하지만 아무리 열심히 일해도 대출 이자를 갚기도 힘들었다. 농장을 저당잡고 대출해주었던 은행은 아버지를 무시하며 모욕했고 농장을 빼앗겠다는 협박까지 했다. 아버지는 마흔일곱 살이었다. 30년 넘게 열심히 일했지만, 아버지가 대가로 받은 건 빚더미와 굴욕이었다. 아버지는 현실을 인정하지 못했다. 그래서 늘 격정에 시달렸고 건강이 안 좋아졌다. 아버지는 식욕을 잃었다. 온종일 밭에서 일했지만 식욕이 없어 식욕을 증진하는 약을 먹어야 할 정도였다. 체중도 줄었다. 의사는 아버지가 6개월밖에 살지 못할 거라고 어머니에게 말했다. 아버지는 극심한 걱정에 시달린 나머지 삶에 대한 욕구가 없는 상태였다.

어머니는 "아버지가 말의 먹이를 주러 가거나 소젖을 짜러 축사로 가서 오랫동안 돌아오지 않으면 혹시 목이라도 맨 건 아닐까 걱정되어 곧바로 뒤를 쫓아갔다."라는 말을 자주 했다. 어느 날, 아버지가 메리빌에 있는 은행에 갔더니 은행에서 목장을 처분하겠다고 했다. 아버지는 집으로 돌아오는 길에 102번 강 위의 다리를 건너다가 마차에서 내려 강물에 뛰어들어야 하나 말아야 하나 하는 문제로 한참을 고민했다.

그로부터 한참의 시간이 흐른 뒤 아버지는 "그때 강물에 뛰어내리지 않았던 건 어머니 때문이었다." 라고 말했다. 어머니는 우리가 하느님을 사랑하고 계율을 잘 지켜가기만 한다면 모든 일이 잘될 거라며 기분 좋게 확신했다. 또한 자신의 믿음에 따라 모든 것들을 지켜 나가고 있었다. 어머니가 옳았다. 모든 일이 잘 풀린 것이다. 아버지는 42년간 행복하게 사시다가 1941년 여든아홉이 되던 해에 세상을 떠났다.

이렇게 힘들고 마음 아픈 때에도 어머니는 걱정하지 않았다. 어머니는 기도하며 자신의 문제를 모두 하느님에게 맡겼다. 매일 밤 잠자리에 들기 전 어머니는 우리에게 성경 구절을 읽어주었다. 그때 어머니와 아버지가 종종 읽어 주었던 성경 구절 중 위안이 되는 구절이 있다.

"내 아버지의 집에는 거할 곳이 많도다. …내 너희를 위하여 거처를 준비하러 가노니,… 나 있는 곳에 너희도 있게 하리라."

우리는 이 구절을 읽은 뒤 쓸쓸한 미주리 주 농장에서 의자 앞에 무릎을 꿇고 하느님의 사랑과 보살핌을 갈구하는 기도를 했다.

하버드 대학의 철학 교수로 재직하던 시절, 윌리엄 제임스가 말했다.

"당연한 말이지만 걱정에 대한 최선의 처방은 신앙이

다."

우리가 이 사실을 깨닫기 위해 하버드까지 갈 필요는 없다. 미주리 주의 농장에 살던 내 어머니도 그 사실을 알고 있었다. 홍수도 빚더미도 재난도 어머니의 찬란한 영혼을 제압하지 못했다. 어머니가 일하면서 부르던 이 노래가 내 귓가에 들리는 듯하다.

평화, 평화, 놀라운 평화,
하늘에 계신 아버지로부터 흘러나오네.
영원히 내 영혼에 넘치길 기도하네.
끝없는 사랑의 파도로 나를 감싸네.

어머니는 내가 종교적인 일을 하며 하기를 바랐다. 그래서 나는 해외 선교사가 되는 것을 진지하게 고민했다. 그러다가 대학에 진학했고, 세월이 흐르면서 내게도 변화가 생기기 시작했다. 나는 생물학, 과학, 철학, 비교 종교학 등을 공부했다. 성경이 쓰이게 된 과정을 다룬 책을 읽었다. 나는 성경에 여러 가지 의문을 품게 됐다. 당시 시골 교회 목사들의 편견에 치우친 주장에 회의가 들었다. 나는 방황했다. 월트 휘트먼의 말처럼 나는 "내 안에서 알 수 없는 의문이 솟아나는 것을 느꼈다."

무엇을 믿어야 할지 몰랐다. 인생의 의미를 발견할 수 없었다. 더 이상 기도를 하지 않았다. 나는 불가지론자가 되었다. 모든 삶은 계획도 없고 목표도 없다고 믿게 됐다. 2억 년 전 지구상을 어슬렁거리던 공룡처럼 나는 인간 역시 아무런 목적도 없다고 믿었다. 그리고 공룡들이 그랬던 것처럼 인간도 언젠가는 멸종되리라 생각했다. 과학계에서는 태양이 점점 식어가고 있으며 지금보다 10퍼센트만 기온이 떨어져도 이 지구상에는 어떠한 생명체도 살 수 없다고 가르치고 있었다. 나는 사랑으로 가득 찬 하느님이 자신의 형상에 빗대어 인간을 창조했다는 생각을 비웃었다. 그리고 수억에 수억을 더한 것보다 더 많은 태양들이 아무런 목적 없는 힘에 의해 만들어져 어둡고 차가운, 생명이 없는 우주 속에 떠다니고 있다고 믿었다. 어쩌면 창조라는 것 자체가 존재하지 않는지도 모른다. 그 태양들은 영원히 존재했을지도 모른다. 시간과 공간이 영원히 존재하듯 말이다.

내가 지금 이 모든 문제에 대한 답을 알고 있다고 말하는 것 같은가? 아니다. 지금껏 우주와 생명의 신비에 관해 설명할 수 있는 사람은 아무도 없었다. 우리는 신비로움에 둘러싸여 있다. 여러분이 움직이는 것도 대단한 신비다. 여러분 가정에 있는 전기도 그러하다. 벽 틈에서 자라나는 꽃도, 여러분의 집 창밖에 있는 풀도 그렇다. GM연구소를 이끌던 천재였던 찰스 F. 케터링은 풀이 왜 초록색을 띠는지 알아내기 위해 매년 안티오크 대학에 3만 달러를 기부하고 있다. 그는 풀이 어떻게 햇빛과 물, 이산화탄소를 포도당으로 바꿀 수 있는지를 알아내기만 한다면 문명을 바꿀 수 있을 거라 단언한다.

여러분이 타고 다니는 자동차의 엔진이 작동하는 것 역시 위대한 신비다. GM연구소는 수년간 수백만 달러를 투자하면서까지 실린더에서 생긴 스파크가 어떻게, 왜 폭발하며 차를 작동시키는지 알아내려 했으나 아직도 답을 찾지 못하고 있다. 우리가 우리의 몸이나 전기, 가스의 신비에 대해 이해하지 못한다고 해서 우리가 그것을 이용하

지 못하거나 혜택을 얻지 못하는 것은 아니다. 또한 기도
와 종교의 신비를 이해하지 못한다고 해서 종교가 주는
풍요롭고 행복한 인생을 경험하지 못하는 것도 아니다.
나는 오랜 세월이 지나고 나서야 산타야나의 말에 지혜가
담겨 있음을 알게 되었다. "인간은 인생을 이해하도록 만
들어진 것이 아니다. 인생을 살아가도록 만들어졌다."

　나는 다시 돌아갔다. 나는… 나는 종교로 다시 돌아갔
다고 말하려 했으나 그것은 정확한 말이 아닌 것 같다. 나
는 종교에 대한 새로운 개념을 가지게 되었다. 나는 더 이
상 기독교 내부의 종파를 나누는 교리의 차이점에 대해
조금도 관심을 갖지 않는다. 이것은 전기나 좋은 음식, 물
이 내게 어떤 역할을 하느냐에 관심을 가지고 있는 것이
나 다름없다. 그것들로 말미암아 내 인생은 더 풍요롭고
충만하며 더 행복해질 수 있다. 하지만 종교는 이보다 더
큰 역할을 한다. 종교는 내게 정신적 가치를 부여한다.

　윌리엄 제임스의 표현처럼, 그것은 내게 '인생, 더 큰 인
생, 더 크고 더 풍요로운 더 만족스러운 인생에 대한 새로
운 열정'을 불러일으킨다. 종교는 내게 믿음과 희망, 용기

를 가져다준다. 그리고 긴장과 불안, 두려움, 걱정을 없애준다. 내 인생에 목적과 방향을 제시해준다. 내 행복을 더 크게 만들어준다. 내게 아주 큰 건강함을 준다. 그리고 내가 나를 위해 '어지럽게 돌고 있는 인생의 사막 한가운데에 평화의 오아시스'를 창조할 수 있게 도와준다.

350여 년 전 프랜시스 베이컨이 한 말은 옳았다. "철학을 조금 공부하면 무신론으로 생각이 기운다. 하지만 철학을 깊이 공부하면 종교로 되돌아온다."

과학과 종교 간의 갈등에 관해 토론하던 때가 떠오른다. 하지만 그게 끝이었다. 최첨단 과학이라 불리는 심리학에서도 예수의 가르침을 전하고 있다. 이유가 뭘까? 그것은 바로 심리학자들이 기도와 강한 종교적 신앙이 모든 질병의 절반 이상의 원인이 되는 걱정과 불안, 긴장, 두려움 등을 없애 준다는 것을 깨달았기 때문이다. 그들은 심리학계를 이끄는 A. A. 브릴 박사가 말했듯이 "진정한 종교인은 신경질환에 걸리지 않는다."라는 사실을 알고 있다.

종교가 진실하지 않다면 인생은 무의미하다. 비극적인 연극일 뿐이다.

나는 헨리 포드가 세상을 뜨기 몇 해 전에 그를 만나 대화를 나누었다. 그는 세계에서 가장 큰 사업체 중 하나를 설립해 운영했다. 나는 그에게 오랜 시간 긴장된 생활을 한 흔적이 나타날 거로 생각했다. 그를 보며 나는 몹시 놀랐다. 일흔여덟이라는 나이에도 불구하고 그는 침착하고 건강하며 평온해 보였기 때문이다. 그에게 혹시 걱정 때문에 고민한 적이 있느냐고 물었더니 그가 이렇게 대답했다. "없습니다. 저는 모든 일은 하느님의 뜻대로 움직인다고 믿고 있으며 그분께서 제 조언이 필요하다고 생각하지 않습니다. 하느님께서 책임을 지고 계시니 결국 모든 일은 가장 멋진 모습으로 마무리될 거라 믿습니다. 이런 상황에서 제가 걱정할 이유가 무엇이겠습니까?"

오늘날 심지어는 정신과 의사들조차 현대 복음의 전파자가 되어 가고 있다. 그들이 우리에게 종교를 가지라고 하는 이유는 내세에 지옥에 가지 말라는 뜻이 아니다. 위궤양이나 협심증, 신경 쇠약, 정신 착란과 같은 현세의 지옥을 피하고자 종교를 가질 것을 권유하는 것이다. 심리학자를 비롯한 정신과 의사들이 무엇을 가르치는지 궁금하다면 헨리 C. 링크 박사의 저서 『종교에의 복귀』를 읽어보라. 여러분이 사는 근처의 공공 도서관에서 찾을 수 있을 것이다.

참으로 기독교를 믿는 것은 영감을 얻고 건강을 얻는 활동이다. 예수가 말했다. "내가 온 것은 너희에게 생명을 얻도록 하기 위함이며 더욱 풍성하게 얻게 하기 위함이니라." 예수는 당시 종교라는 이름으로 허락된 메마른 형식과 죽은 제의를 비난하며 공격했다. 이것이 바로 예수가 십자가에 매달린 이유다. 그는 종교가 인간을 위해 존재해야 하며 인간이 종교를 위해 존재해서는 안 된다고 주장했다. 그리고 인간을 위해 안식일을 만든 것이며 안식일을 위해 인간을 만든 게 아니라고 가르쳤다. 또한 두려움에 대해 더 많은 이야기를 했다. 잘못된 두려움이 죄다. 여러분의 건강에 대한 죄이며, 예수가 가르치던 더 풍요롭고 풍부하며 행복하고 대담한 인생에 대한 죄다. 에머슨은 자신을 '즐거움이라는 학문을 가르치는 교수'라고 불렀다. 예수는 '즐거움'을 가르친 교사였다. 예수는 제자들에게 '기뻐하고 즐거워하라'고 지시했다.

예수는 종교에서 중요한 것은 단 두 가지뿐이라고 했다. 하나는 성심을 다해 하느님을 사랑하는 것이다. 다른 하나는 이웃을 내 몸 같이 사랑하는 것이다. 알든 모르든 이렇게 행하는 사람이 종교적인 사람이다. 이런 예로 오클라호마 주 털사에 사는 헨리 프라이스를 예로 들 수 있다. 그는 황금률을 지키며 살기 위해 노력했다. 비열하거나 이기적이며 정직하지 못한 일을 할 줄 모르는 사람이었다. 하지만 그는 교회에 나가지도 않았고 스스로를 불가지론자로 여겼다. 어떤 사람이 기독교인인가? 존 베일리의 대답을 들어보자. 그는 아마 에든버러 대학의 가장 훌륭한 신학 교수 중 한 사람일 것이다. 그가 말했다. "기독교인이 되는 것은 어떠한 지적인 이념을 받아들인다거나 어떠한 규칙을 준수하는 것이 아니다. 특정한 정신을 지니고 특정한 삶을 사는 것이다." 만일 이렇게 하는 것이 기독교인이라면 헨리 프라이스야말로 진정한 기독교인인 것이다.

현대 심리학의 아버지 윌리엄 제임스는 친구 토머스 데이비드슨 교수에게 세월이 흐를수록 '하느님 없이 산다는 게 점점 더 불가능하다는 것을 깨닫는다.'는 편지를 보냈다.

앞에서 나는 심사 위원들이 내 수강생들이 보낸 사연들 중에 가장 뛰어난 글을 골라야 하는데 두 가지 사연이 너무 훌륭해서 하나를 고르지 못해 상금을 반으로 나누었다는 말을 했다. 지금부터 1등을 차지한 두 편의 사연 중에 두 번째 이야기를 시작해 보겠다. 한 여성이 '하느님 없이 산다는 것이 불가능하다.'는 사실을 잊기 어려울 만큼 고된 경험을 통해 깨달은 이야기다.

그녀의 실명은 아니지만 여기서는 메리 쿠쉬만이라는 이름을 사용하겠다. 그녀에게는 자녀와 손자, 손녀가 있는데, 그들이 그녀의 이야기가 글로 나온 것을 보면 당황할 수도 있다고 생각해서 가명으로 해달라는 요청에 동의했다. 하지만 그녀는 분명 실존 인물이다. 몇 달 전 그녀는 내 책상 옆의 팔걸이의자에 앉아 자신의 사연을 털어놓았다. 그녀의 이야기는 다음과 같다.

"대공황기에 남편이 받은 평균 급여는 주당 18달러였

습니다. 그것마저도 못 받을 때도 허다했지요. 남편이 몸이 좋지 않을 때는 급여를 받지 못했으니까요. 남편에게는 작은 사건이 끊임없이 일어났습니다. 볼거리에, 성홍열도 앓았고 감기도 계속됐습니다. 우리는 우리 손으로 지은 작은 집을 날렸습니다. 가게에 진 빚이 50달러였는데 먹여 살려야 될 아이들은 다섯이었죠. 저는 동네 사람들의 빨래와 다림질을 해주며 돈을 벌었고 구세군 가게에서 헌 옷을 사다 수선해 아이들에게 입혔습니다. 나는 늘 걱정을 했고, 그로 인해 몸까지 아파왔습니다.

하루는 우리가 50달러를 빚진 가게 주인이 열한 살 먹은 제 아들을 데려와 그 애가 연필 몇 자루를 훔쳤다고 말했습니다. 이야기하는 동안 아이는 옆에서 그저 울기만 했습니다. 저는 그 애가 정직하고 예민하다는 것을 알고 있습니다. 그리고 그 애가 다른 사람들 앞에서 창피와 모욕을 당했다는 것을 알았습니다. 어떻게 보면 사소한 일일 수도 있겠지만 그 사건은 저를 더 버티지 못하게 만들었습니다. 그동안 우리가 버텨왔던 비참한 순간들이 한꺼번에 떠올랐고 미래에 대한 희망은 전혀 찾을 수 없었습니다. 아마도 걱정 때문에 순간적으로 제 머리가 어떻게 되었던 것 같습니다.

나는 세탁기를 끄고 다섯 살 난 어린 딸을 데리고 안방으로 들어간 뒤 종이와 천 등으로 창문과 벽 틈새를 모두 메웠습니다. 어린 딸이 뭐하냐고 물었습니다. 그래서 대답했습니다. '여기에 바람이 들어와서.' 그러고는 불을 붙이지 않고 안방에 가스난로의 가스를 켰습니다. 딸을 제 옆에 눕히고 저도 침대에 누웠습니다. 딸이 말했습니다. '엄마, 이상해. 우리 방금 전에 일어났잖아요.' 저는 이렇게 말했습니다. '괜찮아. 낮잠 자는 거야.' 저는 가스난로에서 가스가 새는 소리를 들으며 눈을 감았습니다. 저는 그날의 가스 냄새를 결코 잊지 못할 것입니다. 그런데 갑자기 어디선가 음악 소리가 들려왔습니다. 귀를 기울였습니다. 아마 부엌에 있는 라디오를 끄지 않은 듯했습니다. 아무래도 상관없었습니다. 음악은 계속 흘러나왔습니다. 누군가가 찬송가를 부르는 소리를 들었습니다.

짐 떠맡은 우리의 구주 얼마나 좋은 친구인지

걱정 근심 무거운 짐 우리 주님께 맡기세.

주님께 고하지 않기에 복을 얻지 못하는 것이네.

사람들은 어찌하여 아뢸 줄을 모르는가.

이 찬송가를 듣고 있는데 갑자기 제가 너무도 끔찍한 잘못을 저지르고 있다는 생각이 들었습니다. 저는 내 모든 힘겨운 싸움을 혼자 이겨내려고 노력했습니다. 저는 주님께 모든 것을 기도로 고하지 않았습니다. 저는 자리에서 벌떡 일어나 가스를 끄고 문을 연 뒤 창문을 올렸습니다.

저는 그날 오후 내내 울면서 기도했습니다. 하지만 도움을 구하는 기도를 하진 않았습니다. 단지 하느님께서 제게 내려주신 축복에 대해, 건강하고 선량하며 몸과 마음이 강한 보석 같은 다섯 아이를 내려 주신 축복에 진심으로 감사를 드렸습니다. 다시는 감사할 줄 모르는 사람이 되지 않겠노라고 하느님께 맹세했습니다. 지금껏 그 약속을 지켜왔습니다. 저는 집을 잃었기에 한 달에 5달러를 내면 빌릴 수 있는 작은 시골 학교로 이사했습니다. 하지만 저는 그 학교에 대해서도 하느님께 감사드렸습니다. 최소한 비를 피할 수 있고 따뜻하게 보낼 수 있는 지붕이 있었기에 하느님께 감사드렸습니다. 이보다 더 최악의 상황이 아닌 것에 감사드렸습니다. 하느님께서 제 기도를 들어주셨다고 생각하고 있습니다. 시간이 지나면서 상황이 나아졌기 때문입니다. 하룻밤 사이에 확 변한 것은 아니었습니다. 공황 상태가 점점 약해지자 우리도 차츰 더 많은 돈을 벌게 됐습니다. 물론 하룻밤에 확 바뀐 건 아닙니다.

저는 대형 골프장의 휴대품 보관실에서 일했고 부업으로 스타킹을 판매했습니다. 대학 졸업 비용을 벌기 위해 아들은 농장에서 일하며 아침저녁으로 열세 마리 젖소의 젖을 짰습니다.

지금 우리 아이들은 모두 장성해 결혼했습니다. 예쁜 손자와 손녀도 셋이나 있습니다. 가스를 켰던 끔찍한 그날을 회상할 때마다 저는 적절한 시기에 '일어날 수 있게' 해 주신 하느님께 무한한 감사를 드립니다. '만약 그때 내가 그대로 누워 있었다면 얼마나 큰 기쁨을 놓쳤을까! 내

가 보낸 그 멋진 몇 년을 영원히 잃어버리지 않았겠는가!'
지금은 더 이상 살고 싶지 않다는 말을 들을 때마다 이렇
게 외치고 싶습니다. '그러지 마세요! 절대!' 우리가 겪고
있는 가장 힘든 시간은 찰나에 불과합니다. 그 순간이 지
나면 행복한 미래가 찾아옵니다."

미국에서는 평균적으로 35분에 한 명씩 자살한다. 평
균적으로 120초에 한 명씩 정신 이상에 걸린다. 그 사람
들이 종교와 기도로 얻을 수 있는 위안과 평온을 가졌다
면 대부분의 자살과 정신 이상이라는 비극을 예방할 수
있었을 것이다.

칼 융 박사는 『영혼을 찾는 현대인』이라는 자신의 저서
에서 이렇게 말했다. "지난 35년 동안 지구상의 수많은 문
명국가 사람들을 상담했다. 환자 수백 명을 치료했다. 인
생 후반, 다시 말해 35세 이상 환자 중에 인생에 대한 종
교적인 시각을 갖추는 것 외의 문제를 안고 있는 경우는
없었다. 그들이 아픈 건 시대를 막론하고 살아 있는 종교
가 추종자들에게 주는 것을 잃었기 때문이다. 종교적인

시각을 다시 얻지 못한 사람은 단 한 명도 완전히 치유되지 않았다고 단언 할 수 있다."

중요한 말이기 때문에 굵은 글자로 다시 적겠다. 칼 융 박사는 이렇게 말했다.

"지난 35년 동안 지구상 수많은 문명국가 사람들을 상담했다. 환자 수백 명을 치료했다. 인생 후반, 다시 말해 35세 이상 환자 중에 궁극적으로 인생에 대한 종교적인 시각을 갖추는 것 외의 문제를 안고 있는 경우는 없었다. 그들이 아픈 건 시대를 막론하고 살아 있는 종교가 추종자들에게 주는 것을 잃었기 때문이다. 종교적인 시각을 다시 얻지 못한 사람은 단 한 명도 완전히 치유되지 않았다고 단언할 수 있다."

윌리엄 제임스도 이와 비슷한 말을 했다. 그는 이렇게 단언했다. "믿음은 인간이 의지하며 살아가는 힘이다. 믿음이 전혀 없다는 것은 파멸을 뜻한다."

부처 이후 인도 역사상 가장 위대한 지도자 마하트마

간디 역시 기도를 통해 버티는 힘을 얻지 못했다면 무너져 버렸을 것이다. 간디 자신이 그렇게 말했다. "기도가 없다면 나는 오래전에 미치고 말았을 것이다."

이와 비슷한 수많은 사례를 볼 수 있다. 내 아버지만 해도 어머니의 믿음과 기도가 없었다면 물에 빠져 죽었을 것이다. 지금도 정신 병원에서 고통에 신음하는 수천 영혼들은 고군분투하는 대신 더 큰 힘에 의지했다면 구원받았을 것이다.

대다수 사람들은 고통 받고 자신의 한계에 부딪혀 절망할 때 신을 찾는다. "참호 속에는 무신론자가 없다."라는 말도 있지 않은가. 그런데 절망의 수렁에 빠질 때까지 기다릴 필요가 있는가? 차라리 매일 우리의 힘을 새롭게 만드는 편이 낫지 않을까? 일요일까지 기다릴 필요가 있는가? 나는 수년째 평일 오후에 아무도 없는 교회에 가고 있다. 나는 너무 조급해지고 바쁜 나머지 영적인 문제에 대해 생각할 시간적 여유가 전혀 없다고 느껴질 때마다 이렇게 말한다. '잠시만, 데일 카네기. 작은 친구여. 왜 그렇게 숨이 차오르도록 뛰면서 서두르고 있나? 멈추고 생

각을 정리할 시간을 가지게.'

이럴 때면 나는 문이 열려 있는 교회라면 어느 곳이든 제일 먼저 눈에 띄는 곳으로 들어간다. 나는 개신교도이지만 평일 오후에 종종 5번가에 있는 성 패트릭 성당에 들어가기도 한다. 나는 앞으로 30년 후면 죽겠지만 위대한 영적 진리인 교회의 가르침은 영원하리라 생각한다. 눈을 감고 기도한다. 이렇게 하면 날카로운 신경은 잠잠해지고 몸이 편안해지며 관점도 확실해진다. 기도가 가치관을 새롭게 정립하는 데 도움이 된다고 느낀다. 이런 습관은 여러분에게 권해도 좋지 않을까?

지난 6년간 이 책을 쓰면서 나는 기도를 통해 두려움과 걱정을 극복한 사람들에 대한 구체적인 경우와 사례를 수집했다. 내 서류 캐비닛 바구니에는 각종 사례들이 넘쳐나고 있다. 전형적인 실례로 자신에게 실망하고 의기소침해진 서적 판매원 존 R. 앤서니의 이야기를 들어 보자. 그는 텍사스 주의 휴스턴에서 변호사직을 맡고 있으며 험블 빌딩에 사무실이 있다. 그는 내게 다음과 같은 이야기를 들려주었다.

"20년 전 저는 법률 사무소 문을 닫고 법률 서적 전문 출판사의 판매원이 됐습니다. 내 주요 업무는 법조인들에게 법률 서적을 파는 것이었는데, 그들에게 그 책은 필독서였지요. 저는 그 일에 관해서는 철저히 훈련돼 있었습니다. 능력도 갖추고 있었습니다. 나는 직판에 필요한 화술을 알고 있었고, 어떤 부정적인 설득력 있는 대답을 할 수 있었습니다. 저는 고객을 찾아갈 때 변호사로서의 그의 위치가 그가 하는 일의 성격, 정치적 성향이나 취미까지 미리 파악했습니다. 상담 중 그러한 정보를 잘 활용했지요. 그런데 문제가 생겼습니다. 주문이 들어오지 않은 겁니다. 점점 자신감을 잃었습니다. 며칠이 지나고 몇 주가 지날수록 저는 두 배 세 배의 노력을 기울였습니다.

하지만 비용을 감당할 만큼 판매를 할 수는 없었습니다. 저는 점점 두렵고 무서워졌습니다. 사람들을 방문하는 것조차 무서웠습니다. 고객의 사무실 앞에 이르면 너무 두려운 나머지 문밖의 복도를 서성이거나 건물 밖으로 나가 한 바퀴 돌고 와야 했습니다. 귀한 시간을 허비한 뒤 저는 사무실 문을 부술 용기가 생겼다며 의지를 다지고 떨리는 손으로 문손잡이를 돌렸습니다. 그러면서도 고객이 자리에 없기를 바라고 있었습니다.

나를 관리하는 판매 책임자는 제게 더 많이 팔지 못하면 급여를 줄 수 없다고 위협했습니다. 아내는 자신과 아이들이 진 가게의 빚을 갚아야 하니 돈을 갖다 달라고 사정했습니다. 저는 걱정에 시달렸습니다. 하루하루 절망적으로 변해갔습니다. 어떻게 해야 할지 몰랐습니다. 앞서 말한 대로 저는 집에서 하던 개인 법률 사무소 일을 그만두었고 고객들도 다 떠난 상태였습니다. 저는 파산했습니다. 호텔비도 내지 못할 상황이었으니까요. 돌아갈 차표를 살 돈도 없었고 표가 있다 해도 이렇게 실패한 모습으로 돌아갈 용기가 없었습니다.

마침내 불행한 하루를 또 버텨 내고 지친 걸음으로 호텔 방으로 가며 생각했습니다. '오늘이 마지막이다.' 어떤 식으로 말하건 간에 저는 완전히 실패자였습니다. 마음에 상처를 입고 자신감을 잃은 저는 어디로 가야 할지 몰랐습니다. 이제는 살아도, 죽어도 상관없었습니다. 태어난 것 자체가 원망스러웠습니다. 그날 저녁은 따뜻한 우유 한 잔밖에 없었지만, 그것마저도 편히 살 수 없는 처지였습니다. 그날 밤 저는 절망에 빠진 사람들이 왜 호텔 창을 열고 뛰어내리는지 이해할 수 있었습니다. 제게 용기만 있었더라도 저도 그렇게 했을지도 모릅니다. 제 인생의 목적에 대해 생각해 봤지만, 도저히 알아낼 수가 없었습니다.

의지할 사람이 없었기에 저는 하느님을 찾았습니다. 저는 기도했습니다. 전지전능하신 하나님께 저를 둘러싼 깊고 어두운 절망을 이겨 낼 수 있는 빛을, 지혜를 달라고 그곳으로 인도해 달라고 애원했습니다. 아내와 아이들을 먹여 살릴 수 있게 책을 팔아 돈을 벌게 해달라고 간청했습니다. 기도를 끝내고 눈을 뜨자 쓸쓸한 호텔 방 화장대 위에 있는 성경책이 보였습니다. 성경을 펼치는 순간 저는 예수님의 아름답고 영원한 약속을 읽을 수 있었습니다. 오래전부터 지금까지 외롭고 걱정 많은, 무수히 실패한 사람들에게 힘이 됐을 그 약속은 예수님께서 사도들에게 어떻게 걱정을 예방하는지 알려주신 가르침이었습니다.

'목숨을 부지하려고 무엇을 먹을지, 또는 무엇을 마실지 걱정하지 말고 몸을 감싸기 위해 무엇을 입을지 걱정하지 마라. 목숨이 음식보다 귀하지 않은가? 몸이 옷보다 귀하지 않은가? 공중의 새를 보라. 씨를 뿌리지도, 거두지도, 곳간에 모으지도 않으나 하늘에 계신 아버지께서는 그것들을 먹이고 계신다. 너희는 새보다 귀한 존재가 아니더냐? 너희는 먼저 하느님의 나라와 의를 구하라. 그리하면 이 모든 것을 너희에게 주실 것이다.'

성경을 읽는 동안 기적이 벌어졌습니다. 날카로운 신경이 가라앉았고 걱정과 두려움, 근심거리가 용기와 희망, 승리를 향한 믿음으로 바뀌었던 것입니다. 제게는 숙박비조차도 없었지만 저는 행복했습니다. 저는 몇 년 만에 처음으로 아무 걱정 없이 침대에서 숙면을 취했습니다. 다음 날 아침이 됐습니다. 저는 고객이 사무실 문을 열 때까지 기다리지 못하고 비가 내리고 추웠지만 아름다운 아침, 활기차고 당당한 발걸음으로 첫 번째 고객 사무실 문 앞에 도착했습니다. 저는 침착하면서도 흐트러짐 없는 태도로 문손잡이를 잡았습니다. 문을 연 뒤 고개를 들며 힘차고 예의 바른 태도로 고객에게 다가갔습니다. 그리고 이렇게 말했습니다.

'안녕하세요, 스미스 씨! 올 아메리칸 로북 컴퍼니의 존 R. 앤서니입니다!'

'아, 그러시군요.' 그가 자리에서 일어나 악수를 청하며 웃으며 말했습니다. '만나서 반갑습니다. 자리에 앉으시지요!'

그날 저는 지난 몇 주간 판매한 책보다 더 많은 책을 팔았습니다. 개선장군처럼 당당하게 호텔로 돌아왔습니다. 마치 내가 새로운 사람으로 거듭난 기분이었습니다. 실제로도 그랬습니다. 새롭고 당당한 정신력을 갖추게 됐으니까요. 그날 저녁은 따뜻한 우유 한 잔이 아니었습니다. 꽤 괜찮은 스테이크였습니다. 그날 이후 제 판매 실적은 점점 늘어 갔습니다.

21년 전, 절망스러웠던 그 밤, 텍사스 주 애머릴로의 작은 호텔에서 저는 다시 태어났습니다. 다음 날에도 저의 외적인 상황은 실패를 반복하던 지난 몇 주와 마찬가지였으나 내면에는 큰 변화가 생겼습니다. 저는 하느님과의 관계에 눈을 뜨게 됐습니다. 단지 하나의 인간에 불과했을 때는 쉽게 패배했으나 내면에 하느님의 힘이 존재하는 인간일 때는 절대 패배하지 않습니다. 저는 확신합니다. 제 인생에서 그런 일이 일어나는 것을 보았으니까요."

"구하라. 그러면 너희에게 주실 것이요. 찾으라. 그러면 찾게 될지어다. 두드려라. 그러면 너희에게 열릴 것이다."

일리노이 주 하이랜드 8번가 1421번지에 사는 L. C. 비어드 부인은 자신에게 엄청난 비극이 찾아왔을 때 무릎을 꿇고 "주여, 제 뜻이 아닌 당신 뜻대로 하시옵소서."라고 말함으로써 마음의 평화와 안정을 되찾을 수 있다는 사실을 깨달았다. 지금 내 앞에 그녀의 편지가 놓여 있다. 그 편지에는 이렇게 쓰여 있다.

어느 날 저녁 전화벨이 울렸습니다. 나는 벨이 열 네 번이나 울린 후에야 용기를 내 수화기를 들었습니다. 그 전화는 병원에서 온 것이 틀림없었습니다. 나는 겁이 났습니다. 우리 어린 아들이 죽어가고 있는 것은 아닐까 두려웠습니다. 아들은 뇌막염을 앓고 있었습니다. 그래서 페니실린을 처방했지만, 그저 체온을 조절하는 정도였습니다. 의사는 질병이 뇌까지 전이되지 않았나 의심이 된다며, 만약 그렇다면 뇌종양으로 발전해 사망할 수도 있다고 걱정했습니다. 그래서 저는 전화가 걸려오는 게 두려웠습니다. 전화는 병원에서 온 것이었습니다. 의사는 우리에게 지금 당장 와달라고 말했습니다.

당신도 저와 남편이 대기실에 있는 동안 느꼈을 고통을 짐작할 수 있을 겁니다. 다른 사람들은 모두 자신의 아기를 안고 있는데 우리만 거기에 빈손으로 앉아 어린아이를 다시 팔에 안을 수 있을지 걱정했습니다. 마침내 진료실에 들어섰을 때 의사의 표정을 보자 공포가 밀려왔습니다. 우리 아이가 살아날 가능성은 4분의 1밖에 안 된다고 했습니다. 그리고는 혹시 아는 의사가 있다면 상담을 해보라고 권유했습니다.

집으로 돌아오는 길에 남편은 눈물을 흘리며 불끈 쥔

두 손으로 자동차 핸들을 내리치며 외쳤습니다. "베츠, 난 절대 우리 아이를 포기할 수 없어." 남자가 우는 모습을 본 적이 있나요? 썩 유쾌하지 않은 일입니다. 우리는 차를 길가에 세우고 이야기를 나눈 결과 교회로 가서 만약 우리 아이를 데려가는 것이 하느님의 뜻이라면 그에 따르겠다는 기도를 하기로 결정했습니다. 저는 신도석에 무너지듯 주저앉아 눈물을 흘리며 이렇게 기도했습니다. '내 뜻대로 하지 마시고 당신 뜻대로 하소서.'

이 말을 하는 순간 마음이 편안해졌습니다. 오랫동안 느껴 보지 못했던 평온함이 찾아온 것입니다. 저는 집으로 돌아오는 내내 그 말을 되뇌었습니다. '내 뜻대로 하지 마시고 당신 뜻대로 하소서.' 저는 그날 밤 오랜만에 편히 잠을 이룰 수 있었습니다. 며칠 뒤 보비가 위험한 고비를 넘겼다는 의사의 전화를 받았습니다. 이제 네 살이 된 우리 아이를 건강하게 해주신 하느님께 감사드립니다."

나는 종교를 여자나 아이, 성직자를 위한 것이라고 생각하는 남자들을 알고 있다. 그들은 자신의 싸움을 혼자서 해결할 수 있는 '사나이'라는 사실을 자랑스럽게 여긴다.

그들이 만약 세계적으로 유명한 '사나이' 중에서도 매일 기도를 하는 사람이 있다는 사실을 알게 된다면 얼마나 놀랄 것인가. 예를 들면 '사나이' 잭 뎀프시는 내게 잠들기 전에 항상 기도한다고 말했다. 식사 전에도 늘 하느님께 감사 기도를 드린다고 한다. 시합을 앞두고 훈련할 때도, 시합할 때도 매 라운드 공이 울리기 전에 기도한다고 했다. 그는 이렇게 말했다. "기도를 통해 나는 용기와 자신감을 가지고 싸울 수 있게 됐습니다."

'사나이' 코니 맥은 기도하지 않으면 잠을 이루지 못한다고 말했다. '사나이' 에디 리켄베커는 기도 덕분에 자신의 인생이 구원받았음을 믿는다고 말했다. 그는 매일 기도한다.

제너럴 모터스와 US 스틸의 고위 간부를 지냈으며 미국 국무장관이었던 '사나이' 에드워드 R. 스테티니어스는 매일 아침저녁으로 지혜와 인도를 바라는 기도를 드린다고 내게 말했다. 최고의 금융인이었던 '사나이' J. P 모건은 토요일 오후마다 월스트리트 입구에 있는 트리니티 성당에 가서 무릎을 꿇고 기도했다.

'사나이' 아이젠하워가 영미 연합군의 최고 사령관직을 맡기 위해 영국으로 떠났을 때 그가 비행기에 가지고 탄 책은 성경 한 권이었다. '사나이' 마크 클라크 장군은 전시 상황에서도 매일 성경을 읽었으며 무릎을 꿇고 기도했다. 장제스(蔣介石) 총통도 그랬고 '알 알라메인의 몬티'로 알려진 몽고메리 장군 역시 그랬다. 트라팔가르 해전으로 유명한 넬슨 제독도 마찬가지였다. 워싱턴 장군, 로버트 E. 리 장군, 스톤월 잭슨 장군 등 전쟁의 수많은 영웅이 그랬다.

이 '사나이'들은 윌리엄 제임스가 남긴 말의 의미를 알고 있었다. "인간과 하느님은 상호 관계다. 하느님의 영향 아래 우리를 맡김으로써 우리의 가장 깊은 운명이 이루어진다."

수많은 '사나이'들이 이 진리를 깨닫고 있다. 현재 7200만 명의 미국인이 교회를 다닌다. 역사상 가장 많은 숫자다. 과학자들까지 종교에 의지하고 있다. 『인간, 그 신비』를 쓰고 과학자로서 최고 영예인 노벨상을 받은 알렉시 카렐 박사를 떠올려 보자. 카렐 박사는《리더스 다이제스트》지 칼럼에서 이렇게 말했다.

"기도는 인간이 만들어낼 수 있는 가장 큰 에너지다. 지구의 중력만큼 실질적인 힘이다. 의사인 나는 모든 치료가 실패한 후 조용히 기도를 드리며 병이나 우울증을 이겨낸 사람들을 보았다. 기도는 라듐처럼 빛을 뿜어내며 스스로 힘을 만드는 에너지원이다. 인간은 기도를 통해 모든 에너지의 근원이 되는 무한한 힘을 자신에게 향하게 함으로써 유한한 에너지를 증대시키려고 한다. 우리는 기도를 하면서 우리 자신을 우주의 무한한 동력 에너지에 연결하고 있다."

우리는 이 힘의 일부가 필요한 곳에 분배되기를 기도한다. 이러한 요청만으로도 우리는 인간으로서 결핍을 채울 수 있고 힘을 얻어 완전히 인간으로서 우뚝 서게 된다. 간절한 기도를 드리며 하느님을 찾을 때마다 우리의 몸과 마음은 더 나은 상태로 변화한다. 남자든 여자든 단 한 순간이라도 기도를 택한다면 좋은 결과가 생길 것이다.

버드 제독은 "우리 자신을 우주의 무한한 동력에 연결하고 있다."라는 말이 무엇을 뜻하는지 알고 있었다. 그의 능력은 그에게 인생 최대 시련을 견딜 수 있게 해주었다.

그는 자신의 저서 『홀로』에서 이 이야기를 언급했다. 1934년 그는 남극 대륙의 깊숙한 곳 로스 베리어의 만년 빙 아래 잠겨 있던 오두막에서 5개월을 보냈다. 그는 남위 78도에서 생존한 유일한 생명체였다. 오두막 위로 눈보라가 휘몰아쳤다. 수은주는 영하 63도 아래로 떨어졌다. 그는 끝없는 어둠에 둘러싸여 있었다. 어느 순간, 그는 자신이 놀랍게도 난로에서 나오는 일산화탄소에 서서히 중독되고 있다는 사실을 깨달았다.

그런데 무엇을 할 수 있었겠는가? 도움을 청할 만한 곳은 아무리 가까운 곳도 200킬로미터 이상 떨어져 있었기 때문에 누군가 그가 있는 곳에 오려면 최소한 서너 달은 걸릴 것이었다. 그는 난로의 환기구를 고쳐 봤지만, 연기는 계속해서 새어 나왔다. 그는 정신을 잃고 쓰러지기도 했다. 그러다 완전히 의식을 잃고 마룻바닥에 누워 있기도 했다. 그는 음식을 먹을 수도 잠을 잘 수도 없었다. 그는 몸이 얼마나 약해졌는지 침대를 벗어나기 힘들 정도였다. 과연 내일 아침에 눈을 뜰 수 있을까 하고 걱정하던 날도 무수히 많았다. 그는 자신이 그 오두막에서 죽게 될 것이고 끝없이 내리는 눈이 자신의 시체를 파묻게 될 것이라고 확신했다.

무엇이 그를 살려냈을까? 절망에 빠져 있던 그는 어느 날 자신의 인생철학을 적기 위해 일기를 꺼냈다. 그는 이렇게 썼다. "우주에서 인류는 혼자가 아니다." 그는 하늘에 떠 있는 별을 생각했다. 별자리와 행성의 규칙적인 움직임을 생각했다. 그러자 영원히 빛나고 있는 태양도 언젠가는 남극의 구석을 비추기 위해 돌아올 거라는 생각이 들었다. 그는 일기에 이렇게 적었다. "나는 혼자가 아니다."

이 깨달음, 자신이 지구의 저 끝에 있는 얼음 구덩이 속에 있다 하더라도 결코 혼자가 아니라는 깨달음이 리처드 버드를 살려냈다. 그는 이렇게 말했다. "그것이 나를 버티게 만들었다." 그러면서 이렇게 덧붙였다. "살면서 자신의 내면에 존재하는 능력을 다 쓰기는커녕 그 근처라도 다녀온 사람을 만나기도 힘들다. 우리의 심연에는 한 번도

사용하지 않은 능력의 샘이 숨겨져 있다." 리처드버드는
하느님께 의지함으로써 능력의 샘을 열었고 그것을 사용
하는 법을 깨달았다.

남극 대륙의 만년빙 속에서 버드 제독이 깨달았던 교
훈을 글렌 A. 아널드 역시 일리노이 주의 한 농장에서 깨
닫게 되었다. 아널드는 일리노이 주 칠러 코시이 베이컨
빌딩에서 보험 중개업을 하고 있었다. 그는 자신이 어떻
게 걱정을 극복했는지에 관한 연설을 시작했다.

"8년 전에 저는 이것이 제 인생의 마지막이라 생각하며
열쇠로 현관문을 열었습니다. 그러고 나서 차를 타고 강
하구 쪽으로 향했습니다. 저는 패배자였습니다. 한 달 전
제 작은 세상이 모두 무너져버리며 제 머리를 가격했습니
다. 전기 설비 사업이 난관에 부딪혔기 때문입니다. 집에
계시던 어머니는 위독한 상태였습니다. 아내는 둘째 아이
를 임신 중이었습니다. 진료비 청구서가 수북이 쌓여갔습
니다. 사업을 시작하면서 차와 가구 등 저당 잡힐 만한 모
든 것들을 저당 잡혔습니다. 가입했던 보험은 약관 대출

을 받았습니다. 모든 게 사라져버렸습니다. 저는 이러한 현실을 받아들일 수 없었습니다. 그래서 강으로 차를 몰았던 것입니다. 엉망이 되어버린 이 가슴 아픈 현실을 끝내고 싶었습니다.

저는 도심을 벗어나 한동안 차를 달리다가 길가에 차를 세워 두고 차에서 내려 바닥에 주저앉아 엉엉 울었습니다. 그러고 나서 정신을 차리고 생각했습니다. 걱정으로 불안해하는 대신 건설적인 생각을 하기 위해 노력했습니다. '지금 내 상황은 얼마나 안 좋은가? 더 악화할 것인가? 정녕 희망은 없는 것인가? 이 상황을 개선하기 위해 어떻게 해야 하는가?'

저는 모든 문제를 주님께 맡기고 그분께 이 문제를 해결해 달라는 부탁을 드리기로 했습니다. 저는 기도했습니다. 다른 무엇도 아닌 네 생명이 나의 기도에 달려 있는 것처럼 간절하게 기도했습니다. 실제로 기도에 제 목숨이 달려 있었습니다. 그러자 신기한 일이 벌어졌습니다. 제가 제 모든 문제를 저보다 큰 권능에 맡기자마자 지난 몇 달 동안 느끼지 못한 마음의 평화가 찾아온 것이었습니다. 저는 그곳에서 울면서 기도하며 한 30분은 그렇게 앉아 있었습니다. 그러고는 집으로 돌아와 아이처럼 편하게 잠이 들었습니다.

다음 날 아침, 저는 확신에 가득 찬 상태로 잠에서 깨어났습니다. 더 두려울 것이 없었습니다. 하느님께 저를 인도해달라고 의지했기 때문입니다. 그날 아침 저는 당당하게 그 지역에 있는 백화점으로 향했습니다. 그러고는 전기 설비 분야의 일자리를 찾고 있다고 자신 있게 말했습니다. 저는 일자리를 구할 수 있다고 믿고 있었습니다. 그리고 실제로도 일자리를 구했습니다. 저는 전쟁의 여파로 전기 설비 산업 전체가 무너지기 전까지 좋은 실적을 올렸습니다. 그 후 저는 생명보험을 파는 일을 시작했습니다. 모든 것을 여전히 위대한 인도자에게 맡긴 상태였습니다. 그게 바로 5년 전 일입니다. 지금 저는 모든 빚을 갚았습니다. 귀여운 아이들을 셋이나 두고 있습니다. 집도 장만했습니다. 차도 사고 2만 5,000달러 생명 보험에도 가입한 상태입니다.

지금 돌이켜보면 모든 것을 잃고 절망에 빠져 강으로

차를 몰았던 일이 천만다행이라고 생각합니다. 그 비극을 통해 하느님께 의지하게 되었으니까요. 지금 저는 과거에는 상상도 하지 못했을 평화와 안식을 누리고 있습니다."

종교는 어떻게 우리에게 이러한 평화와 안식, 그리고 강인함을 가져다주는가? 윌리엄 제임스의 답을 들어보자. 그는 이렇게 말한다. "잔물결이 일렁이는 표면에 거대한 파도가 밀려와도 깊은 곳은 결코 흔들리지 않는다. 이와 마찬가지로 더 크고 영원한 현실을 붙잡고 있는 사람에게는 수시로 변하는 개인적 운명의 동요는 그리 중요하지 않다. 참된 종교인은 결코 흔들리는 법이 없으며 항상 평정심을 유지하며 세월이 원하는 어떠한 의무에도 침착하게 대응할 준비가 돼 있다."

만일 걱정이 되고 불안을 느낀다면 하느님께 의지해보는 것은 어떠한가? 임마누엘 칸트의 말처럼 "하느님에 대한 믿음을 받아들이는 것은 어떨까? 우리에게는 그런 믿음이 필요하기 때문이다." 이제 우리는 자신을 '우주를 움직이는 무한 동력'에 연결해보는 것이 어떨까?

여러분이 성격, 교육 경험으로 인해 종교적인 사람이 아니더라도, 여기서 더 나아가 아주 확고한 무신론자라 할지라도, 기도는 여러분이 생각하는 것보다 훨씬 더 큰 도움을 준다. 왜냐하면 기도는 실질적이기 때문이다. 실질적이라니 이게 무슨 의미일까? 하느님을 믿든 안 믿든 기도는 모든 사람이 공유하는 기본적 심리 욕구 세 가지를 충족시켜 준다는 뜻이다.

첫째, 기도는 우리를 고통스럽게 하는 것이 무엇인지 말로 정확히 나타낼 수 있게 해준다. 앞에서 언급했듯이, 문제를 불확실한 상태로 내버려두는 한, 그 문제를 해결하는 것은 불가능하다는 사실을 이미 보았다. 어떤 의미에서 기도는 우리가 가진 문제를 종이에 기록하는 것과 아주 비슷하다. 하느님께 전하는 것이라도 문제를 해결하기 위해 도움을 요청할 때는 말로 문제를 표현해야 한다.

둘째, 기도함으로써 우리는 혼자서 짐을 지는 게 아니라 나누어 가진다는 느낌을 받는다. 우리가 가진 가장 무거운 짐, 우리를 너무도 괴롭히는 문제를 혼자서 오롯이 감당할 만큼 강인한 사람은 거의 없다. 우리의 걱정은 때때로 너무 은밀한 것이어서 심지어 가장 가까운 친척이나 친구에게조차 털어놓기 어려울 때가 많다. 그럴 때는 기도가 답이다. 정신과 의사라면 가슴이 답답하거나 긴장 때문에 마음이 괴로울 때 누군가에게 고민을 털어놓기만 해도 치료가 될 수 있다는 이야기를 할 것이다. 누구에게도 털어놓지 못하는 이야기를 우리는 언제나 하느님께 털어놓을 수 있다.

셋째, 기도는 실행이라는 적극적인 원칙을 현실로 보여준다. 기도는 바로 실행의 첫걸음이다. 자신의 소원을 들어달라고 매일 기도를 하는 사람은 분명 그 뜻을 이루게 될 것으로 믿는다. 다시 말해 자신이 바라는 일을 현실로 나타내기 위해서는 분명 어떠한 행동을 하게 될 것이라는 말이다. 알렉시 카렐 박사는 이렇게 말했다. "기도는 인간이 만들어낼 수 있는 가장 강한 에너지다." 이런데도 기도를 하지 말아야 할 이유가 어디에 있겠는가? 하느님이든 알라신이든 성령이든 자연의 신비가 우리를 보살펴준다면 정의를 가지고 다툴 이유가 있겠는가?

지금 당장 이 책을 덮고 안방으로 들어가 문을 닫고 무릎을 꿇고 마음속의 짐을 덜어내는 게 어떨까? 만약 신앙을 갖고 있지 않다면 700년 전에 성 프란체스코가 쓴 다음과 같은 아름다운 기도문을 외우게 도와달라고 전지전능한 하느님께 빌어 보자.

평화의 기도

주여, 나를 평화의 도구로 써주소서
미움이 있는 곳에 사랑을,
다툼이 있는 곳에 용서를,
의혹이 있는 곳에 믿음을 심게 하소서
절망이 있는 곳에 희망을,
어둠이 있는 곳에 빛을,
슬픔이 있는 곳에 기쁨을 심게 하소서
위대한 주님이시여, 위로받기보다는 위로하고,
이해받기보다는 이해하고,
사랑받기보다는 사랑할 수 있게 허락해주소서

우리는 나눔으로써 받고,

용서함으로써 용서받으며,

죽음으로써 영생을 얻기 때문입니다.

PART

6

타인의 비판에
상처받지 않는 방법

1

누구도 죽은 개를
걷어차지 않는다

1929년 미국의 교육계를 발칵 뒤집어놓는 사건이 발생했다. 그 사건을 직접 보기 위해 전국 각지에 있는 지식인들이 시카고로 향했다. 로버트 허친스라는 청년이 식당 종업원, 벌목꾼, 가정교사, 빨랫줄 판매원으로 일하며 공부해 예일대를 졸업했다. 겨우 8년이 지난 현재, 그는 미국에서 네 번째로 부유한 대학인 시카고 대학 총장이 되었다. 그의 나이가 궁금한가? 서른이었다. 도저히 믿을 수 없는 일이 아닌가! 연로한 교육자들은 고개를 절레절레 흔들었다. '천재소년'을 향해 비판이 쇄도했다. 너무 젊고 경험이 없고 그릇된 교육철학을 가졌다는 둥 이런저런 말들이 오갔다. 신문에서도 그를 공격했다.

그의 취임 날 로버트 허친스의 아버지에게 한 친구가 이런 이야기를 했다.

"오늘 아침 신문에 아드님을 비난하는 기사를 보고 깜짝 놀랐습니다."

"그렇네." 허친스의 아버지가 대답했다. "좀 심한 거 같긴 하지만 이 말을 명심하게. 죽은 개는 아무도 걷어차지 않는다네."

그렇다. 그를 걷어차는 사람들은 그 대상이 더 중요한 사람일수록 더 큰 만족을 느끼게 된다. 현재 원저 공이 된 에드워드 8세는 황태자였을 때 이러한 사실을 절감했다. 그는 당시 데번셔에 있는 다트머스 대학에 다니고 있었다. 그 대학은 미국의 아나폴리스에 있는 해군 사관학교에 해당한다고 볼 수 있었다. 황태자가 열네 살이 되었을 무렵의 일이다. 어느 날 그가 울고 있는 것을 본 해군 장교가 왜 울고 있는지 물었다. 그는 처음에는 아무 말도 하지 않으려 하다가 마침내 사실을 털어놓았다. 해군사관학교 생도들이 자신에게 발길질을 한다는 것이었다. 그래서 사관학교 학장은 생도들을 불러 모아 황태자가 불만을 표한 게 아니라고 설명한 뒤 그들이 황태자에게 그런 짓을 한 이유가 무엇인지 물어봤다.

한참을 발끝을 꼼지락거리며 우물쭈물하던 생도들이 입을 열었다. 그들은 훗날 자신들이 왕실 해군의 지휘관이나 함장이 되면 과거에 왕에게 발길질을 해봤다고 자랑하고 싶었다고 털어놓았다. 만약 여러분이 누군가에 걸어차이고 비판을 받는다면, 그는 그런 행동을 함으로써 자신이 중요한 사람이라고 느끼기 때문이라는 사실을 기억하라. 그것은 종종 여러분이 좋은 실적을 내고 주목받는 사람이라는 것을 의미하기도 한다. 사람 중에는 자신보다 교양이 많거나 성공한 사람들을 헐뜯음으로써 천박한 만족감을 얻는 사람들이 적지 않다.

예를 들면, 나는 이 글을 쓰고 있는 중에도 한 여성으로부터 구세군 설립자인 윌리엄 부스 장군을 비난하는 편지를 받았다. 나는 한 방송에서 부스 장군을 칭찬했었다. 그래서 이 여성이 부스 장군이 가엾은 사람들을 돕기 위해 모금한 돈 중에서 800만 달러를 횡령했다는 편지를 보낸 것이었다. 물론 이것은 전혀 근거가 없는 비난이다. 이 여성이 바란 건 진실이 아니었다. 이 여성은 자신보다 훨씬 높은 지위에 있는 사람을 끌어내림으로써 천박한 만족감을 얻고 싶었다. 나는 그녀가 쓴 비난의 편지를 쓰레기통에 버린 뒤 그런 여성과 결혼하지 않게 해주신 것에 대해 하느님께 감사를 드렸다. 그녀의 편지는 내게 부스 장군에 대해서는 조금도 알려주지 않았지만, 그녀에 대해서는 많은 사실을 알게 해 주었다.

오래전 쇼펜하우어는 이런 말을 했다. "비천한 사람들은 위인들의 잘못이나 결점을 통해 커다란 즐거움을 느낀다."

사람들은 예일대 총장을 결코 비천한 사람이라고 생각하지는 않을 것이다. 하지만 전 예일대 총장이었던 티머시 드와이트는 미합중국 대통령 선거에 출마한 한 후보를 비난하며 커다란 즐거움을 느꼈다. 예일대 총장은 만약 그 사람이 대통령에 당선된다면 "우리는 우리의 아내와 딸들이 합법적인 매춘 제도의 희생양이 되어 눈을 뜨고도 명예가 실추되고 외견상으로는 그럴듯해 보이지만 교양과 미덕을 잃어 타락한 내면을 지닌 채 하느님과 모든 인간의 미움을 받는 존재가 되는 것을 지켜봐야 할지도 모른다."라고 경고했다.

가히 히틀러를 비난하는 말처럼 들리지 않는가? 하지만 아니다. 이것은 토머스 제퍼슨을 겨냥한 말이다. 어떤 토머스 제퍼슨을 말하는 것일까? 민주주의를 수호하며 독립 선언문을 쓴 불멸의 토머스 제퍼슨은 아니겠지? 맞다. 다름 아닌 바로 그 토머스 제퍼슨이다.

미국인 중에 '위선자', '사기꾼', '살인자나 마찬가지인 사람'이라고 비난받을 사람은 누구일까? 어떤 신문에는 그가 단두대에 묶여 거대한 칼날이 그의 목을 자르려는 시사만화가 실리기도 했다. 그리고 그가 단두대로 향하는 동안 사람들은 그에게 야유를 퍼붓고 조롱하고 있었다. 그는 누구였을까? 조지 워싱턴이다.

하지만 이건 아주 오래전에 일어난 일이다. 어쩌면 그 동안 인간의 본성은 조금 나아졌을지도 모른다. 한번 살펴보자. 1909년 4월 6일, 개가 이끄는 썰매를 타고 북극을 정복해 세계를 깜짝 놀라게 만든 탐험가 피어리 제독의 경우를 보자. 그 일을 이루어내기 위해 용기 있는 수많은 사람들이 오랜 시간 동안 고통 속에서 굶주림에 시달리며 죽어갔다. 피어리 역시 추위와 굶주림 때문에 거의 죽을 뻔했다.

그는 심한 동상에 걸려 발가락 여덟 개를 잘라야만 했다. 견디기 힘든 재난이 계속됐다. 그는 이러다 정신이 어떻게 되는 게 아닐까 걱정하기도 했다. 피어리가 큰 인기를 얻고 유명해지자 워싱턴에 있는 그의 해군 상관들은 시샘하기 시작했다. 그들은 그가 과학 탐사를 한다는 명목으로 돈을 모든 뒤 "북극에서 편히 놀기만 했다."라는 누명을 씌웠다. 그들은 실제로도 그렇다고 믿었을 것이다. 믿고 싶은 것을 믿지 않는 것은 불가능한 일이기 때문이다.

그들이 얼마나 심하게 피어리에게 모욕감을 주고 방해하려 했는지 매킨리 대통령이 직접 명령하고 나서야 피어리는 북극 탐험을 계속 이어갈 수 있었다. 만약 피어리가 워싱턴의 해군 본부에서 서류를 처리하는 일을 했어도 그런 비난을 받았을까? 그렇지 않았을 것이다. 만약 그랬다면 그는 누군가의 시샘을 받을 만큼 중요한 자리에 오르지 않았을 것이다.

그랜트 장군의 경우는 피어리 제독보다 더 심한 경험을 했다. 1862년 그랜트 장군은 북군의 최초의 승리를 이끌어냈다. 오후 한나절 동안에 이루어낸 승리였지만 이로 말미암아 그랜트는 단번에 전국적인 우상으로 우뚝 서게 되었다. 이 승리는 먼 유럽에서도 큰 반향을 불러일으켰고 메인 주에서부터 미시시피 강둑까지 교회의 종소리가 울려 퍼지며 하늘에 축포를 쏘게 했다. 하지만 이 커다란 승리를 거둔 지 6주도 채 지나기도 전에 북군의 영웅 그랜트는 체포되어 군에 대한 통수권을 잃게 되었다. 그는 모멸감과 절망에 빠져 눈물을 흘렸다. 승리의 흥분이 채 가시기도 전에 U. S. 그랜트 장군이 체포되었던 이유는 무엇일까? 콧대 높은 상관들이 그를 질투했기 때문이다.

부당한 비판으로 인해 걱정된다면 다음 방법을 반드시 기억하라.

타인의 비판에 상처받지 않는 방법 1

부당한 비판은 때때로
변형된 칭찬이라는 사실을 기억하라.
죽은 개는 아무도 걷어차지 않는다.

2

남의 비판에
상처받지 말라

언젠가 나는 왕년의 '송곳눈' 스메들리 버틀러 소장과 이야기를 나눈 적이 있다. 그 옛날 '지옥의 사신' 버틀러! 그를 기억하는가? 미국 해병대 지휘관 중 가장 허세가 심했던 장군 말이다.

그는 내게 자신은 어렸을 때 인기를 얻고 싶어 안달이 났었고 모든 사람에게 좋은 인상을 남기고 싶어 했다고 털어놓았다. 그 시절에는 작은 비판에도 가슴이 아팠고 상처를 받았다. 하지만 그는 30년간의 해병대 생활을 하면서 가죽이 두터워졌다고 고백했다. 그는 이렇게 말했다. "저는 심하게 야단맞았으며 모욕도 당했습니다. 똥개니 독사니 스컹크니 하는 비난까지 들었습니다. 상급자들에게 욕을 먹기도 했습니다. 저는 영어에 존재하는, 차마 입에 담지 못할 온갖 욕을 다 들어보았습니다. 신경 쓰였느냐고요? 하! 요즘은 누가 나를 욕하는 소리가 들려도 그게 누군지 돌아보지도 않습니다."

어쩌면 '송곳눈' 버틀러가 비판에 너무 둔감한지도 모르겠다. 하지만 한 가지만은 확실하다. 대부분의 사람이 사소한 놀림이나 공격을 심각하게 받아들인다는 것이다. 오래전 뉴욕《선》지의 기자가 내 성인 교육 강좌 공개 수업에 참여한 후 나와 내 일을 두고 빈정댔던 기억이 난다. 나는 화가 났을까? 나는 그것을 개인적인 모욕으로 받아들였다. 그래서《선》지의 운영위원회 의장 길 호지스에게 전화해 그 기자가 사실을 밝히는 기사를 쓰게 해 달라고 요청했다. 나는 잘못을 저지른 대가를 치르게 하겠다고 결심했다.

하지만 이제 와서 생각해보면 당시 내가 보인 반응이 부끄럽다는 생각이 든다. 이제 생각해보면 그 신문을 샀던 사람 중 절반은 그 글을 읽지도 않았을 것이다. 그 글을 읽은 사람 중 절반은 별 의미 없는 이야기라고 여겼을

것이다. 그 글을 읽으며 좋아하던 사람들 역시 얼마 안 가
서 다 잊어버렸을 것이다.

　요즘 나는, 사람들이 여러분이나 나에 대해 생각하지 않
고 우리에 관한 말에도 신경 쓰지 않는다는 것을 깨닫는
다. 사람들은 아침 식사 전에도, 그 후에도 또 그 이후에도,
자정이 10분 지난 시간에도 오로지 자신만을 생각한다. 사
람들은 여러분이나 내가 죽었다는 소식보다 자신들의 미
약한 두통에 대해서 1,000배는 더 많이 생각한다.

　설사 여러분이나 내가 모함을 당하고 조롱을 받고 배
신을 당하고 등에 칼을 맞거나 배반을 당하더라도, 가장
친한 친구 여섯 명 중 한 명이 그렇게 행동한다고 하더라
도 자기 연민에 빠지지는 말자. 그게 예수에게 일어난 일
그대로였다는 사실을 기억하자. 예수와 가장 가까웠던 친
구 열두 명 중 한 명은 지금으로 치면 19달러 정도 되는
뇌물 때문에 배신자가 됐다. 다른 한 명은 예수가 시련을
겪는 순간 그를 공개적으로 부인하며 그를 알지도 못한다
고 세 번이나 말하며 맹세까지 했다. 여섯 중의 한 명! 예
수에게 일어난 일이었다. 여러분이나 내가 이보다 더 나

은 결과를 바랄 이유가 어디 있는가?

나는 사람들이 나에게 부당한 비난을 하지 못하게 할 수는 없지만 오래전에 그보다 훨씬 중요한 일을 할 수 있다는 사실을 깨달았다. 부당한 비난이 나를 동요하게 만드느냐 마느냐는 내가 선택할 수 있다는 것이다.

조금 더 구체적으로 말해 보자. 모든 비판을 무시하라고 권하는 것은 아니다. 절대 그렇지 않다. 부당한 비난을 무시하라고 말하는 것이다. 한번은 프랭크린 루스벨트의 부인 일리노어 루스벨트 여사에게 부당한 비난을 받았을 때 어떻게 하는지에 관해 물어본 적이 있다. 그녀가 그런 비난을 얼마나 많이 받았는지는 모두가 다 아는 사실이다. 그녀는 백악관에 살았던 어떤 영부인보다 열성적인 친구와 지독한 적을 가지고 있었을 것이다.

여사가 털어놓은 바에 의하면 그녀는 어렸을 때 병적으로 소심해 다른 사람들이 자신에 대해 뭐라고 이야기할지 늘 겁을 먹고 있었다고 한다. 다른 사람들의 비판이 너무도 두려웠던 그녀는 어느 날 친척 아줌마, 그러니까 시어도어 루스벨트의 누나에게 조언을 구했다. 그녀는 이렇게 말했다. "바이 고모님, 저는 이렇게 하고 싶은데 사람들이 뭐라고 할까 봐 두려워요."

시어도어 루스벨트의 누나는 그녀의 눈을 똑바로 바라보며 말했다. "마음속으로 네가 옳다고 생각하면 누가 뭐래도 전혀 신경 쓰지 마라."

일리노어 루스벨트는 내게 이 조언이 훗날 백악관에서 생활하게 되었을 때 지브롤터의 바위처럼 정신적 지주가 되어주었다고 말했다. 그녀는 내게 비난을 피할 수 있는 유일한 방법은 드레스덴에서 만들어진 선반에 놓인 도자기 인형처럼 가만히 있는 것뿐이라고 말했다. "어떤 방법을 써도 비판은 피할 수 없습니다. 마음속으로 옳다고 믿는 것을 하세요. 해도 비난받고 안 해도 비난받는 건 마찬가지입니다." 이게 바로 그녀의 조언이다.

매슈 C. 브러시가 월스트리트 40번지에 있는 아메리칸 인터내셔널 코퍼레이션의 사장이었을 때, 나는 그에게 비판에 예민하게 반응한 적이 있느냐고 물었다. 그러자 그는 이렇게 말했다.

"물론이지요. 젊었을 때는 무척 예민하게 반응했지요. 당시 저는 모든 조직원이 저를 완벽하다고 봐주기를 원했어요. 그렇지 않을 때면 신경이 쓰였어요. 처음에 저는 저와 맞지 않는 첫 번째 사람의 비위를 맞추기 위해 노력했지요. 하지만 그 사람을 무마시키기 위해 한 행동이 다른 누군가를 화나게 만들곤 했습니다. 그 사람의 화를 달래기 위해 다른 일을 하면 그게 또 다른 몇몇 사람의 비위를 거슬리게 돼서 그들이 벌떼처럼 달려들곤 했지요. 마침내 저는 개인적인 비판을 피하려고 감정적으로 상처 입은 사람들을 무마시키고 달랠수록 더 많은 적이 더 많이 생길 수밖에 없다는 사실을 깨달았습니다. 그래서 저는 결국 이렇게 생각했습니다. '다른 사람보다 훌륭한 사람은 비판을 받게 돼 있다. 그러니 이런 생각에 익숙해지자.' 이것은 내게 큰 도움이 되었습니다. 그 후로 저는 제가 할 수 있는 최선을 다했고 제게 퍼붓는 비판을 고스란히 맞으며 괴로워하지 않고 우산 하나라도 펼친 다음 그 비판이 잦아들기를 기다리기로 했습니다."

딤스 테일러는 이보다 한 걸음 더 나아갔다. 그는 쏟아지는 비판에 옷을 흠뻑 적시고도 보란 듯이 가볍게 웃어넘겼다. 그는 라디오를 통해 뉴욕 필하모닉 심포니 오케스트라의 공연을 들려주다가 중간 휴식 시간에 해설을 덧붙이고 있었는데, 한 여성이 그에게 "당신은 거짓말쟁이, 배신자, 독사, 멍청이."라고 적힌 편지를 보냈다. 테일러는 그의 저서 『인간과 음악』에서 이렇게 말한다. "그 여성은 내 이야기를 좋아하지 않았던 것 같다." 그 다음 주 방송에서 그는 수백만 라디오 청취자들에게 그 편지를 읽어주었다.

테일러는 며칠 후 그 여성이 또 다시 "여전히 거짓말쟁이며 배신자, 독사, 멍청이라는 생각을 바꾸지 않는다."라는 편지를 보냈다고 말했다. 이런 식으로 자신에 대한 비판을 대처하는 사람은 존경할 수밖에 없다. 그의 침착함과 동요하지 않는 평정심, 그리고 유머 감각을 존경한다.

찰스 슈워브는 프린스턴 대학교에서 강연을 하면서 자신은 자신의 제강 공장에서 일하는 나이가 지긋한 독일인 노동자에게 정말로 중요한 교훈 하나를 배웠다고 말했다.

그 나이 든 독일인은 전시 중에 다른 노동자들과 전쟁과 관련된 언쟁을 벌이게 되었는데, 하루는 다른 노동자들이 그를 강물에 집어 던지는 일이 일어났다. 슈워브는 이렇게 말했다. "흙투성이가 된 그 노동자가 제 사무실을 찾아왔기에 그에게 당신을 강물에 던진 사람들에게 뭐라고 했냐고 물었습니다. 그러자 그는 '그냥 웃었지요.'라고 대답했습니다."

슈워브는 그 나이 든 독일인이 했던 말, 즉 '그냥 웃는다.'를 자신의 좌우명으로 삼았다. 이 좌우명은 여러분이 부당한 비판을 받을 때 꼭 필요하다. 여러분에게 말대꾸하는 사람에게는 한마디라도 쏘아 붙일 수 있겠지만 '그냥 웃는' 사람에게는 뭐라 할 수 있겠는가?

링컨 역시 자신에게 쏟아지는 가혹한 비난에 일일이 대응하는 것이 얼마나 부질없는지 깨닫지 못했다면 남북전쟁이 일어나는 동안 압박감을 견디지 못하고 무너져 버렸을 것이다. 그가 자신을 비판하는 사람에게 어떻게 대응했는가에 대한 기록은 문학사에 있어 보물이자 고전이 되었다. 전시 상황에 맥아더 장군은 이 구절을 자신의 회의실 테이블 위에 걸어놓았고, 윈스터 처칠 또한 마찬가지로 고향 차트웰에 있는 자신의 서재 벽에 그 구절을 액자에 끼워 걸어 놓았다. 그 구절은 다음과 같다.

"내가 받는 공격 전부에 대해 답변을 하지 않더라도 최소한 읽어보기라도 하겠다고 애쓴다면, 그건 모든 일에서 손을 떼는 것과 마찬가지일 것이다. 나는 내가 아는 가장 좋은 방법을 선택해서 최선을 다하고 있다. 그리고 마지막까지 그렇게 할 것이다. 결과가 좋다면 내게 뭐라 해도 상관없다. 결과가 좋지 않으면 열 명의 천사가 내게 옳다고 해도 전혀 도움이 되지 않을 것이다."

부당한 비판을 받게 될 때 다음 방법을 명심하라.

타인의 비판에 상처받지 않는 방법 2

최선을 다하라. 낡은 우산이라도 하나 펼쳐들어 여러분의 목덜미로 비판의 빗줄기가 흘러들어 괴롭히지 못하게 하라.

3

내가 저지른
어리석은 행동

내 서류함에는 'FTD'라는 색인이 붙어 있는 폴더가 있다. '내가 저지른 바보 같은 짓들(Fool Things I Have Done)'이라는 뜻의 약자이다. 나는 그 폴더 안에 내가 저지른 바보 같은 짓들에 관한 기록을 넣어놓았다. 나는 보통 비서를 시켜 메모들을 기록하게 하지만, 너무나 개인적이고 어리석은 일을 비서에게 구술시키는 게 너무 창피해서 이것만큼은 내가 직접 적어놓기도 한다.

나는 아직도 15년 전 'FTD' 폴더에 넣어 둔 데일 카네기에 대한 몇 가지 비판을 기억할 수 있다. 만약 내가 나에게 완벽하게 솔직했다면 내 서류함은 지금 'FTD' 메모들로 넘치고 있을 것이다. 나는 지금으로부터 3,000년 전,

이스라엘의 사울 왕이 했던 말에 공감한다. "나는 바보 같았고 너무 많은 잘못을 저질렀다."

'FTD' 폴더를 다시 꺼내 스스로에 대해 적은 비판을 다시 읽을 때마다 그 기록들은 내가 평생토록 안고 가야 할 가장 어려운 문제, 다시 말해 데일 카네기를 어떻게 관리하느냐에 대한 문제를 해결하는 데 도움이 된다.

나는 내 어려움에 대해 다른 사람을 탓하곤 했다. 하지만 세월이 흘러 나이가 들면서, 또 희망 사항이긴 하지만 더 현명해지면서, 내게 닥친 모든 불행은 결국 나 자신이 때문이었음을 알게 됐다. 수많은 사람들이 나이를 먹으며 이런 사실을 깨닫는다. 세인트헬레나에 유배되어 있던 나폴레옹은 이렇게 말했다. "내가 몰락한 것은 다른 누구도 아닌 나 자신 때문이다. 나 자신이야말로 내 최대의 적이었으며 비참한 운명의 원인인 것이다."

내가 아는 사람 중 자기 긍정과 자기 관리에 관해서는 예술의 경지를 보여주던 어떤 사람에 관한 얘기를 해보겠다. H. P. 하웰이라는 사람이다. 1944년 7월 31일, 뉴욕 앰배서더 호텔의 한 가게에서 그가 갑자기 죽었다는 속보가 나오자 월스트리트 전체가 깜짝 놀랐다. 그는 미국 금융업계 리더로 월스트리트 56번가에 있는 전미상업신탁은행 이사회의 회장이었으며 그 이외의 몇몇 대형 회사에서 이사직을 맡고 있었기 때문이다. 그는 제대로 된 교육을 받지 못하고 시골의 한 가게에서 점원으로 사회생활을 시작했지만 후에 US 스틸 사의 채권을 담당하는 임원이 되었으며 계속 승승장구하는 중이었다.

언젠가 나는 그에게 그렇게 성공을 거둔 비결이 무엇이냐고 물었더니 이렇게 대답했다.

"나는 오랫동안 그날 있었던 모든 약속을 보여주는 약속 기록부를 썼습니다. 우리 가족은 토요일 저녁에는 어떤 약속도 잡지 않습니다. 왜냐하면 내가 매주 토요일 저녁마다 제가 한 일을 스스로 평가하고 반성하며 인정하는 시간을 갖는다는 것을 알고 있었기 때문입니다. 저녁 식사를 끝내고 저는 혼자 방으로 가서 약속 기록부를 펼친 뒤 월요일 아침 이후부터 일어난 상담들과 토론, 회의에 대해 숙고합니다. 나는 이렇게 묻습니다. '그때 나는 어떤 실수를 했는가?', '나는 어떤 일을 잘했나, 또 어떻게 했다면 더 잘할 수 있었나?', '그 경험을 통해 나는 어떤 교훈을 배워야 하는가?' 가끔은 이런 주간 반성을 마치고 나면 매우 불쾌해지곤 합니다. 제가 저지른 어마어마한 실수에 놀라기도 하지요. 세월이 흐르면서 이런 실수들은 점점 줄어들었습니다. 이런 식의 자기 분석 방법은 해를 거듭하며 계속됐고 그동안 제가 시도한 어떤 방법보다 내게 더 큰 도움이 되었습니다."

아마도 H .P. 하웰은 벤저민 프랭클린의 아이디어에서 힌트를 얻었을 것이다. 다른 점이 있다면 프랭클린은 토요일 저녁까지 기다리지 않았다는 것이다. 그는 매일 밤 자신에 대한 철저한 반성을 시행했다. 그는 자신이 열세 가지나 되는 아주 큰 잘못을 저질렀다는 사실을 발견했다. 그중 세 가지는 이런 것이었다. 시간을 허비했다. 사소한 것에 신경을 썼다. 다른 사람들의 생각을 따지고 들고 반박했다. 프랭클린은 현명했기에 스스로 이런 결점을 극복하지 못한다면 좋은 성과를 낼 수 없다는 것을 잘 알고 있었다. 그는 자신의 결점 중 하나를 택해 매일 그것과 싸웠다. 그 후 일주일간 누가 이겼는지 기록했다. 다음 날이 되면 또 다른 나쁜 습관을 골라 싸울 준비를 했고, 종이 울리면 링 한가운데로 나와 싸움을 벌였다. 이 일은 2년 이상 계속됐다. 그러니 그가 미국 역사상 가장 사랑받으며 가장 영향력 있는 인물로 꼽히는 것도 전혀 놀랄 만한 일이 아니다.

앨버트 허바드는 이렇게 말했다.

"누구든 하루에 최소한 5분은 미련하기 짝이 없는 사람이 된다. 지혜란 그 한계를 넘지 않는 데에 있다."

소인배는 아주 작은 비판에도 불끈 화를 내며 달려든다. 하지만 현자는 자신을 비판하고 꾸짖으며 '서로 비키라며 길을 다투는' 사람들에게서도 배우기 위해 애를 쓴다. 월트 휘트먼은 이렇게 표현했다. "당신은 당신을 존경하고 온화한 태도로 대하고 당신 편을 드는 사람에게서만 교훈을 얻는가? 당신을 무시하고 당신에게 빡빡하게 하거나 서로 비키라며 길을 다투는 사람에게 더 큰 교훈을 배우지는 않았던가?"

우리의 적이 우리나 우리의 일을 비판하기 전에 우리가 먼저 해버리자. 우리 스스로가 우리 자신에 대해서 가장 가혹한 비판자가 되자. 우리의 적이 말을 하기 전에 우리 스스로가 우리의 결점을 찾아내 고치자. 찰스 다윈이 바로 이렇게 했다. 사실 그는 15년을 비판으로 보냈다. 다윈은 자신이 쓰고 있던 『종의 기원』 초고를 마쳤을 때, 자신이 제시하는 창조에 관한 혁명적 개념이 지식인과 종교계를 뒤흔들 것이라는 사실을 알았다. 그는 스스로 비판자가 돼 자신의 자료를 검토하고 추론을 검증하며 결론을 비판하느라 15년을 보냈다.

누군가가 여러분을 '바보 멍청이'라고 깎아내렸다고 하자. 그럴 때 여러분은 어떻게 하겠나? 화를 낼 것인가? 분개할 것인가? 링컨은 이렇게 했다. 어느 날, 링컨 내각 국방부장관인 에드워드 M. 스텐턴이 한번은 링컨에게 '바보 멍청이'라고 불렀다. 링컨이 자기 일에 개입했기에 스탠턴은 몹시 화가 났다. 링컨은 어느 이기적인 정치인의 부탁을 차마 거절하지 못해 연대 중 일부를 옮겨서 배치하라는 명령을 재가했다. 스탠턴은 링컨의 명령을 거부했고 명령에 재가하는 링컨을 보며 바보 멍청이라고 비난했다. 어떻게 됐을까? 링컨은 스탠턴의 말을 듣고 침착하게 말했다. "스탠턴이 내게 바보 멍청이라고 했다면 아마 그 말이 맞을 거야. 그는 거의 틀림없으니까. 내가 그를 찾아가 직접 이야기를 나눠 보겠네."

링컨은 실제로 스탠턴을 찾아갔다. 스탠턴은 그 명령이 잘못됐다고 설득하자 링컨은 명령을 철회했다. 링컨은 진심이 담긴, 정확한 지식을 바탕으로 한 도움을 주려는 의도가 있는 비판은 흔쾌히 받아들였다. 여러분과 나 역시 그런 비판은 흔쾌히 받아들여야 한다. 우리가 네 번 중에 세 번 이상 옳은 일을 하는 것은 어렵기 때문이다.

시어도어 루스벨트는 대통령 시절 자신이 기대할 수 있는 것은 잘해야 여기까지라고 말했다. 20세기에 가장 심오한 사상가 중 한 명인 아인슈타인 역시 자신이 내린 결론의 99퍼센트는 잘못된 것이라 고백하지 않았던가?

라로슈푸코는 이렇게 말했다.

"우리 자신의 의견보다 우리 적의 의견이 우리에 관한 진실에 더 가깝다."

나는 이 말이 대부분 맞다는 것을 알고 있다. 하지만 내가 나 자신을 지켜보지 않으면, 다른 사람이 나를 비판하는 순간부터 상대가 무슨 말을 하는지 이해하기도 전에 자동으로 방어하게 된다. 그때마다 나는 내 자신이 혐오스럽다.

　우리는 모두 비판은 거부하고 칭찬은 그대로 받아들이는 경향이 있다. 비판이 정당한지 칭찬이 정당한지에 대해서는 전혀 신경 쓰지 않는다. 인간은 논리적이지 않다. 감정적이다. 인간의 논리는 깊고 어두운 폭풍이 몰아치는 감정의 바다 한가운데에서 흔들리는 작은 카누일 뿐이다.

　누군가 우리를 헐뜯는 소리를 듣게 되더라도 방어하지 말라. 그건 바보나 하는 짓이다. 좀 더 창의적이고 겸손하면서 재치 있는 방법을 써 보자. 비판하는 자들을 어리둥절하게 만들고 다른 이들이 감탄할 수 있도록 이렇게 말하자. '나를 비판하는 자들이 내 잘못을 모두 알았다면, 지금보다 훨씬 더 심하게 나를 비판했을 겁니다."

　서두에서 나는 부당한 비판을 받을 때 어떻게 대응하는지 이야기했다. 여기에 또 다른 아이디어가 있다. 만약 여러분이 부당한 비난을 받고 있다는 생각으로 분노하고 있다면 잠시 멈춰 서서 이렇게 생각해 보는 게 어떨까?

'잠깐. 나는 절대 완벽하지 않잖아. 아인슈타인도 자신이 99퍼센트는 틀렸다고 하는데, 나는 적어도 80퍼센트는 틀리지 않을까? 어쩌면 내가 이런 비판을 받을 만할지도 몰라. 만약 그렇다면 이 비판에 대해 감사해야 하고 그걸 통해 무언가를 얻으려고 노력해야겠지.'

펩소던트 컴퍼니의 찰스 럭맨 사장은 밥 호프를 방송에 내보내기 위해 연간 100만 달러를 투자한다. 하지만 그는 그 프로그램에 대해 칭찬하는 편지는 쳐다보지도 않고 비판하는 편지만 고집하고 있다. 그는 거기에서 무언가를 배울 수 있다는 사실을 알고 있었다.

포드 자동차는 최근에 회사의 관리와 운영의 문제에 대해 알아내기 위해 직원들의 의견을 조사했다. 그들에게 회사에 대해 비판해달라고 요청하는 적극적인 조처를 했다.

나는 서슴없이 비판을 요청한 전직 비누 판매원을 알고 있다. 그가 처음 콜게이트 사의 비누를 판매하기 시작했을 무렵에는 주문량이 많지 않았다. 그는 일자리를 잃을까 걱정했다. 비누나 가격에는 문제가 없다는 것을 알았기 때문에 그는 자신에게 문제가 있을 거로 생각했다. 그는 어느 한 곳에서 상품을 팔지 못하면 그 주변을 맴돌며 무엇이 잘못되었는지 알아내기 위해 노력했다. '내가 너무 모호한 태도를 보였나? 열정이 부족했나?' 그는 때때로 조금 전에 만났던 장사꾼에게 돌아가 이렇게 말했다.

'비누를 팔기 위해 이곳을 다시 찾은 게 아닙니다. 저는 조언과 비판을 듣기 위해 다시 온 겁니다. 조금 전 제가 비누를 팔려고 왔을 때 제가 무슨 잘못을 저질렀는지 말씀해주시기 바랍니다. 당신은 저보다 훨씬 경험도 많고, 성공하셨습니다. 제게 비판의 말씀을 해주십시오. 솔직히 말씀해 주십시오. 전혀 봐주지 말고 사실대로 말입니다."

그는 이런 태도를 보임으로써 많은 친구를 사귀었고 소중한 조언도 들을 수 있었다. 그에게 어떤 일이 생겼을까? 그는 세계 최대 비누 제조 회사인 콜케이트 사 사장이 되었다. 그의 이름은 E. H. 리틀이다.

H. P. 하웰이나 벤 프랭클린, E. H. 리틀과 같은 행동을 할 수 있다면 그는 보통 사람은 아닐 것이다. 그럼 이제

아무도 보지 않을 때 거울을 보며 자신에게 이렇게 물어보라. 나는 과연 이런 종류의 인물에 속하는가?

비판을 받고도 걱정하지 않으려면 다음의 방법을 꼭 기억하라.

타인의 비판에 상처받지 않는 방법 3

우리가 저지른 어리석은 행동을 기록하고 스스로 비판하라. 자신이 완벽해지기를 바라는 건 무리다. E. H. 리틀이 그랬던 것처럼 편견 없이 유용하고 건설적인 비판을 요청하자.

타인의 비판에 상처받지 않는 세 가지 방법

1. 부당한 비판이란 종종 변형된 칭찬일 수도 있다
   는 사실을 기억하라. 그것은 대개 여러분이 부러
   움을 산다는 의미다. 죽은 개는 아무도 걷어차지
   않는다.
2. 최선을 다하라. 낡은 우산 하나라도 펼쳐라. 여러
   분의 목덜미로 비판의 빗줄기가 흘러들어 괴롭
   히지 못하게 하라.
3. 우리가 저지른 어리석은 행동을 기록하고 스스
   로 비판하라. 완벽해지기를 바라는 것은 무리다.
   다만 E. T. 리틀이 했던 것처럼 편견 없이 유용하
   고 건설적인 비판을 요청하자.

PART

7

걱정과 피로를 막고
활력을 고취시키는
여섯 가지 방법

1

당신의 활동 시간을
한 시간 더하는 법

나는 걱정을 예방하는 법에 대한 책을 쓰면서 왜 피로를 방지하는 이야기를 할까? 이유는 간단하다. 피로는 종종 걱정을 유발한다. 피로는 여러분이 쉽게 걱정에 빠지도록 만든다. 어떤 의사라도 피로는 감기나 그 외의 수백 가지 질병에 대한 저항력을 떨어뜨린다고 말할 것이다. 정신 병리학자라면 누구나 피로가 두려움이나 걱정 같은 감정에 대한 저항력을 떨어뜨린다고 할 것이다. 그러므로 피로를 예방하는 것이 곧 걱정을 막는 방법이다.

내가 '걱정을 예방하는 것은 쉽다.'는 말을 썼던가? 이는 순화된 표현이다. 에드먼드 제이컵슨 박사는 이보다 강한 표현을 쓴다. 제이컵슨 박사는 『점진적 긴장 완화』와 『긴장을 풀어야 한다』라는 책을 썼다. 그리고 시카고 대학의 임상생리학연구소 소장으로서 오랫동안 의학 치료 방법의 하나인 긴장 완화를 활용하는 방법에 대한 연구를 해왔다. 그는 신경적이거나 감정적인 상황은 "긴장이 완전히 풀린 상태에서는 존재할 수 없다."라고 단언했다. 그러므로 긴장을 완화하면 걱정을 할 수 없다는 뜻이다. 피로와 걱정을 예방하기 위한 첫 번째 규칙은 바로 이것이다. '자주 쉬어라. 피곤해지기 전에 휴식을 취하라.'

이 말이 왜 중요한가? 피로는 놀라울 만큼 빨리 누적된다. 미 육군은 여러 차례 실험을 통해 젊은 사람도, 그러니까 군대에서 수년간 훈련받은 사람조차도 한 시간마다 10분 정도 배낭을 내려놓고 휴식을 취한다면 더 효율적으로, 오랫동안 행군할 수 있다는 사실을 알아냈다. 육군은 이 방침을 실시하고 있다.

여러분의 심장은 미 육군과 마찬가지로 똑똑하다. 심장이 매일 몸으로 보내는 혈액은 기차에 싣는 유조 탱크 하나를 가득 채울 만큼 많다.

심장이 하루에 소모하는 에너지는 석탄 20톤을 1미터

높이로 들어 올릴 때 필요한 에너지와 같다. 심장은 이렇게 놀라운 일을 50년, 70년, 혹은 90년 동안 하는 것이다. 심장은 어떻게 이 일을 견디고 있는 것일까?

월터 B. 캐넌 하버드 의대 박사는 이렇게 말한다.

"우리는 심장이 끊임없이 일하고 있다고 생각합니다. 하지만 사실은 심장은 한 번 수축할 때마다 일정한 휴지기를 갖습니다. 1분에 70번 박동한다고 치면, 심장은 실제로 24시간 중 9시간 정도만 일하는 것입니다. 합산해 보면 심장은 하루에 15시간 정도 쉬고 있습니다."

제2차 세계대전 당시 윈스턴 처칠은 60대 후반에서 70대 초반 사이의 나이였지만 수년간 하루에 16시간씩 일하며 대영 제국의 전쟁을 이끌었다. 놀라운 기록이다. 비결은 무엇일까? 그는 매일 아침 11시까지 침대에서 보고서를 읽은 뒤 지시를 내리고 전화를 걸며 중요한 회의를 했다. 점심 식사 후 그는 다시 침대에 가서 낮잠을 한 시간 정도 잤다. 그리고 저녁 때 다시 한 번 침대로 가서 두 시간 정도 잔 뒤 8시에 저녁을 먹었다. 그는 굳이 피로를 해소하지 않았다. 그럴 필요가 없었기 때문이다. 그는 피로를 예방했다. 자주 쉬었기 때문에 자정이 넘는 시간에도 활기차게 일할 수 있었다.

존 D. 록펠러는 특별한 기록 두 개를 가지고 있다. 그는 그 당시 존재하던 누구보다 큰 부를 거머쥐었고 98세까지 살았다. 어떻게 그럴 수 있었을까? 장수할 수 있는 유전적 요인이 있었기 때문이다. 또 다른 이유가 있다면 바로 사무실에서 매일 오후에 30분씩 낮잠을 자는 습관일 것이다. 그는 사무실의 소파에서 잠을 자곤 했는데 그가 쉬고 있을 때면 미국 대통령이 전화해도 깨지 않았다.

대니얼 W. 조슬린은 『피로의 원인』에서 이렇게 말한다. "휴식은 아무것도 하지 않는 것이 아니다. 휴식은 회복하는 것이다." 단 5분의 낮잠만으로도 피로를 예방할 수 있다. 왕년의 농구 스타 코니 맥은 시합 전에 잠깐이라도 잠을 자지 않으면 다섯 번째 이닝 즈음에는 기진맥진한다고 내게 말했다. 하지만 5분이라도 눈을 붙이면 더블헤더를 뛰어도 끝까지 지치지 않고 뛸 수 있었다고 한다.

언젠가 나는 일리노어 루스벨트 여사에게 백악관 생활을 하던 12년간 수많은 일정을 무난하게 소화한 비결을 물었다. 그녀는 사람들을 만나거나 연설을 하기 전 의자나 큰 소파에 앉아 눈을 감고 20분 정도 휴식을 취한다고 했다.

매디슨 스퀘어 가든에 있는 개인 탈의실에서 진 오트리와 대화를 나눈 적이 있다. 그는 그곳에서 세계 로데오 경기에서 가장 인기 있는 선수였다. 나는 탈의실에 놓인 군용 침대를 보았다. 진 오트리는 이렇게 말했다. "저는 매일 오후 경기할 때마다 중간에 저기 누워 한 시간 정도 잠을 잡니다. 할리우드에서 영화를 촬영할 때면 종종 커다랗고 편안한 의자에 누워 쉬거나 10분 정도 두어 차례 눈을 붙입니다. 그럼 굉장한 활력이 생기지요."

에디슨은 자신의 대단한 에너지와 인내는 자고 싶을 때면 언제든 자는 습관 때문에 가능했다고 말했다.

헨리 포드가 80번째 생일을 맞이하기 직전 그와 대화를 나눈 적이 있다. 나는 활기차 보이는 그의 모습에 놀라움을 금치 못했다. 그에게 비결을 물었더니 그는 이렇게 대답했다. "나는 앉을 수 있으면 절대 서 있지 않습니다. 누울 수 있으면 절대 앉아 있지 않습니다."

'현대 교육의 아버지'라 불리는 호레이스 만도 나이가 들자 이렇게 했다. 그가 안티옥 대학의 총장이었을 때 그는 학생들과 면담하면서도 소파에 누워 있곤 했다.

나는 할리우드에서 영화를 만드는 감독 한 사람에게 이러한 방법을 시도하라고 권했다. 그는 이 방법이 기적 같은 효과를 가져왔다고 말했다. 이 이야기의 주인공은 잭 처톡이다.

몇 해 전 나를 찾아왔을 때 그는 MGM 단편 영화를 담당하고 있었다. 항상 피곤해하며 기운이 없던 그는 강장제와 비타민, 그리고 온갖 약들을 다 먹었다. 별 효과는 없었다. 나는 그에게 매일 휴가를 떠날 것을 권했다. 어떻게 말인가? 보조 작가들과 사무실에서 회의할 때 몸을 쭉 펴고 휴식을 취하기만 하면 되었다.

2년 뒤에 그를 다시 보게 되었을 때 그는 이렇게 말했다.

"기적이 일어났습니다. 이건 저를 치료하던 의사들이 한 말입니다. 단편영화에 관한 기획 회의를 할 때면 저는 긴장한 채 굳은 자세로 의자에 앉아 있곤 했었습니다. 지금은 이런 회의를 할 때 나는 사무실에 있는 소파에 앉아서 몸을 쭉 편 채 편한 자세를 취합니다. 지난 20년을 통틀어 요즘처럼 상쾌한 적은 없습니다. 전보다 하루에 두 시간씩 더 일하고 있지만 거의 피곤한 줄을 모릅니다."

이 모든 것들이 여러분에게는 어떻게 적용될 것인가? 만일 여러분이 속기사라면 에디슨이나 샘 골드윈처럼 사무실에서 낮잠을 청할 수는 없을 것이다. 여러분이 속기사라면 상사와 회계 보고서에 대한 회의를 하면서 소파에 누워 있기도 어려울 것이다. 하지만 여러분이 작은 도시에 살고 있고 점심을 먹으러 집에 갈 수 있다면 식사 후 10분 정도 눈을 붙이는 것은 가능할 것이다.

조지 C. 마셜 장군이 바로 그렇게 했다. 그는 전시에 미육군을 지휘하느라 여유가 없었다. 그는 점심시간에라도 쉬어야겠다고 생각했다. 만약 여러분이 이미 나이 오십이 넘었고 너무 바빠서 그럴 수도 없다면 지금 바로 가능한 많은 생명 보험에 가입하라. 요즘은 죽음이 갑자기 느닷없이 찾아온다. 여러분의 아내는 여러분이 남긴 보험금을 타서 더 젊은 남자와 살고 싶어 할 수도 있다.

만일 낮잠을 잘 수 없다면 저녁 식사 전 한 시간 정도는 누워 있을 수는 있을 것이다. 이 방법은 칵테일 한 잔보다도 저렴한 비용이 든다. 그런데도 장기적인 관점에서 보면 칵테일보다 5,467배나 큰 효과가 있다.

만일 여러분이 5시나 6시, 혹은 7시 전후로 한 시간 정도 잠을 잔다면 여러분은 매일 한 시간 정도의 활동 시간을 늘릴 수 있게 된다. 어떻게 그렇게 될까? 그것은 저녁 식사 전 한 시간을 자고 잠에 여섯 시간을 잔 뒤 합해 일곱 시간을 자는 것이 연속해서 여덟 시간을 자는 것보다 효과적이기 때문이다.

육체노동자는 휴식을 취할수록 더 많은 일을 할 수 있다. 베들레헴 철강의 기술관리 엔지니어였던 프레더릭 테일러가 이를 입증했다.

그는 노동자들이 대략 1인당 하루에 약 12.5톤의 선철을 화차에 선적하는데 정오만 되면 기운이 빠지는 것을 발견했다. 그는 연관된 피로 요소를 과학적으로 분석한 뒤 이 노동자들이 하루에 1인당 12.5톤이 아니라 47톤을 실어야 한다고 단언했다. 그의 계산에 따르면 노동자들은 지금보다 네 배 더 일하면서도 지치지 않아야 했다. 하지만 이를 어떻게 증명할 것인가!

테일러는 슈미트 씨를 선택해서 스톱워치에 맞춰 일하도록 했다. 슈미트 옆에 한 사람이 서서 시계를 보며 이렇게 말했다. "자, 선철을 들고 가세요. 앉아서 쉬세요. 걸어가세요. 쉬세요." 결과는 어떻게 됐을까? 다른 사람이 하루에 1인당 12.5톤을 나를 때 슈미트는 47톤의 선철을 날랐다. 프레드릭 테일러가 베들레헴 철강에서 일한 3년간 그는 계속 이 속도로 일했다.

슈미트가 이렇게 할 수 있었던 건 지치기 전에 휴식을 취했기 때문이다. 그는 시간당 약 26분을 일한 뒤 34분간 휴식을 취했다. 일하는 시간보다 휴식 시간이 많았다. 하지만 그의 작업량은 다른 사람의 네 배나 되었다. 과연 근거 없는 소문일까? 아니다. 프레더릭 테일러의 저서 『과학적 관리 방법』에서 여러분 스스로 확인해보기 바란다.

다시 한 번 언급한다. 군대에서 하듯 휴식을 취하라. 피로해지기 전에 휴식을 취하라. 그러면 여러분의 활동 시간은 매일 한 시간씩 늘어날 것이다.

2

피곤한 이유와
대처 방안

정말 놀라우면서도 중요한 사실 한 가지를 알려주겠다. 여러분은 정신노동만으로는 절대 피곤해지지 않는다. 말도 안 되는 소리처럼 들릴 수도 있다. 몇 해 전 과학자들은 인간의 두뇌가 피로의 과학적 정의인 '작업 능력 감소'에 이르지 않으면서 얼마나 오랫동안 일할 수 있는지 알아보는 실험을 했다. 과학자들은 놀랐다. 활동하고 있는 뇌를 통과하는 혈액은 피로의 증상을 전혀 보이지 않았다. 막노동자의 혈관에서 혈액을 채취해 살펴본다면 그 혈액이 '피로 독소'와 피로 물질로 가득 차 있다는 것을 알게 될 것이다. 하지만 알베르트 아인슈타인의 뇌에서 혈액 한 방울을 채취해본다면 저녁이 되어도 피로 독소는 전혀 찾아볼 수 없을 것이다.

뇌는 '여덟 시간 심지어 열두 시간을 활동한 후에도 처음처럼 원활하고 빠르게' 움직일 수 있다. 뇌는 전혀 피로해지지 않는다. 그렇다면 여러분을 피로하게 만드는 것은 무엇일까?

정신 병리학자들은 피로가 대부분 우리의 정신적, 감정적 태도에서 비롯된다고 말한다. 영국의 위대한 정신 병리학자 중 한 사람인 J. A. 해드필드는 『힘의 심리학』에서 이렇게 말한다. "우리를 괴롭히는 피로는 대부분 정신적인 이유로 발생한다. 육체적인 이유만으로 피로해지는 경우는 드물다."

A. A. 브릴 박사는 더 극단적인 발언을 했다. "건강한 사무직 노동자가 피로해지는 건 100퍼센트 심리적 요인 때문이다. 이는 곧 감정적 요인을 뜻한다."

어떠한 감정적 요인이 사무직 노동자, 혹은 책상에 앉아 일하는 노동자를 피곤하게 만드는 것일까? 즐거움? 만족감? 아니다! 결코 아니다! 따분함, 원한, 인정받지 못한다는 생각, 허무함, 부족한 시간, 불안함, 걱정……. 이러한 것들이 사무직 노동자를 피로하게 하고 감기에 걸리게 하며 일의 능률을 저하하고 신경성 두통을 유발해 그들을 집으로 가게 한다. 그렇다. 우리가 피로해지는 건 우리의 감정들이 육체에 신경성 긴장 상태를 가져다주기 때문이다.

메트로폴리탄 생명보험은 피로와 관련된 안내문에서 이러한 사실을 명백하게 밝히고 있다. 이 대형 생명보험사는 이렇게 말하고 있다. "극심한 노동 자체로 생기는 피로는 충분한 수면과 휴식을 취하면 거의 사라진다. 걱정과 긴장, 감정의 동요가 피로를 발생시키는 3대 요인이다. 육체적이나 정신적 활동이 원인인 듯해도 실제로 대부분의 원인은 이렇다. 긴장하고 있는 근육은 일하고 있는 근육임을 기억하라. 그러니 이완시켜라! 중요한 임무 수행을 위해 힘을 비축하라!"

지금 여러분의 모습 그대로 멈춘 뒤 스스로를 점검해보라. 여러분은 이 부분을 읽으면서 인상을 찌푸리고 있지는 않은가? 두 눈 사이에 긴장이 느껴지는가? 의자에 편히 앉아 있는가?

혹시 어깨를 구부리고 앉아 있지는 않은가? 얼굴 근육

이 긴장되지는 않았는가? 여러분의 온몸 구석구석이 낡은 헝겊 인형처럼 흐느적거리지 않는다면 이 순간 여러분의 신경과 근육은 긴장된 상태인 것이다. 여러분은 신경성 긴장과 피로를 만들고 있다.

우리는 정신노동을 하면서 왜 쓸데없이 이런 불필요한 긴장을 만들어 내고 있을까? 조슬린은 이렇게 말한다. "내 생각에 가장 큰 장애물은 대부분 사람이 노력하고 있다는 느낌을 받아야 열심히 일하고 있다는 생각을 한다는 것이다. 만약 그렇지 않으면 그들은 자신이 제대로 일하고 있지 않다고 믿는다." 그러한 이유로 우리는 무언가에 집중할 때 인상을 찌푸린다. 어깨를 구부린다. 우리는 우리의 근육에 자신이 노력하고 있다는 표시를 드러내게 한다. 그런 게 뇌의 활동에 전혀 도움이 되지 않음에도 말이다.

놀랍고도 비극적인 진실이 있다. 돈이라면 티끌만큼도 낭비할 생각을 하지 않는 이들이 자신의 에너지만큼은 '싱가포르 항구에서 술에 취해 비틀대는 일곱 명의 선원들'처럼 분별없이 낭비하고 소비하고 있다.

이러한 신경성 피로에 대한 해답은 과연 무엇일까? 휴

식을 취하라! 휴식을 취하라! 휴식을 취하라! 일하면서도 휴식을 취하는 법을 배우라! 쉬워 보이는가? 그렇지 않다. 여러분은 평생 습관을 바꿔야 할지도 모른다. 하지만 그럴 만한 가치가 있는 일이다. 여러분의 인생을 혁명적으로 변화시킬 것이기 때문이다. 윌리엄 제임스는 「휴식의 복음」이라는 글에서 이렇게 말했다. "미국인들의 표현에서 볼 수 있는 극도의 긴장감이나 갑작스러운 변덕, 호흡곤란, 격렬함, 고통 등은 단지 나쁜 습관일 뿐이다." 긴장은 습관이다. 휴식도 마찬가지다. 그리고 나쁜 습관을 버리고 좋은 습관을 가지는 것은 불가능한 일이 아니다.

여러분은 어떻게 휴식을 취하는가? 정신 휴식이 우선인가, 신경 휴식이 우선인가? 둘 다 아니다. 여러분은 늘 근육의 휴식부터 우선적으로 취하고 있다.

한번 시험해보자. 눈부터 시작해보자. 이 문단을 다 읽고 마지막 부분에 이르게 되면 뒤로 길게 누워 눈을 감은 뒤 눈을 향해 조용히 말해보라. "풀어라, 풀어라, 긴장을 풀어라. 인상을 펴라. 풀어라, 풀어라." 이 말을 1분간 아주 천천히 반복하라.

눈의 근육이 이 말을 듣고 있다는 사실을 느낄 수 있는가? 어떤 손이 긴장을 없애고 있는 것을 느낄 수 있겠는가? 믿기 어렵겠지만 1분 사이에 여러분은 휴식의 기술에 대한 모든 비법과 비밀을 체험할 것이다. 여러분은 턱과 얼굴 근육, 목, 어깨, 그리고 몸 전체에 대해서도 똑같이 할 수 있다. 그중 가장 중요한 기관은 눈이다.

시카고 대학의 에드먼드 제이컵슨 박사는 만약 우리가 긴장된 눈 근육을 완전히 풀 수 있다면 가지고 있는 문제를 모두 잊을 수 있다는 말까지 했다. 우리 신체가 소모하는 신경 에너지의 4분의 1을 눈이 소모하기 때문이다. 시력에 전혀 문제가 없는 수많은 사람도 '눈의 피로'를 호소하는 이유가 여기에 있다. 그들은 눈을 긴장시키고 있다.

소설가 비키 바움은 어릴 때 만났던 한 노인에게서 평생 배운 교훈 중 가장 중요한 것을 배웠다고 한다. 그녀는 넘어져서 무릎이 긁히고 손목을 다쳤다. 한 노인이 그녀를 일으켜주었다. 서커스단에서 광대역을 하던 노인이었다. 그는 그녀의 옷을 털어주며 이렇게 말했다. "넌 몸에서 힘을 뺄 줄 몰라서 다친 거야. 양말처럼 부드러워야 한다. 낡아서 헐렁한 양말처럼 말이야. 내가 가르쳐 줄 테니 따라오너라." 노인은 비키 바움과 다른 아이들에게 넘어지는 방법과 앞구르기, 뒤구르기 등을 가르쳐주었다. 그러면서 노인은 늘 이렇게 강조했다. "너 자신을 낡아서 헐렁한 양말이라고 생각해라. 그러면 힘을 뺄 수 있단다!"

여러분은 언제 어디서라도 휴식을 취할 수 있다. 하지만 휴식을 취하려고 노력해서는 안 된다. 휴식은 모든 긴장과 노력이 없는 상태를 의미한다. 편안함과 휴식을 생각하라. 우선 눈과 얼굴 근육의 휴식을 생각하며 이 말을 반복해 보라. "풀어라, 풀어라, 지금부터 긴장을 풀어라." 그리고 얼굴 근육에서 몸 중심으로 에너지가 흐르는 것을 느껴보라. 여러분이 갓난아이처럼 아무 긴장도 하지 않는다고 생각하라.

위대한 소프라노 갈리쿠르치가 그렇게 했다. 헬렌 젭슨은 갈리쿠르치가 공연 전에 모든 근육의 긴장을 풀고는 아래턱의 힘을 빼며 입이 거의 벌어지게 한 뒤 의자에 앉아 있는 모습을 자주 목격했다고 한다. 좋은 습관이다. 그녀는 이렇게 함으로써 무대에 오르기 전에 지나치게 긴장

하는 것을 예방할 수 있었다. 그것은 피로도 또한 예방해
주었다.

여기 휴식을 취하는 데 도움이 되는 다섯 가지 제안이
있다.

1. 이 주제와 관련된 가장 권위 있는 책, 데이비드 해럴
드 핑크 박사의 저서 『신경 긴장에서 해방되는 법』을 읽
어보라.

2. 때때로 휴식을 취하라. 여러분의 몸을 낡은 양말처
럼 부드럽게 만들어라. 일할 때마다 나는 내가 얼마나 부
드러워야 하는지 상기시키기 위해 낡은 밤색 양말을 책상
위에 가져다놓곤 한다. 양말이 없으면 고양이도 괜찮다.
혹시 볕이 잘 드는 곳에서 자는 고양이를 안아본 경험이
있는가? 그럴 때 고양이의 양 끝은 마치 젖은 신문지처럼
축 늘어지고 한다. 인도의 요가 수행자들조차도 이완하
는 법을 배우려면 고양이를 연구하라고 한다. 나는 지금
껏 단 한 번도 피로한 고양이나 신경 쇠약에 걸린 고양이,

혹은 불면증이나 걱정, 위궤양에 시달리는 고양이를 보지 못했다. 만약 여러분이 고양이처럼 이완하는 법을 배운다면 앞서 언급한 불행한 일을 막을 수 있을 것이다.

3. 가능하면 편한 자세로 일하라. 몸의 긴장이 어깨를 결리게 하고 신경의 피로를 유발한다는 사실을 기억하라.

4. 하루 너댓 번 자기 자신을 돌아보며 물어보라. '실제보다 더 일을 힘들게 만들고 있지는 않은가? 내가 하는 일과 전혀 상관없는 근육을 쓰고 있지는 않은가?' 이것은 여러분이 휴식을 취하는 습관을 기르는 데 도움이 될 것이다. 데이비드 헤럴드 핑크 박사의 말처럼 "심리학에 능통한 사람들은 분명 이러한 습관을 지니고 있다."

5. 일과를 마친 뒤 자신에게 물어보라. '나는 지금 정확히 얼마만큼 피곤한가? 만약 피곤하다면 그것은 내가 한 정신노동 때문이 아니라 그 일을 했던 방식 때문이다.' 대니얼 W. 조슬린은 이렇게 말했다.

"나는 일과를 마친 뒤 그날의 성과를 평가할 때 피로도로 판단하지 않고 피곤하지 않은 정도로 판단한다. 모든 일을 마쳤을 때 특별히 피곤하다거나 짜증이 나면서 신경이 피로해졌다는 생각이 들면, 나는 그날은 질적으로나 양적으로도 비효율적이었다고 확신한다."

　만약 미국의 비즈니스맨들이 모두 이러한 교훈을 얻는다면 '고혈압'으로 말미암은 사망률은 금세 줄어들 것이다. 게다가 피로나 걱정에 시달린 사람들이 정신 요양소나 정신 병원을 가득 채우는 일도 멈출 것이다.

3

가정주부들이
피로에서 벗어나
젊음을 유지하는 법

지난 가을의 어느 날, 나와 같이 일하는 동료 한 명은 좀처럼 보기 힘든 의학 강좌에 참여하기 위해 보스턴으로 갔다. 의학 강좌? 글쎄, 틀린 말은 아니다. 일주일에 한 번 보스턴의 진료소에서 모임이 열리며 그 모임에 참여하는 환자들은 입장 전 정규적이고도 철저한 검진을 받는다.

하지만 이 강좌는 심리 치료 강좌다. 공식 명칭은 응용 심리학 강좌이긴 하지만 실제 목적은 걱정 때문에 질병에 걸린 사람들을 치료하는 것이다. 그 환자들 가운데 대부분은 감정적 문제를 겪고 있는 가정주부들이었다.

걱정에 관한 이 강좌는 어떻게 시작됐을까? 1930년 조셉 H. 프래트 박사는(참고로 그는 윌리엄 오슬러 경의 제자다.) 보스턴 진료소를 찾는 환자 중에 상당수가 몸에는 전혀 이상이 없다는 것을 깨달았다. 그런데도 그들은 우리 몸이 겪을 수 있는 온갖 증상을 보였다. 한 여성은 손에 극심한 '관절염'이 생겨 손을 전혀 쓰지 못했다. 다른 여성은 '위암'과 같은 증세를 보이며 고통스러워하고 있었다.

이외에도 수많은 여성이 요통이나 두통, 혹은 만성 피로나 딱히 병명을 알 수 없는 고통과 통증으로 신음하고 있었다. 그들은 실제로 이런 고통을 겪었다. 하지만 아무리 정밀하게 검진을 해도 그들에게는 육체적인 질병이 발견되지 않았다. 과거 의사들은 이런 고통의 원인이 상상이나 마음의 병이라고 말했다.

하지만 프래트 박사는 그들에게 "집으로 돌아가 잊으라." 하고 말하는 게 전혀 도움이 되지 않는다는 것을 알았다. 그녀들 대부분은 아프고 싶어 하지 않았다. 만약 고통을 잊는 게 쉬운 일이었다면 그녀들 스스로가 그렇게 했을 것이다. 그렇다면 어떻게 해야 하는가?

그래서 그는 의학적 효과에 의심을 한 사람들의 반대에도 불구하고 이 강좌를 열었다. 강좌를 통해 기적 같은 일이 벌어졌다. 18년 동안 그 강좌에 참석한 환자 수천 명이 치유된 것이다. 환자 중 몇몇은 몇 년째 마치 교회를 다니듯 종교적인 자세로 지속해서 참석했다. 내 보조원이 그 모임에 9년간 거의 참석한 여성과 대화를 나눈 적이 있다. 그 모임에 처음 참석했을 때 그녀는 자신이 콩팥 처짐증이라는 병과 몇몇 종류의 심장 질환이 있다고 확신했다. 그녀는 얼마나 걱정하고 긴장했던지 때때로 눈앞이 캄캄해지면서 시력을 잃기도 했다.

지금 그녀는 자신감이 생겼고 즐겁게 생활하며 아주 건강하다. 그녀는 마흔 정도로 보이지만 무릎에서는 손자가 자고 있다. 그녀는 이렇게 말했다. "가족 문제로 얼마나 걱정했는지 죽고 싶다는 생각뿐이었습니다. 하지만 이 모임에 참석하면서 걱정한다고 달라질 게 없다는 사실을 깨달았습니다. 걱정하지 않는 법을 배우게 됐습니다. 이제 제 삶은 평온해졌습니다."

그 강좌의 의학 고문인 로즈 힐퍼딩 박사는 걱정을 줄이는 가장 좋은 처방의 하나는 '믿을 만한 사람에게 문제를 털어놓는 것'이라고 말했다. "우리는 이것을 카타르시스라고 부릅니다." 그녀는 또한 이렇게 말했다.

"환자들은 이곳에 와서 자신의 문제를 속이 후련히 풀릴 때까지 시시콜콜하게 털어놓습니다. 혼자서 걱정을 곱씹으며 누구에게도 털어놓지 않는 것은 심각한 신경적 긴장을 야기합니다. 우리는 모두 자신의 문제를 공유할 줄 알아야 합니다. 우리는 걱정을 공유해야만 합니다. 우리는 내 이야기를 들어주고 이해해줄 사람이 이 세상에 존재한다고 느껴야 합니다."

내 보조원은 한 여성이 자신의 걱정을 털어놓음으로써 얼마나 큰 위안을 받았는지 직접 목격했다. 그녀는 가정사에 대한 고민이 있었는데, 처음 이야기를 시작했을 때 그녀는 마치 팽팽히 감겨 있는 용수철 같았다.

하지만 점차 이야기를 해 나가면서 그녀는 누그러지기 시작했다. 실제로 상담이 끝나갈 무렵에는 웃고 있었다. 문제가 해결된 것일까? 아니다. 문제는 그렇게 쉽지 않았다. 그녀에게 일어난 변화는 누군가에게 고백하고 약간이 조언과 인간적 관심을 얻었다는 그 자체였다. 실제로 변화를 일으킨 건 말 속에 숨겨진 엄청난 치유력이었다.

대부분의 심리 분석은 이러한 말의 치유력에 기초하고 있었다. 프로이트 이후 분석 전문의들은 환자가 단지 이야기라도 할 수 있다면 자신의 내적 불안을 해소할 수 있다는 사실을 알고 있었다. 이런 일은 왜 생기는 것일까? 말을 하게 됨으로써 우리는 문제에 대해 좀 더 깊이 있는 통찰력이 생기고 더 잘 이해할 수 있게 되기 때문인지도 모른다. 누구도 이 문제와 관련해 명쾌한 해답을 제시하지는 못한다. 하지만 우리는 '가슴속에 쌓인 것을 내뱉거나 속 시원히 털어놓는 것'이 즉각적 위안이 된다는 사실을 알고 있다.

그러므로 앞으로 여러분에게 감정적인 문제가 생긴다면 누군가에게 털어놓는 것은 어떻겠는가? 이 말은 눈에 띄는 사람마다 붙들고 징징거리며 불평을 늘어놓으면서 누군가에게 성가신 존재가 되라는 말은 결코 아니다. 우리는 신뢰할 수 있는 사람을 선택해 약속해야 한다. 그는 친척일 수도 있고, 의사나 변호사, 목사, 신부일 수도 있다.

그리고 그에게 이렇게 말하라. "당신의 조언을 듣고 싶습니다. 제게 문제가 생겼는데 그 문제에 대해 말하는 동안 잘 들어주셨으면 좋겠습니다. 당신이라면 제게 조언해주실 수 있을 거라 생각합니다. 이 문제에 대해 저와 다른 시각으로 보실 수 있기 때문입니다. 만약 조언해주지 못한다고 하더라도 이야기를 조용히 들어주시는 것만으로도 큰 도움이 될 것입니다."

만약 여러분이 속내를 털어놓을 사람을 찾지 못하겠다면 '생명의 전화'를 추천하고자 한다. 이곳은 보스턴 진료소와는 무관하다. '생명의 전화'는 세상에서 가장 특이한 조직 중 하나다. 이 조직은 처음에 자살을 예방하기 위해 만들어졌다.

하지만 세월이 흐르면서 이 조직은 삶이 불행하거나 감정적으로 도움이 필요한 사람들을 위해 정신적 상담을 해 주는 곳으로 영역을 확장해갔다. 한동안 나는 생명의 전화의 상담원인 로나 B. 보넬과 연락을 주고받았다.

그녀는 내게 이 책의 독자들이 편지를 보낸다면 흔쾌히 답장하겠노라고 말했다. 만약 여러분이 뉴욕 5번가 505번지에 있는 생명의 전화로 편지를 보낸다면 여러분의 편지와 고민이 비밀에 부쳐진다고 약속할 수 있다. 여러분이 개인적으로 교류할 수 있는 사람에게 털어놓는 것이 훨씬 큰 위안이 되겠지만 그럴 수 없다면 이곳으로 편지를 보내도 좋다.

누군가에게 문제를 털어놓는 것은 보스턴 진료소의 주요한 처방이 됐다. 또한 여기에 몇 개의 아이디어가 있다.

1. '정신적인' 독서를 기록할 수 있는 노트나 스크랩북을 준비하라.

거기에 여러분의 가슴에 와 닿는 시나 기도문, 글귀 등을 붙일 수 있다. 그러면 비 내리는 어느 오후, 그 책을 통해 처방을 찾을 수도 있다. 보스턴 진료소를 찾는 수많은 환자가 오랜 기간 이 노트를 사용하고 있다. 이들은 노트가 정신적 '활력소'가 된다고 말한다.

2. 타인의 단점에 대해 너무 깊게 생각하지 말라.

여러분의 남편은 분명 단점이 있을 것이다. 만약 그가 성인(聖人)이라면 여러분과 결혼하지 않았을 것이다. 그 강좌에 참석한 한 여성은 자신이 점점 잔소리하고 야단을 치는 심술궂은 아내가 되어 가고 있다고 느끼고 있었다.

하지만 다음 질문을 받은 뒤 곧바로 그런 모습을 버렸다. "남편이 죽는다면 어떻게 하시겠습니까?" 너무 놀란 그녀는 그 자리에 앉아 남편의 장점에 대해 하나씩 적기 시작했다. 꽤 많은 장점을 적을 수 있었다.

만약 여러분이 주먹이나 휘두르는 폭력적인 사람과 결혼했다는 생각이 든다면 이렇게 하는 게 어떻겠는가? 남편의 장점을 읽고 나면 그 사람이야말로 여러분이 만나고 싶어 했던 사람이라고 느낄지 모른다.

3. 이웃에 관심을 가져라. 동네에서 여러분과 함께 생활하는 사람들에게 호의를 보이며 건강한 관심을 가져라.

자신이 너무 배타적인 성격이라 친구가 없다고 고민하던 한 여성은 그녀가 만나는 사람들에 대한 이야기를 지어보라는 조언을 받았다. 그녀는 전차에서 본 사람들에 대한 배경과 상황을 지어내기 시작했다. 그녀는 그들의 인생에 대해 생각해보기 시작했다. 그 후 어디를 가도 사람들에게 말을 걸었다. 지금 그녀는 자신의 고통을 벗어던지고 활발하고 매력적인 사람이 됐다.

4. 오늘 밤 잠들기 전 내일 할 일에 대한 계획을 세워라.

그 모임에서 조사한 바에 따르면 가정주부 대부분은 매일같이 반복되는 가사와 허드렛일로 항상 바쁘다. 일은 도무지 끝날 기미가 보이지 않기에 그들은 늘 시간에 쫓기며 살고 있다. 이렇듯 시간에 쫓기는 느낌, 거기서 비롯된 걱정을 없애기 위해 전날 저녁에 계획을 세우라는 제안을 한 것이다. 결과는 어떻게 됐을까? 더 많은 일을 할 수 있었고 피곤함도 훨씬 줄어들었다. 자부심과 성취감도 얻었다. 휴식을 취하고 치장할 여유도 생겼다. (여성은 일하는 도중에도 틈틈이 멋을 부리고 아름답게 꾸밀 시간이 있어야 한다. 개인적으로 나는 스스로 아름답다고 생각하는 여성은 '신경과민'에 걸릴 가능성이 거의 없다고 생각한다.)

5. 긴장과 피로를 피하라. 휴식을 취하라! 휴식을 취하라!

긴장과 피로만큼 여러분을 빨리 늙게 하는 것은 없다. 이것만큼 심하게 여러분의 생기발랄함을 잃게 만들고 외모를 망가뜨리는 것은 없다. 내 보조원은 보스턴 사고 조절 강좌에 참석해서 그곳 책임자인 폴 E. 존슨 박사가 우리가 이 장에서 이미 살펴본 휴식의 원칙을 실제로 적용하는 강좌에 한 시간 정도 참석했다. 함께 훈련을 받던 내 보조원은 휴식을 취하는 훈련을 10분 정도 하자 의자에 앉은 채로 거의 잠이 들었다. 훈련 과정에서 이런 육체적인 이완 과정을 강조하는 이유는 무엇일까? 이 모임을 진행하는 사람들은 다른 의사들과 마찬가지로 걱정이라는 괴물을 없애기 위해서는 먼저 몸의 긴장을 풀어야 한다는 사실을 알고 있었던 것이다.

바로 이것이다. 가정주부인 여러분은 휴식을 취해야 한다. 여러분이 가진 큰 장점 중 하나는 바로 여러분이 원할때 언제든 누울 수 있다는 것이다. 여러분의 거실 바닥에 말이다. 이상하게 들릴 수 있겠지만, 적당히 딱딱한 바닥이 푹신한 침대보다 휴식을 취하기에는 더 적합하다. 바닥은 척추를 더 단단하게 받쳐주기 때문이다.

자, 그러면 집에서 여러분이 할 수 있는 몇 가지 방법을 알려 주겠다. 일주일 정도 시험해본 뒤 여러분의 외모와 성격에 어떤 영향을 미치는지 살펴보기 바란다.

1. 피곤하다고 느낄 때면 언제든 똑바로 바닥에 누워

라. 최대한 몸을 쭉 펴라. 구르고 싶으면 굴러라. 이 행동을 하루에 두 번 하라.

2. 눈을 감아라. 존슨 박사 추천대로 이렇게 하는 것도 방법이다. "머리 위에서 해가 비치고 하늘은 파랗게 반짝이고 있다. 자연은 온 세상을 고요히 감싸고 있다. 나는 자연의 아기로서 우주와 교감하고 있다." 이렇게 하기 싫다면 기도를 해라. 기도가 더 나은 방법이기 하다.

3. 혹시라도 오븐에 고기를 넣어두었거나 시간이 없어서 누울 수 없다면 의자에 앉는 것만으로도 비슷한 효과를 얻을 수 있다. 휴식을 취할 땐 딱딱하고 똑바로 앉을 수 있는 의자가 좋다. 이집트 동상처럼 똑바로 앉아라. 손바닥을 아래로 향하게 한 뒤 허벅지 위에 두어라.

4. 그리고 나서 발가락에 천천히 힘을 준 뒤 힘을 빼라. 다리 근육에 힘을 준 뒤 힘을 빼라. 이런 식으로 몸의 아래쪽에서부터 목까지 온몸의 근육에 힘을 주었다가 빼는 일을 반복하라. 그런 뒤 축구공을 굴리듯 머리를 세게 굴려라. 앞에서 살펴보았듯이 여러분의 근육을 향해 계속 이렇게 말하라. "풀어라, 풀어라."

5. 지속해서, 그리고 느리게 숨을 쉬며 신경을 가라앉혀라. 몸의 아래쪽에서부터 숨을 쉬어라. 인도 요가 수행자들의 말은 옳다. 규칙적인 호흡은 신경을 안정시키는 데 있어 지금껏 발견된 어떠한 방법보다 좋다.

6. 얼굴에 있는 주름과 인상에 정신을 집중한 뒤 매끈하게 펴라. 여러분의 미간과 입가에 있는 근심 주름을 완화해라. 하루에 두 번씩 이 행동을 한다면 피부 관리실에 가서 마사지를 받지 않아도 될 것이다. 아마도 주름은 흔적도 없이 사라지게 될 것이다.

4

피로와 걱정을
예방하는
네 가지 작업 습관

■ **좋은 작업 습관 1**

지금 당장 해야 하는 작업과 무관한 서류를 책상에서
치워라.

시카고 앤드 노스웨스턴 철도의 사장 롤란드 L. 윌리엄
스는 이렇게 말했다.

"책상 위에 온갖 문제와 관련된 서류가 잔뜩 있는 사람
은 지금 할 일과 무관한 서류를 다 치워 버려야 한다. 그
럼 자신의 일을 더 쉽고 명확하게 할 수 있을 것이다. 나
는 이것을 굿 하우스 키핑이라 부르는데, 이것이야말로
일의 효율을 높이는 가장 기본이 되는 행동이다."

워싱턴에 있는 국회 도서관 천장에는 다음과 같은 명언이 적혀 있다. 시인 알렉산더 포프가 쓴 글귀다. "질서는 하늘의 제1법칙이다." 질서는 사업에서도 제1의 법칙이 되어야 한다. 실상은 어떠한가? 보통 비즈니스맨의 책상은 몇 주나 거들떠보지 않은 서류로 가득 차 있다. 뉴올리언스의 한 신문 출판인은 자신의 책상을 정리하라고 비서에게 시킨 결과 책상에서 2년 동안 찾아 헤매던 타자기를 찾았다는 말을 한 적 있다.

회신하지 않은 편지와 보고서, 온갖 메모로 어수선한 책상을 보는 것만으로도 혼란과 긴장, 걱정이 발생한다. 어쩌면 더 심각한 결과를 초래할 수도 있다. '해야 할 일은 많은데 시간이 없다.'는 생각을 계속하게 되면 걱정이 생긴다. 이는 고혈압이나 심장 질환, 위궤양을 유발한다.

펜실베니아 대학 의과대학원 교수인 존 H. 스토크스 박사는 전국 미국의학협회 모임에서 「기관 질환의 합병증으로서의 기능성 신경증」이라는 논문을 발표했다. 그는 이 논문에서 '환자의 심리 상태를 통해 무엇을 확인해야 하는가.'라는 제목으로 열한 개의 상황을 제시했다. 그 논

문의 상위 목록에는 다음과 같은 말이 있다. '의무감 혹은 책임감, 꼭 해야만 하는 수많은 일들.'

하지만 책상을 정리하거나 무언가에 대한 결단을 내리는 기본적인 조치가 어떻게 앞서 언급한 고혈압이나 의무감, '꼭 해야만 하는 수많은 일들'과 같은 느낌을 방지하는 데 도움이 될까? 유명한 정신 병리학자 윌리엄 L. 새들러 박사는 간단한 방법을 통해 신경 쇠약을 이겨낸 환자 이야기를 했다. 그 환자는 시카고에 있는 대기업 임원이었다. 그가 새들러 박사를 찾아왔을 때 그는 긴장한 탓에 온몸이 굳어 있었고 신경질적이고 걱정이 많은 상태였다. 그는 이런 식으로 계속 가다간 상황이 심각해지리라는 것을 알았지만 일을 그만둘 수는 없었다. 그에게는 도움이 필요했다. 새들러 박사는 이렇게 말했다.

"이 사람이 내게 자신의 이야기를 하는데 사무실로 전화가 걸려 왔습니다. 병원에서 온 전화였습니다. 그래서 저는 그 일을 미루는 대신 시간을 내서 그 자리에서 결론을 내렸습니다. 저는 가능하면 늘 그 자리에서 문제를 해결하려고 합니다. 전화를 끊자마자 벨이 울렸습니다. 긴급한 문제였기에 저는 시간을 내 토의를 끝냈습니다.

저를 세 번째로 방해한 건 위독한 환자에 대한 조언을 듣기 위해 저를 찾아온 동료였습니다. 대화를 마친 뒤 기다리게 해서 미안하다는 말을 하기 위해 저를 찾아온 사람을 보았습니다. 그는 이미 밝아진 상태였습니다. 그의 얼굴은 예전과는 확연하게 달라져 있었습니다."

"사과하지 않으셔도 됩니다. 선생님!" 그가 새들러에게 말했다.

"지난 10분 동안 제가 어떤 잘못을 했는지 알게 됐습니다. 저는 사무실로 돌아가 제가 일하는 습관을 고쳐야 하겠습니다. 그런데 그 전에 선생님 책상 속을 한번 살펴봐도 괜찮을까요?"

새들러 박사는 자신의 책상 서랍을 열어 보여주었다. 사무용품 몇 개를 제외하고는 아무것도 없었다. 환자가 물었다.

"아직 끝내지 않은 업무 서류는 어디에 보관하십니까?"

"다 끝냈습니다."

새들러가 말했다.

"그럼 아직 회신하지 않은 편지는 어디에 보관하십니까?"

"다 회신했습니다."

새들러가 말했다.

"저는 항상 편지를 내려놓기 전에 회답을 끝냅니다. 그 자리에서 구술한 뒤 비서를 시켜 회신하게 하지요."

6주가 지난 뒤 그 임원은 새들러 박사를 자신의 사무실에 초대했다. 그는 달라져 있었다. 그의 책상도 마찬가지였다. 그는 자신의 책상 서랍을 열어 아직 해결하지 않은 일이 하나도 없다는 것을 보여주었다. 임원이 말했다.

"6주 전, 저는 두 곳의 사무실에 세 개의 책상이 있었고 해야 할 일은 산더미처럼 쌓여 있었습니다. 일은 결코 끝나지 않았지요. 선생님과 상담을 마친 뒤 돌아와 보고서와 오래된 서류들을 한가득 버렸습니다. 저는 이제 책상을 하나만 이용하고 일이 생기면 그 즉시 처리하기에 끝나지 않은 산더미 같은 일들로 저를 괴롭히거나 긴장하고 걱정하게 만들지 않습니다. 하지만 가장 놀라운 일은 이제 건강을 완전히 회복했다는 겁니다. 제 건강은 이제 아무 이상이 없습니다."

미국 대법원장 찰스 애번스 휴즈 판사는 이렇게 말했다. "사람들은 과로로 쓰러지지 않는다. 사람들이 쓰러지는 건 분산된 힘과 걱정 때문이다."

■ 좋은 작업 습관 2
중요한 순서대로 일하라.

전국적으로 지점을 갖고 있는 시티즈 서비스 컴퍼니의 설립자 헨리 L. 도허티는 아무리 많은 급여를 준다 해도 찾기 힘든 두 가지 능력이 있다고 말했다. 하나는 생각하는 능력이고 다른 하나는 중요한 순서대로 일하는 능력이다.

무일푼 소년이었던 찰스 럭맨은 12년 만에 펩소던트 사의 사장 자리까지 올랐다. 연봉은 10만 달러에 자산은 100만 달러가 넘는다. 그는 자신이 성공할 수 있었던 이유는 헨리 L. 도허티가 찾기 힘들다고 말한 두 가지 능력을 계발했기 때문이라고 단언했다. 찰스 럭맨이 말했다.

"나는 오래전부터 새벽 5시에 일어났다. 그 어떤 때보다 더 잘 생각할 수 있는 시간이기 때문이다. 나는 그 시간에 그날의 일과를 계획하고 중요한 순서대로 실행할 계획을 세운다."

미국에서 역사상 가장 성공한 보험 판매원으로 꼽히는 프랭클린 베트거는 계획을 세우기 위해 굳이 새벽 5시까지 기다리지 않았다. 그는 전날 저녁에 계획을 세우고 목표를 정한다. 그것은 다음 날 팔아야 할 보험 계약과 관련된 목표다. 그 목표를 이루지 못하면 그 다음 날에 추가되면서 그런 식으로 이어 나간다.

오랜 경험으로 미루어볼 때 나는 중요도에 따라 일을 처리하기가 쉽지 않다는 것을 알고 있다. 하지만 중요한 일을 먼저 실행하도록 계획을 세우는 것이 되는 대로 일을 처리하는 것보다는 훨씬 낫다는 사실 또한 알고 있다.

조지 버나드 쇼가 중요한 일을 우선으로 처리한다는 원칙을 철저하게 지키지 않았다면 그는 소설가로서 실패하고 평생 은행원으로 살았을지도 모른다. 그는 매일 다섯 장의 글을 쓰겠다는 계획을 세웠다. 그 계획에 따라 그는 9년간 고통스럽게 하루에 다섯 장씩 글을 썼다. 9년이란 세월 동안 고작 13달러밖에 벌지 못했으니 하루에 1페니를 벌었던 셈이었다. 로빈슨 크루소 역시 하루마다 시간을 쪼개 어떤 일을 할지 계획을 세웠다.

■좋은 작업 습관 3

문제가 발생했을 때, 결정을 내리는 데 필요한 사실을 알고 있다면 그 즉시 문제를 해결하라. 결정을 미루지 말라.

내 강좌 수강생이었던 H. P. 하웰은 예전에 US 스틸 사의 이사였다. 그는 자신이 참석하는 이사회가 수시로 길어졌으며 많은 토론을 하지만 결론을 내리지 못할 때가 많았다고 했다. 이사회에 참석한 사람들은 검토해야 할 보고서만 한가득 안고 돌아가야 했다.

마침내 하웰 씨는 이사회를 설득해 한 번에 한 가지 문제만 토의한 뒤 결론을 내리자고 했다. 그러자 오랜 시간을 끌었던 문제도, 결론을 미루는 일도 없어지게 됐다. 사실을 더 확인해야 하는 사안도 있었다. 어떤 일을 해야 하는 경우도, 하지 말아야 하는 경우도 있었다. 하지만 각각의 의제에 대해서는 다음 의제로 넘어가기 전에 결론을 내렸다. 하웰은 그 결과가 놀라울 정도로 효과적이라고 내게 말했다. 미결된 문제가 하나도 없게 된 것이다. 달력도 깨끗해졌다. 이제 보고서를 가득 안고 집으로 갈 필요도 없었다. 미해결 문제로 걱정할 이유도 없었다. 이 방법은 여러분과 나를 위해서도 아주 좋은 규칙이다.

■ 좋은 작업 습관 4

조직하고, 위임하고, 관리하는 법을 배워라.

수많은 비즈니스맨들이 다른 사람에게 책임을 맡기는 법을 배우지 못하고 혼자서 일을 처리하기 위해 고생한다. 이렇게 되면 세세한 일에 파묻혀 중심을 잡지 못하게 되는 결과만 나타난다. 긴박함과 걱정, 불안, 긴장에 시달릴 것이다. 책임을 위임하는 법을 배우기란 쉽지 않다. 나역시 안다. 내게도 정말 어려운 일이었다. 적임자가 아닌 사람에게 권한을 위임할 경우 낭패를 볼 수 있다는 것을 알고 있다. 하지만 책임자라면 걱정과 긴장, 피로를 예방하기 위해서라도 권한을 위임해야만 한다.

사업을 크게 확장한 사람도 조직하고 위임하고 관리하는 법을 배우지 못한다면 50대나 60대 초반에 심장 질환으로 사망하게 된다. 심장 질환은 긴장과 걱정으로 유발된다. 구체적인 사례가 궁금한가? 일간지의 부고란을 살펴보라.

5

❧

피로와 걱정, 분노를
일으키는 지루함을
물리치는 방법

피로를 유발하는 주원인 가운데 하나는 지루함이다. 여러분의 이웃에 사는 '앨리스'라는 평범한 사람을 살펴보자. 어느 날, 앨리스는 몹시 지친 모습으로 집에 돌아왔다. 그녀는 피곤해 보였고 실제로도 그러했다. 두통과 요통이 있었다. 피곤한 나머지 저녁도 먹지 않고 그저 침대에 누워 자고 싶었다. 어머니가 사정한 덕에 그녀는 겨우 식탁 앞에 앉았다. 이때 전화벨이 울렸다. 남자 친구였다. 그는 춤추러 가자고 했다. 그녀의 눈이 빛났다. 기분이 날아갈 것만 같았다. 그녀는 방으로 달려가 하늘빛 스커트를 입고 집을 나왔다. 그녀는 새벽 3시까지 춤을 췄다. 집에 돌아올 때까지 그녀는 지친 기색을 보이지 않았다. 오히려 기분이 좋아 잠을 못 이룰 정도였다.

그녀는 정말 지쳐 있었던 것일까? 그녀는 자기 일이 너무 지루하고 인생이 무료해서 지쳐 있었다. 세상에는 앨리스들이 너무 많다. 어쩌면 여러분도 그중 하나일지 모른다.

사람을 피로하게 만드는 데는 육체적 피곤함보다 감정적인 태도가 훨씬 큰 작용을 한다. 조셉 E. 바맥 박사는 『심리학논집』에서 지루함이 어떻게 피로를 유발하는지에 관한 실험 보고서를 다루었다. 바맥 박사는 의도적으로 지루하게 만든 시험에 학생들을 참여시켰다. 학생들은 피곤하고 졸린다는 반응을 보였고 두통과 눈의 통증을 호소했다. 속이 불편하다는 학생들도 있었다. 모든 것은 상상이었을까? 아니다. 학생들을 검사한 결과 지루함을 느낄 때는 혈압이 낮아지고 산소의 소모량이 줄어들었다는 사실을 알 수 있었다. 반면 자기 일에 즐거움을 느끼며 신진대사가 즉시 활발해졌다.

우리는 흥미롭고 재미있는 일을 할 때는 지칠 줄 모른다. 얼마 전 나는 캐나다 로키 산맥에 있는 루이즈 호숫가로 휴가를 다녀왔다. 코랄 크리크 강에서 송어를 잡으며 며칠을 보냈다. 내 키보다 더 높은 덤불을 헤치며 통나무에 걸려 넘어지기도 했으며 쓰러져 있는 고목을 타고 넘기도 했지만 여덟 시간을 그렇게 고생하면서도 전혀 힘들지 않았다. 왜 그랬을까? 그 일이 너무 재미있고 흥분되었기 때문이다. 송어를 여섯 마리나 잡아서 너무 뿌듯했다. 낚시가 지루했다면 나는 어떤 느낌을 받았을까? 해발 2,000미터가 넘는 고지대에서 이렇게 격렬하게 움직였으니 지쳐 쓰러졌을 것이다.

산악 등반처럼 힘겨운 활동에서도 지루함이 훨씬 더 피로함을 가져다준다. 미니애폴리스 농공 저축은행의 은행장인 S. H. 킹맨은 내게 앞서 언급한 것에 대한 적합한 이야기를 들려주었다. 1943년 7월, 캐나다 정부는 캐나다 산악인클럽에 왕실 친위대 소속 군인들의 산악 등반 훈련을 시켜 줄 안내원을 요청했다. 킹맨 역시 군인들을 훈련시키기 위한 안내원으로 선발되었다.

그는 내게, 자신을 포함한 40대의 안내원들이 어떻게 젊은 병사를 인솔해 기나긴 빙하와 설원을 건넜는지, 또 로프와 발을 겨우 디딜 만큼 작은 곳과 위험하게 붙잡을 곳에 의지하며 어떻게 10여 미터나 되는 가파른 절벽을 오를 수 있는지에 대해 말했다. 그들은 마이클스 봉(峰)과 바이스프레지던트 봉, 그리고 캐나다 로키 산맥 리틀요호 계곡의 이름 모를 여러 봉우리들을 차례로 올랐다. 열다섯 시간을 그렇게 등반하자 젊은 병사들은 탈진할 지경에 이르렀다.

그들은 특공 훈련에서 단련하지 못한 근육을 사용해 지친 것일까? 특공 훈련을 받아 본 사람이라면 이런 질문에 코웃음을 칠 것이다. 그들은 산악 등반이 너무 지루했기 때문에 지친 것이었다. 너무 피곤한 나머지 병사들 중에서는 식사도 하지 않고 곯아떨어진 이들이 있었다. 이 병사들보다 나이가 두세 배가량 많은 안내원들은 지쳤을까? 물론 그랬다. 하지만 탈진할 정도는 아니었다. 저녁 식사가 끝난 후에도 안내원들은 몇 시간 동안 자지 않고 그날 있었던 일들에 관한 이야기를 나누었다. 그들은 재미를 느꼈다.

컬럼비아 대학의 에드워드 손다이크 박사는 피로에 대

한 실험을 진행했다. 그는 젊은 사람들에게 흥미 있는 것들을 제공함으로써 그들이 일주일씩이나 잠을 자지 않게 했다. 수많은 연구를 거듭한 끝에 손다이크 박사는 이렇게 말했다고 한다. "작업 능률을 저하시키는 단 하나의 원인은 지루함이다."

여러분이 정신노동자라면 작업량 때문에 피곤하지는 않을 것이다. 아마도 여러분이 하지 않은 작업량 때문에 피곤해질 것이다. 예를 들어, 지난주 여러분이 끊임없이 방해받은 날을 생각해보라. 편지에 담지도 못하고 약속은 취소되고 이런저런 문제들이 생겼다. 모든 게 엉망인 날이었다. 아무것도 제대로 한 게 없는데 집에 갈 때쯤 여러분은 완전히 탈진해버렸다. 머리는 깨질 듯 아팠다.

하지만 그다음 날은 모든 일이 잘 풀렸다. 전날보다 40배나 많은 일을 해냈음에도 눈처럼 새하얀 치자나무처럼 힘차게 집으로 돌아왔다. 여러분은 그런 경험을 했었다. 나 역시 그렇다.

우리가 얻을 수 있는 교훈은 무엇일까? 우리는 종종 일 때문이 아니라 걱정과 좌절, 원망으로 피로해진다.

이 장을 쓰는 사이에 나는 제롬 컨의 재미있는 뮤지컬 코미디 《쇼 보트》의 재공연을 보러 다녀왔다. 코튼 블라섬 호의 선장인 앤디는 독백을 하는 중에 이렇게 말했다. '자신이 즐길 줄 아는 일을 할 수 있는 사람이야말로 운이 좋은 사람들이지.' 그들은 정말 운이 좋다. 더 활기차고 행복하게 일하면서도 걱정이 적기 때문이다. 여러분이 흥미를 느끼는 곳에 여러분의 에너지가 있다. 잔소리만 늘어놓는 배우자와 열 블록을 걷는 것이 사랑하는 연인과 1킬로미터를 걷는 것보다 더 힘겨울 수도 있다.

　그래서 어떻단 말인가? 도대체 어떻게 하라는 말인가? 오클라호마 주 털사의 한 석유 회사에서 근무하는 속기사가 사용한 방법을 살펴보자. 그녀는 매달 사나흘씩 생각만으로도 지루한 일을 하고 있었다. 인쇄된 석유 리스용 양식에 숫자와 통계표를 적는 일이었다. 그 일은 너무도 지루했기에 그녀는 스스로 그 일을 재미있게 만들고 싶다는 생각이 들었다. 어떻게 했을까? 그녀는 매일 자신과 시합을 했다. 아침에 완성한 양식의 수를 센 뒤 오후에는 그것보다 더 많은 양을 하려고 노력했다. 그녀는 금세 그녀

의 부서에 있는 어떤 속기사보다도 많은 양식을 채울 수
있었다. 그렇다면 그녀는 이 모든 일에 대해 어떤 이득을
얻었을까? 칭찬? 아니다. 감사? 아니다. 승진? 아니다. 급
여 인상? 그 역시 아니다. 대신 지루함 때문에 생기는 피
곤함을 막는 데는 도움이 되었다. 그것은 그녀에게 정신
적 자극을 주었다. 지루한 일을 재미있게 만들려고 노력
했기에 그녀는 더욱 기운이 나고 열정이 생겼으며 여가
시간에 더 큰 행복을 느낄 수 있었다.

여담이지만 나는 이 이야기가 사실이라는 것을 누구보
다 확실히 알고 있다. 이 이야기의 주인공은 내 아내다.

이번에는 자신의 일을 재미있다고 생각했기 때문에 결
과적으로 좋은 일이 생긴 다른 여성 속기사의 이야기를
들려주겠다. 그녀는 마치 투쟁하듯 일했다. 그 이상도 그
이하도 아니었다. 그녀는 현재 일리노이 주 엘머스트 사
우스 케닐워스 가 473번지에 살고 있는 밸리 G. 골든 양
이다. 그녀가 내게 써서 보낸 이야기를 들려주겠다.

"저희 부서에는 네 명의 속기사가 있었습니다. 각자 몇

사람씩을 맡아 편지를 써줬습니다. 때때로 정신이 없을 만큼 일이 많을 때가 있습니다. 어느 날, 부팀장이 제가 작성한 긴 편지를 다시 쓰라고 지시하는 바람에 반발했습니다. 저는 굳이 다시 타이핑하지 않아도 수정할 수 있지 않느냐고 따졌습니다. 부팀장은 다시 못하겠다면 다른 사람을 찾아보겠다고 했습니다. 저는 화가 났습니다. 하지만 그 편지를 다시 타이핑하기 시작하고 나자 갑자기 기회만 있으면 제가 하고 있는 일을 하겠다고 달려들 사람들이 많을 거라는 생각이 문득 들었습니다. 제가 돈을 받는 것은 바로 이런 일을 하기 때문이라는 생각도 들었습니다.

그러자 마음이 좀 편해졌습니다. 그러면서 갑자기 내가 지금 하는 일을 즐기고 있다고 생각하기로 마음먹었습니다. 비록 실제로는 경멸하고 있었지만 말이지요. 그러자 저는 중요한 사실을 발견하게 되었습니다. 즐긴다는 생각으로 일하면 정말로 즐길 수 있다는 사실을 말입니다. 그리고 제가 하는 일을 즐긴다면 더 빨리 일할 수 있다는 것도 깨달았습니다. 그러자 더 이상 늦게까지 일할 필요가 없게 됐습니다. 새롭게 변한 제 태도 덕분에 저는 유능한 사원이라는 평판도 얻었습니다. 그러던 어느 날, 부장님 한 분이 개인 비서가 필요하다며 저한테 비서로 일할 생각이 없느냐는 제안을 했습니다. 제가 일을 많이 하면서도 짜증내지 않고 흔쾌히 잘 해낸다는 이유 때문이었습니다. 마음가짐을 다르게 하는 것이 아주 큰 위력이 있다는 사실은 제게 대단히 중요한 발견이었습니다. 기적 같은 일이 벌어지고 있었습니다."

골든 양에게 기적을 만들어준 이 방법은 한스 파이잉거 교수가 제안한 '마치 ~처럼'이라는 지침과 유사하다. 그는 우리에게 '마치 행복한 것처럼', '마치 ~한 것처럼' 행동하라고 가르친다.

여러분이 만약 직업에 흥미를 느끼고 있는 것처럼 행동한다면 실제로 여러분에게 흥미가 생길 것이다. 동시에 피로와 긴장, 걱정도 줄어들 것이다.

몇 해 전 할란 A. 하워드는 자신의 인생 전체를 바꾸는 결단을 내렸다. 재미없는 일을 재미있게 만들기로 한 것이다. 그는 정말 재미없는 일을 하고 있었다. 고등학교에서 아이들이 공놀이하거나 여학생들과 웃고 떠들 때, 식당에서 설거지하고 판매대를 정리하고 아이스크림을 퍼주는 일을 하고 있었다. 할런 하워드는 자기의 일을 부끄럽게 여겼다. 하지만 일을 그만둘 수 없었기에 아이스크림을 연구했다. 그는 아이스크림을 어떻게 제조하는지, 어떤 원료를 사용하는지 등을 연구했다. 그는 아이스크림과 관련된 화학을 연구한 끝에 화학 수업 시간에 척척박사로 불리게 됐다. 이렇게 식품 화학에 관심이 많았던 그는 매사추세츠 주립대학에 들어가 '식품 화학'을 전공했다. 어느 날, 뉴욕 코코아 거래소에서 100달러의 상금을 걸고 코코아와 초콜릿의 활용에 대한 연구논문을 공모했다. 대학생이라면 누구나 참여할 수 있는 공모전이었다. 과연 누가 그 상금을 탔을까? 그렇다. 하워드였다.

일자리를 구하기가 어려웠던 그는 매사추세츠 주 암허스트 노스플레전트가 750번지에 있는 자신의 집 지하실을 개인 실험실로 꾸몄다. 그로부터 얼마 후 새로운 법률이 통과됐다. 우유에 들어 있는 박테리아의 수를 확인해야 한다는 법률이었다. 할론 A. 하워드는 열네 군데의 우유회사를 위해 박테리아의 수를 확인하는 작업을 하게 됐다. 그 일을 위해 조수 두 명을 고용해야만 했다.

지금부터 25년 후에 그는 어디에 있을까? 지금 식품 화학 분야 사업을 하는 사람들은 아마 그때쯤이면 은퇴하거나 저세상 사람이 됐을 것이다. 그리고 끊임없는 도전 정신과 열정을 지닌 젊은 인재들이 그 자리를 채우고 있을 것이다. 할런 A. 하워드가 아이스크림을 건네주던 학생 중 누군가는 일자리를 구하지 못해 짜증을 내며 정부를 비판하고 자신에게 기회를 주지 않는다고 불평을 늘어놓을지도 모른다. 하지만 하워드는 자신이 속한 분야에서 지도자가 되어 있을 것이다. 만약 하워드가 재미없는 일을 재미있게 만들겠다는 결심을 하지 않았다면 그에게도 기회가 없었을지도 모른다.

오래전 공장 선반 앞에서 볼트를 만드는 지루한 일을 하면서 따분함을 느낀 또 다른 젊은이가 있었다. 그의 이름은 샘이다. 그는 일을 그만두고 싶었지만 혹시라도 다른 일자리를 구하지 못할까 봐 걱정했다. 지루한 일을 계속해야 했기에 샘은 자신이 하는 일을 재미있는 것으로 바꿔야겠다고 마음먹었다. 그래서 그는 자신의 옆에서 일하는 기계공과 시합을 했다. 한 사람이 기계로 볼트의 거친 면을 다듬으면 다른 사람은 적당한 너비로 볼트를 가공해야 했다. 그들은 종종 기계를 바꿔 가면서 누가 더 많은 볼트를 만드는지 시합했다. 작업반장은 속도와 정확성을 높이 평가하며 그에게 더 나은 일을 맡겼다. 이것이 그가 승진할 수 있었던 시발점이 됐다. 그로부터 30년 후에 샘, 즉 새뮤얼 보클레인은 볼드윈 로코모티브 웍스의 사장이 됐다. 하지만 그가 재미없는 일을 재미있게 만들겠다는 결심을 하지 않았다면 그는 평생 기계공으로 살아야 했을지도 모른다.

라디오 뉴스 해설가인 H. V. 칼텐본은 자신이 어떻게 재미없는 일을 재미있게 만들었는지에 대한 이야기를 들려주었다. 그는 스물두 살이 되던 해에 가축 수송선을 타고 가축들에게 사료와 물을 주며 대서양을 건넜다. 영국에서 자전거 여행을 한 뒤 파리에 도착했을 무렵에는 돈이 한 푼도 없었다. 그는 카메라를 저당 잡히고 받은 5달러를 가지고 《뉴욕 헤럴드》 파리 판에 구직 광고를 신청했다. 그 결과 그는 쌍안 사진경을 판매하는 일을 하게 되었다. 마흔이 넘은 사람이라면 누구나 같은 사진 두 장을 눈앞에 놓고 보던 구식 입체경을 알 것이다. 그것을 통해 보면 마술 같은 일이 벌어지곤 했다. 입체경에 있는 두 개의 렌즈가 두 장의 사진을 입체감이 있는 하나의 장면으로 만들어냈다. 거리감과 놀라운 원근감을 느낄 수 있었다.

칼텐본은 파리 시내의 집집마다 돌아다니며 이 기계를 판매했다. 하지만 문제가 있었다. 그는 프랑스어를 할 줄 몰랐다. 그런데도 그는 첫해 수수료로 5,000달러를 벌어들였다. 그는 그해에 프랑스에서 가장 높은 보수를 받은 세일즈맨이었다. H. V. 칼텐본은 그해의 경험이 하버드에서 공부했던 어떤 해보다 성공에 필요한 능력을 계발하는 데 큰 도움이 되었다고 말했다. 자신감? 그는 그 경험을 하고 나자 프랑스의 가정주부들에게 미국 의회의 회의록도 팔 수 있을 것 같은 생각이 들었다고 말했다.

그때의 경험을 통해 그는 프랑스에서의 삶에 대해 깊이 이해할 수 있게 되었다. 그리고 이것은 훗날 그가 라디오를 통해 유럽 전역에서 일어나는 사건을 해설하는 데 아주 큰 도움이 되었다.

그는 어떻게 유능한 세일즈맨이 될 수 있었던 것일까? 그는 상사에게 판매에 필요한 어구를 완벽한 프랑스어로 적어 달라고 한 뒤 외웠다. 현관 벨을 누른 뒤 주부가 밖을 내다보면 칼텐본은 이미 외운 판매에 필요한 어구를 우스울 정도로 엉망인 억양으로 반복해서 말했다. 그는 자신이 가져온 사진을 주부에게 보여주었다. 주부가 질문하면 어깨를 으쓱한 뒤 "미국 사람, 미국 사람."이라고 말했다. 그러고 나서 모자를 벗은 뒤 그 안에 붙여놓은 판매에 필요한 완벽한 프랑스어 어구 쪽지를 가리켰다.

주부가 웃으면 그도 따라 웃으며 몇 장의 사진을 더 보여주었다. H. V. 칼텐본은 내게 그 일이 사실은 쉽지 않았다고 말했다. 그런데도 그 일을 시도한 건 일을 재미있게 만들어야겠다는 결심 때문이었다. 그는 아침마다 집을 나서기 전에 거울을 보며 자신에게 용기를 주는 말을 했다. "칼텐본, 먹고 살기 위해서는 이 일을 해야 해. 그리고 이왕 할 거면 유쾌하게 하는 게 좋잖아? 현관 벨을 누를 때마다 나는 스포트라이트를 받는 배우고 관객이 나를 보고 있다고 생각하자. 어쩌면 내가 하는 일은 무대에서 일어나는 일만큼 재미있는 일일지도 몰라. 그러니 에너지와 열정을 쏟아도 괜찮지 않을까?"

칼텐본 씨는 이러한 격려의 메시지가, 전에는 마음에 들지 않고 두려워했던 일을 마음에 들면서 돈이 되는 모험으로 바꾸는 데 도움이 됐다고 말했다.

나는 그에게 미국 젊은이들에게 해주고 싶은 조언이 있냐고 물었다. "있습니다. 아침마다 스스로 용기를 가지라는 겁니다. 많은 사람은 반수면 상태로 돌아다니기에 잠에서 깨기 위해서는 육체적 운동이 중요하다는 말을 많이 합니다. 하지만 우리는 아침마다 우리 자신이 행동할 수 있게 정신적이고 심리적인 운동을 더 많이 해야 합니다. 매일 자신의 용기를 북돋울 수 있는 말을 하십시오."

매일 자신에게 용기를 북돋우는 말을 하라는 것이 어리석고 피상적이며 유치하게 들리는가? 아니, 오히려 그 반대다. 이것이 건전한 심리학의 핵심이다. "우리 인생은 우리의 생각대로 만들어진다." 마르쿠스 아우렐리우스가 자신의 『명상록』에서 이 말을 처음으로 한 것은 18세기 전이지만 이 말은 지금도 그때와 똑같이 유효한 말이다. "우리의 삶은 우리의 생각대로 만들어진다."

여러분은 매 시간 자신에게 말을 건넴으로써 여러분 자신을 용기와 행복에 관한 생각, 힘과 평화에 관한 생각을 하도록 인도할 수 있다. 여러분은 감사해야 할 것들에 대해 여러분 자신에게 말을 건넴으로써 여러분의 마음을 유쾌하고 즐거운 생각으로 채울 수 있는 것이다.

바른 생각을 하면 어떠한 일에 대해서도 싫증을 내는 것을 줄일 수 있다. 여러분의 상사는 여러분이 일에 더욱 관심을 두기를 바란다. 그래야 상사가 돈을 많이 벌기 때문이다. 하지만 상사가 바라는 것은 신경 쓰지 말자. 여러분이 하는 일에 흥미를 가지면 자신에게 어떠한 이득이 되는지만 생각하자. 그렇게 함으로써 여러분이 인생에서 얻을 수 있는 행복이 두 배로 늘어난다는 사실만 생각하자. 여러분은 깨어 있는 시간의 반을 일하면서 보내고 있다. 일에서 행복을 얻지 못한다면 어디에서도 찾을 수 없다. 여러분이 하는 일에 흥미를 가진다면 걱정을 떨칠 수 있고, 나아가 승진도 하고 더 많은 보수를 받을 수도 있다는 사실을 명심하자. 설사 그렇지 못하더라도 여러분의 피로는 최소로 줄고, 여러분은 여가 시간을 더욱 충분히 즐길 수 있을 것이다.

6

불면증에 관해
걱정하지 않는 방법

잠을 이루지 못해 걱정하는가? 그렇다면 세계적으로 유명한 법률가 샘 운터마이어가 평생 제대로 잠을 이루어 본 적이 없다는 이야기를 듣는다면 귀가 솔깃해질지도 모르겠다.

샘 운터마이어가 대학에 입학할 무렵 그에게는 두 가지 걱정이 있었다. 하나는 천식이었고 또 하나는 불면증이었다. 둘 중 어느 하나도 개선될 가능성이 없어 보이자 그는 자신의 병을 최대한 활용하는 차선의 방법을 쓰기로 했다. 잠을 이루지 못해 뒤척거리는 대신 일어나 공부를 했다. 그는 모든 과목에서 장학금을 받았다. 그는 뉴욕시립대학의 천재 가운데 하나로 알려지게 되었다.

그가 법조계에 입문한 이후에도 불면증은 계속됐다. 하지만 운터마이어는 걱정하지 않았다. 그는 이렇게 말했다. "자연이 나를 돌봐줄 것이다." 정말로 자연이 그를 돌봐주었다. 수면 시간은 극히 짧았지만, 그는 건강했고 어떤 젊은 법조인에게도 뒤처지지 않을 정도로 열정적으로 일했다. 오히려 더 많은 일을 했다. 그들이 자는 동안에도 그는 일했으니까.

스물두 살이라는 나이에 샘 운터마이어는 연간 7만 5,000달러를 벌고 있었다. 젊은 법조인들이 그의 방법을 연구하기 위해 법정으로 몰려들었다. 1931년에 그는 역사상 단일 사건으로 가장 높은 수임료인, 현찰로 100만 달러라는 보수를 받았다.

그때도 그의 불면증은 계속됐다. 그는 밤늦게까지 서류를 읽고도 새벽 5시에 일어나 편지를 썼다. 사람들이 일을 막 시작할 때쯤 그는 일과의 절반 정도를 이미 끝낸 것이다. 숙면을 취해본 적이 없기는 했지만 그는 여든한 살까지 살았다. 하지만 불면증 때문에 걱정하고 초조해했더라면 아마도 인생을 망쳤을지도 모른다.

우리는 인생의 3분의 1 정도를 잠자는 데 쓴다. 하지만 그 누구도 잠이 실제로 무엇인지 알지 못한다. 우리는 잠은 습관이며 휴식이라는 것을 안다. 우리가 자는 동안 자연은 낡은 옷자락을 손질하듯 우리의 몸을 보살핀다. 하지만 개인에게 얼마만큼의 수면 시간이 필요한지 알지 못한다. 잠은 꼭 필요한 것인지도 알지 못한다.

너무 허황된 말 같은가? 제1차 세계대전 당시 헝가리 군인이던 폴컨은 총알이 전두엽을 관통하는 부상을 당했다. 그는 부상에서 회복했지만 잠을 제대로 이룰 수 없었다. 진정제와 신경 안정제, 최면술 등 여러 방법을 써 봤지만 어떤 방법도 효과가 없었다.

의사들은 그가 얼마 살지 못할 거라고 진단했다. 예상은 빗나갔다. 그는 취직한 뒤 수년간 건강하게 살았다. 그는 누워서 눈을 감고 휴식을 취했지만 잠이 들지는 않았다. 그의 이야기는 잠에 대한 우리의 많은 믿음을 뒤집어 놓은 의학적 수수께끼다.

다른 사람보다 훨씬 더 많이 잠자야 하는 사람도 있다. 토스카니니는 밤에 다섯 시간만 자면 충분했지만 캘빈 쿨리지는 최소한 그 두 배는 자야 했다. 쿨리지는 열한 시간을 잤다. 다시 말해 토스카니니가 인생의 5분의 1을 자는데 보내는 반면에 쿨리는 절반 정도를 자는 데 썼다.

불면증에 대해 걱정하는 것이 불면증 자체보다 훨씬 나쁜 영향을 미친다. 뉴저지 주 리지필드 파크 오버페크 애비뉴 173번지에 사는 아이라 샌드너는 만성 불면증으로 거의 자살할 지경에 이르렀다. 아이라 샌드너는 내게 이렇게 말했다.

"저는 정말로 제가 미쳐가고 있다는 생각이 들었습니다. 문제는 처음에는 제가 잠을 아주 잘 잤다는 것입니다. 시계 알람이 울려도 일어나지 못하는 바람에 아침 늦게야 일하러 가곤 했습니다. 저는 그게 걱정이었고 실제로 상사에게 제때에 출근하라는 경고를 받았던 적도 있습니다. 만약 계속해서 늦잠을 자게 된다면 직장에서 쫓겨난다는 것도 알고 있었지요.

친구들에게 이런 이야기를 했더니 친구 하나가 자기 전에 알람시계에 집중해보라고 하더군요. 불면증은 그렇게 시작됐습니다. 알람시계가 째깍째깍 하는 소리가 계속해서 저를 괴롭혔습니다. 그 때문에 저는 몸을 뒤척이며 밤새 잠을 이루지 못했습니다. 날이 밝을 무렵이 되자 나는 몸이 아플 정도였으니까요. 피로와 걱정 때문에 몸 상태가 안 좋아졌던 겁니다. 이런 일은 8주 동안이나 계속되었습니다. 그동안 겪은 고통은 말로 다 할 수 없을 정도였지요. 저는 제가 분명 미쳐가고 있다고 생각했습니다. 어떤 날은 몇 시간씩 방 안을 거닐기도 했습니다. 창밖으로 뛰어내려 모든 걸 끝내고 싶은 생각도 들었습니다.

그러다 전부터 알고 지낸 의사를 찾아갔더니 그 의사는 이렇게 말했습니다. '아이라, 이건 내가 도울 수 있는 일이 아니야. 다른 누구도 도울 수 없어. 왜냐하면 아이라 자신이 만들어낸 일이니까. 자리에 누워 잠이 오지 않더라도 모든 걸 잊어 봐. 그리고 눈을 감고 이렇게 말해 봐. 가만히 누운 채 잠이 오지 않는다고 걱정을 하지 않으면, 어쨌거나 그것만으로도 휴식을 취하는 거야.'

저는 그렇게 했습니다. 그렇게 2주가 지나자 서서히 잠이 오기 시작했고 한 달 후에는 여덟 시간씩 잠을 잘 수 있게 되어 신경도 정상으로 돌아왔습니다."

아이라 샌드너를 죽이던 것은 불면증이 아니다. 불면증에 대한 그의 걱정이 그를 죽이고 있었다.

시카고 대학 교수인 나다니엘 클라이트만 박사는 잠에 관해서는 세계적인 전문가다. 그는 지금껏 불면증 때문에 죽은 사람이 있다는 말은 들어본 적이 없다고 확신했다. 물론 불면증 때문에 걱정해서 저항력이 약해지면 병균이 침입할 수도 있다. 하지만 걱정 때문에 피해를 입는 것이지 불면증 그 자체 때문은 아닌 것이다.

클라이트만 박사 역시 불면증을 걱정하는 사람들은 자신이 생각하는 것보다 훨씬 많이 잔다고 말한다. "간밤에 한숨도 자지 못했다."라고 말하는 사람도 알고 보면 자신도 모르게 꽤 많은 시간을 잤을 수도 있다. 19세기 가장 심오한 사상가 중 한 명인 허버트 스펜서는 늙을 때까지 결혼도 하지 않고 하숙집에 살았는데 주위 사람들이 지긋지긋해할 정도로 자신의 불면증에 대해 호소했다. 심지어 '귀마개'를 껴서 소음을 차단하고 신경을 안정시키려 했다. 수면을 유도하기 위해 아편을 쓰기도 했다. 어느 날,

옥스퍼드 대학 세이스 교수가 그와 한 호텔 방을 쓰게 되었다. 다음 날 아침, 스펜서는 지난밤에 한숨도 못 잤다고 했다. 하지만 한숨도 못 이룬 것은 세이스 교수였다. 세이스 교수는 스펜서의 코 고는 소리에 밤새 한숨도 잘 수가 없었다.

잠을 푹 자기 위한 최우선 조건은 안전하다는 느낌을 받는 것이다. 우리보다 위대한 어떤 힘이 아침까지 우리를 안전하게 지켜줄 거라는 느낌이 들어야 한다. 그레이트 웨스트 라이딩 요양원의 토머스 히슬롭 박사는 영국의학협회에서 실시한 한 강연에서 이 부분을 강조하며 말했다. "오랜 임상 연구로 미루어봤을 때 수면을 유도하는 가장 좋은 방법은 기도입니다. 순전히 의학적 관점에서 말씀드리는 겁니다. 규칙적으로 기도하는 사람들에게는 기도가 마음의 평온함을 가져다주고 신경을 가라앉히는 가장 적절하고 정신적인 방법입니다."

"하느님께 맡기고 의지한다."

저녁 맥도널드는 우울함과 걱정 때문에 잠을 이루지 못할 때면 언제나 시편 23장에 나오는 다음 구절을 반복함으로써 '안전하다는 느낌'을 받을 수 있었다고 말했다.
"여호와는 나의 목자시니 내게 부족함이 없으리로다. 그
가 나를 푸른 풀밭에 눕히시며 쉴 수 있는 물가로 인도하
시는도다."

여러분이 종교가 없어서 스스로 모든 일을 헤쳐 나가
야 한다면 물리적 방법을 사용해 긴장을 완화하는 방법을
익혀야 한다. 『신경 긴장에서 해방되기』의 저자인 데이비
드 헤럴드 핑크 박사는 물리적으로 긴장을 완화하는 최선
의 방법은 자신의 몸에 말을 거는 것이라고 말한다. 핑크
박사의 말에 따르면 모든 종류의 최면에 가장 중요한 요
소가 되는 것이 말이라고 한다. 만약 여러분이 불면에 시
달리고 있다면 그것은 바로 여러분 자신에게 불면증이 걸
리도록 말하고 있기 때문인 것이다. 여기에서 풀려나기
위해서는 여러분 자신을 최면에서 깨워야 한다. 그러기
위해서는 여러분 육체의 근육에 이렇게 말하면 된다. "풀
어라. 풀어라. 힘을 빼고 긴장을 풀어라."

우리는 이미 근육이 긴장되어 있으면 마음과 신경도
긴장된다는 것을 알고 있다. 그러므로 잠을 자고 싶다면

근육에서부터 시작해야 한다. 핑크 박사가 추천하고 실제로도 효과적인 방법은 바로 무릎 밑에 베개를 받쳐 다리의 긴장을 풀어주고 팔 밑에도 작은 베개를 받쳐 팔의 긴장을 풀어주는 것이다. 그러고 나서 턱과 눈, 팔과 다리에게 긴장을 풀라고 말하면 우리는 무슨 일이 일어나는지 깨닫기도 전에 잠 속으로 빠져들게 될 것이다. 여러분에게 만약 불면증이 있다면 앞서 언급한 핑크 박사의『신경긴장에서 해방되기』를 살펴보길 바란다. 내가 아는 한 이 책은 재미있게 읽히면서 불면증을 치료해주는 유일한 책이다.

정원을 가꾸거나 수영, 테니스, 골프, 스키 또는 그 밖의 육체적으로 힘든 일을 해 몸을 피곤하게 만들어야 한다. 시어도어 드라이저가 이 방법을 사용했다. 무명의 젊은 작가 시절 그는 불면증 때문에 걱정이 많았다. 그래서 그는 뉴욕 센트럴 열차 회사의 보선공이 되었다. 온종일 못을 박고 자갈을 나르면 얼마나 피곤하던지 식사 때까지 기다리지도 못하고 잠이 들곤 했다.

우리가 충분히 피곤한 상태가 되면 자연은 우리가 걷

는 동안에도 우리를 잠들게 한다. 예를 들어보면, 내가 열세 살이었을 때 아버지는 살찐 돼지를 화차에 싣고 미주리 주 세인트 조로 갔다. 무료 기차표가 두 장 나왔기에 아버지는 나를 데리고 갔다. 그때까지만 해도 4,000명이 넘는 도시에는 가본 적이 없었다. 나는 6만 명이 운집해 사는 도시인 세인트 조에 도착하자 몹시 흥분이 되었다. 6층 높이의 마천루를 보았고 그보다 신기한 시내 전차를 보았다.

지금도 눈을 감으면 그때 본 전차의 모습과 소리가 선명하게 떠오른다. 지금껏 느껴보지 못했던 흥분과 설렘의 시간을 보낸 뒤 아버지와 나는 기차를 타고 미주리 주 레이븐우드로 돌아왔다. 새벽 2시에 도착한 우리는 6킬로미터를 걸어 농장에 이르렀다. 나는 너무 기운이 빠져 잠자고 꿈꾸면서 걸었다. 나는 종종 말을 타고 가면서도 졸곤 했다. 그러고도 살아 있으니 이 이야기를 하는 것 아니겠는가!

피로가 극에 달하면 사람들은 전쟁의 소음과 공포, 위험 속에서도 숙면을 취할 수 있다. 유명한 신경외과 전문의 포스터 케네디 박사는 1918년 영국군 제5파병부대가 퇴각하던 때 극심한 피로에 시달리던 병사들이 아무 데나 누워 죽은 듯 잠을 자는 모습을 보았다고 한다. 심지어 박사가 손가락으로 눈꺼풀을 들어 올려도 그들은 꼼짝하지 않았다는 것이다. 그는 병사들의 눈동자가 항상 안구 위쪽을 향해 있다고 말했다. "그 후 나는 불면증에 시달릴 때면 눈동자를 위로 올려보곤 합니다. 그렇게 하면 몇 초도 안 돼서 하품이 나고 졸음이 밀려오는 것을 느끼게 됩니다. 그것은 나 자신이 통제할 수 없는 자동 반사적인 행동이었습니다."

아직까지 잠자는 것을 거부하는 방식으로 자살을 택한 사람은 없었고 앞으로도 없을 것이다. 자연은 인간이 아무리 큰 의지를 발휘해도 잠들 수 있게 만든다. 자연은 인간에게 음식이나 수분을 섭취하지 않고 버틸 수 있게 만들었는지 몰라도 잠을 자지 않고는 버틸 수 없게 만들었다.

자살에 관해 언급하니 헨리 C. 링크 박사가 『인간의 재발견』에서 말한 이야기가 떠오른다. 링크 박사는 사이컬로지컬 코퍼레이션의 부사장으로서 우울함과 걱정 때문에 고민하는 많은 사람을 상담해주고 있었다. 그의 책에는 자살하고 싶어 하는 환자에 대한 이야기가 나온다. 링크 박사는 그와 논쟁하는 것이 도움이 되지 않는다는 사실을 알았기에 환자에게 이렇게 말했다. "자살하실 생각이라면, 그래도 영웅적인 방식으로 하셨으면 합니다. 주변을 열심히 달리다가 쓰러져 죽는 건 어떤가요?"

환자는 그가 제시한 방법을 시도했다. 한 번이 아니라 여러 번을 말이다. 그렇게 횟수를 거듭하자 근육은 몰라도 마음이 좋아지기 시작했다. 세 번째 밤이 되자 그는 링크 박사의 처음 의도대로 되었다. 다시 말해, 육체적으로 너무 피곤하고 긴장이 풀려서 그대로 쓰러져 통나무처럼 잠이 들었다. 훗날 그는 육상 동호회에 들어가 시합까지 나가게 되었다. 얼마 되지 않아 그는 영원히 살고 싶을 만큼의 건강을 회복했다.

그러므로 불면증에 대한 걱정을 멈추고 싶다면 다음의 다섯 가지 규칙을 지켜라.

1. 새뮤얼 운터마이어가 했던 것처럼 일어나서 일하거

나 졸릴 때까지 책을 읽어라.

2. 수면 부족 때문에 죽은 사람은 한 명도 없다는 사실을 기억하라. 불면증에 대한 걱정이 건강에 훨씬 악영향을 미친다.

3. 기도하거나 아니면 시편 23장을 읽어라. 저넷 맥도널드처럼.

4. 긴장을 풀어라. 『신경 긴장에서 해방되기』라는 책을 읽어라.

5. 운동하라. 깨어 있을 수 없을 만큼 육체적으로 피곤하게 만들라.

걱정과 피로가 몰려올 때 활력을 고취시키는
여섯 가지 방법

1. 지치기 전에 휴식을 취하라.

2. 긴장을 풀고 일하는 법을 익혀라.

3. 주부들은 가정에서 긴장을 완화함으로써 건강과 외모를 지켜라.

4. 다음의 네 가지 좋은 작업 습관을 활용하라.

   1) 지금 해야 하는 작업과 무관한 서류를 책상에서 치워라.

   2) 중요한 순서대로 일하라.

   3) 문제가 발생했을 때, 결정에 필요한 사실을 안다면 그 자리에서 즉시 문제를 해결하라.

   4) 조직하고, 위임하고, 관리하는 법을 배워라.

5. 걱정과 피로를 막기 위해 열정을 쏟아라.

6. 수면 부족 때문에 죽은 사람은 한 명도 없다는 사실을 기억하라. 불면증에 대한 걱정이 건강에 훨씬 더 악영향을 미친다.

PART

8

하고 싶은 일을 하면서
성공하는 방법

인생에서 가장 중요한
두 가지 결정

(이 장은 아직 하고 싶은 일을 찾지 못한 젊은이들을 위한 것이다. 만일 여러분이 그러한 상황이라면 이 장을 읽는 것은 여러분의 미래에 큰 영향을 미치게 될 것이다.)

만일 여러분이 아직 18세 이하라면 여러분은 머지않아 인생에서 가장 중요한 결정 두 가지를 하도록 요구받을 것이다. 그 결정으로 여러분의 인생은 매일매일 바뀔 것이고 여러분의 행복과 소득, 건강에도 지대한 영향을 미칠 것이며 여러분을 성공시킬 수도 망가뜨릴 수도 있을 것이다. 이 두 가지 결정은 과연 무엇일까?

첫째, 어떻게 돈을 벌 것인가? 농부가 될 것인가, 집배

원이 될 것인가. 화학자나 삼림 감시원, 속기사, 가축 중개상, 대학교수가 될 것인가? 간이매점에서 햄버거를 팔 것인가?

둘째, 어떤 사람을 여러분 자녀의 아빠 혹은 엄마로 선택할 것인가?

이 두 가지 질문은 도박과 비슷하다. 해리 에머슨 포스딕은 자신의 책에서 "모든 젊은이는 직업을 선택할 때 도박사가 된다. 자신의 모든 것을 걸어야 한다."라고 말했다.

직업을 선택함에 있어서 우리는 어떻게 해야 도박적인 요소를 줄일 수 있을까? 최선을 다해 말해보겠다. 먼저 여러분이 즐길 수 있는 일을 선택하라. 언젠가 나는 타이어 제조 회사 B. F. 굿리치 사의 데이비드 M. 굿리치 회장에게 사업에 성공하기 위해 최우선으로 필요한 것이 무엇이냐고 물었더니 그는 이렇게 말했다. "일하면서 즐길 줄 알아야 합니다. 일을 즐기게 된다면 오래 일을 한다 해도 일처럼 느껴지지 않으니까요. 마치 놀이처럼 느껴질 겁니다."

에디슨을 예로 들 수 있다. 정규 교육도 받지 못했지만 훗날 미국의 산업사를 바꿔 놓은 신문팔이 소년 에디슨. 실험실에서 숙식을 해결하며 하루 열여덟 시간씩 일하던 사람, 에디슨. 하지만 그에게 이런 일은 전혀 고생이 아니었다. 그는 이렇게 주장했다. "나는 하루도 일한 적이 없습니다. 모든 게 재미였으니까요."

찰스 슈워브 역시 이와 비슷한 말을 했다. "어떠한 일도 무관한 열정을 가지고 한다면 그는 성공할 수 있다."

하지만 자신이 하고 싶은 일이 무엇인지 도무지 알 수가 없다면 어떻게 일에 대해 열정을 가질 수 있겠는가? 과거 듀퐁 사에서 수천 명의 직원을 고용하고 현재 아메리칸 홈 프로덕츠 컴퍼니에서 노무관리 부책임자로 일하는 에드나 커 여사가 말했다. "내가 아는 가장 큰 비극은 수많은 젊은이들이 자신이 진정으로 원하는 일을 찾지 못하는 것입니다. 자기 일을 통해 보수 외에는 어떤 보람도 느끼지 못하는 사람이 가장 가엾은 사람이라고 생각합니다." 커 여사의 얘기에 따르면 심지어는 대졸자들마저도 그녀를 찾아와 이렇게 말한다고 한다.

"저는 다트머스 대학에서 석사 학위를 받았습니다.(혹

은 코넬 대학에서 석사 학위를 받았습니다.) 귀사에 제가 할 수 있는 일이 있을까요?" 그들은 자신들이 무슨 일을 할 수 있는지 또 어떤 일을 좋아하는지조차 모르고 있었다. 그러므로 도전 의식과 희망을 품고 인생을 시작한 수많은 젊은이가 나이 마흔에 절망에 빠지거나 신경 쇠약에 걸려 생을 마감하는 건 그리 놀라운 일이 아니다. 여러분이 자신에게 맞는 직업을 선택하는 것은 여러분의 건강을 위해서도 중요한 문제다. 존스 홉킨스 병원의 레이먼드 펄 박사는 몇몇 보험 회사와 함께 인간의 장수에 기여하는 원인을 찾기 위해 연구를 했다. 그 결과 '자신에게 적합한 직업'이 상위 목록에 있었다. 그는 토머스 칼라일처럼 이렇게 말할 수 있을 것이다. "자신의 천직을 찾은 사람은 축복받은 사람이다. 그러므로 더 이상의 축복을 바라지 말라."

최근 나는 소코니 배큐엄 석유 회사의 인사 책임자 폴 W. 보인턴과 함께 저녁 시간을 보냈다. 지난 25년간 그는 무려 7만 5,000명이 넘는 구직자를 면접한 뒤 『취업 성공의 6가지 방법』이라는 책을 출간했다. 그에게 이렇게 물었다. "요즘 젊은이들이 일자리를 찾으면서 저지르고 있는 가장 큰 실수는 무엇입니까?" 그가 답했다. "그들은 자신이 원하는 일이 무엇인지 모르고 있습니다. 자신의 미래와 그 미래의 모든 행복과 평화가 직업에 달려 있는데도 자신의 직업을 선택하는 데 있어 몇 년 입지도 않을 양복을 고를 때보다 더 고민하지 않는 것을 보고 있으니 너무 끔찍한 생각이 들더군요."

그러니 어쩌란 말인가? 어떻게 할 수 있을까? 직업 상담사라는 새로운 전문가의 조언을 구할 수도 있을 것이다. 이는 상담사의 능력과 성격에 따라 여러분에게 도움이 될 수도 혹은 해가 될 수도 있을 것이다. 이 새로운 직종은 아직은 많이 미흡하기 때문이다. 자동차로 치면 T형 포드에도 이르지 못한 것이다. 물론 전망은 아주 좋다. 여러분은 이것을 어떻게 활용할 수 있을까? 여러분이 사는 지역의 어디에서나 직업 훈련이나 직업에 관련된 조언과 도움을 얻을 수 있다. 미국의 대도시라면 어디에서나 그리고 그보다 작은 수천 개의 도시에도 이런 서비스가 있다. 만약 여러분이 퇴역 군인이라면 제향군인 보훈처에서 적절한 일자리를 안내받을 수 있다.

공공 도서관이나 지역 교육청에 문의하면 직업과 관련된 안내를 받을 수 있다. 고등학교와 대학교의 수백 군데에 직업을 안내해주는 곳이 있다. 여러분이 시골에 살고 있다면 그 주의 수도를 관할하는 주립 직업 안내서비스 담당자에게 편지로 문의해보라. 이러한 조언을 해주기 위해 많은 주가 담당자를 두고 있다. 이러한 공공 기관 외에도 YMCA나 YWCA, 적십자, 유대인 문화교육촉진협회, 보이즈 클럽, 키와니스 클럽, 구세군 등과 같은 조직들이 전국에 걸쳐 여러분의 직업에 대한 고민에 도움을 줄 수 있는 상담사를 두고 있다.

하지만 그들은 제안을 할 뿐이다. 결정은 여러분의 몫이다. 그리고 이 상담사들 역시 완벽하지 않다는 사실을 명심해야 한다. 그들도 항상 견해가 일치하지는 않는다. 때때로 어리석은 실수를 저지르기도 한다. 한 직업 상담사는 내 수강생에게 그가 단어를 많이 안다는 이유만으로 작가가 되기를 권했다. 얼마나 어이없는 일인가! 일은 그렇게 단순한 게 아니다. 글을 잘 쓴다는 것은 자기 생각과 감정을 독자에게 전달할 수 있는 것이다. 그것을 위해서는 자신의 생각과 경험, 확신, 강렬한 느낌 등을 지니고 있어야 한다. 단어를 많이 알고 있던 내 수강생에게 작가가 되어 보라고 조언했던 직업 상담사는 이것 하나만큼은 성공했다. 과거에 행복했던 속기사를 절망에 빠진 소설가 지망생으로 만든 것이다.

다시 말해 내 말의 핵심은 여러분이나 나와 마찬가지로 전문 직업 상담사 역시 실수할 수 있다는 것이다. 그러므로 여러 명의 직업 상담사에게 상담을 받은 뒤 자신의 상식에 따라 결정을 내리는 것이 필요하다.

걱정을 주제로 하고 있는 책에 이러한 내용을 언급하는 게 의아하게 여겨질 수도 있을 것이다. 하지만 사람들의 걱정과 후회, 절망 중에 상당 부분이 자신이 싫어하는 직업 때문에 발생한다는 사실을 알게 된다면 전혀 이상하다고 여기지 않을 것이다. 부모님이나 이웃, 상사에게 물어보라. 위대한 학자 존 스튜어트 밀 역시 자신에게 맞지 않는 직업이야말로 '사회의 가장 큰 손실 중 하나'라고 말한 바 있다. 그렇다. 이렇듯 자신이 매일 하고 있는 일을 싫어하는 '부적합한 직업을 가진 사람들'은 세상 그 누구보다 불행한 자들이다.

여러분은 군대에서 어떤 사람들 때문에 '전력 손실'이 생기는지 아는가? 잘못 배치된 사람들 때문이다. 전투 부상병을 말하는 것이 아니라 일상적인 근무에서 전력이 손실되는 사람을 말하고 있는 것이다. 현존하는 최고의 정신 병리학자 중 한 사람이자 제1차 세계대전 당시 육군 신경정신병과를 담당하던 윌리엄 매닝거 박사가 말했다. "우리는 육군의 선발과 배치, 다시 말해 적절한 인력에 적합한 임무를 부여하는 것이 중요하다는 것을 절감했습니다. 자신이 부여받은 임무를 확신하는 것은 아주 중요합니다. 흥미가 없거나 잘못 배치되었다고 느끼거나 인정받지 못한다고 생각하거나 혹은 자신의 능력을 발휘하지 못하다고 느낄 때면 그들에게서 반드시 실제로, 혹은 적어도 잠재적으로 정신적 부상을 발견했습니다."

그렇다. 또한 그와 마찬가지의 이유로 사람들은 산업 현장에서도 '능력 손실'을 경험한다. 자신의 일을 지겹다고 생각하는 사람은 일을 망칠 수밖에 없다.

그런 예로 필 존슨의 경우를 보자. 필 존슨의 아버지는 세탁소를 운영하고 있었다. 그는 아들 역시 그 일을 하기를 원했기에 아들에게 일을 맡겼다. 하지만 필은 세탁소에서 일하는 것을 싫어했다. 그래서 그는 빈둥거리며 여기저기 돌아다니다가 맡은 일만 하고는 더 이상의 일은 하지 않았다. 며칠씩 결근할 때도 있었다. 아버지는 아들이 게으르고 열정도 없다는 생각이 들어 상심했고 직원들한테도 부끄럽다는 생각이 들었다.

어느 날, 필 존슨은 아버지에게 기계공이 되고 싶다고 말했다. '뭐? 기계공이 되겠다고?' 노인은 충격을 받았다. 하지만 필은 자신의 고집을 꺾지 않았다. 그는 기름때 묻은 작업복을 입고 일하기 시작했다. 세탁소에서 원했던 것보다 훨씬 더 열심히 일했다. 더 오래 일하면서도 더 즐겁게 일할 수 있었다. 그는 엔지니어링에 관심이 있었기에 엔진을 연구하면서 기계에 대한 관심을 놓지 않았다. 그러다 1944년 필립 존슨이 세상을 떠났을 때 그는 보잉 사의 사장이었고 제2차 세계대전을 승리로 이끄는 데 결정적인 공을 세운 공중요새를 제작 중이었다. 만약 그가 세탁소에 남아 있었다면 그와 세탁소는 어떻게 되었을까? 더구나 그의 아버지가 돌아가신 후에는 어떻게 되었을까? 아마 그는 사업을 망친 뒤 빈털터리가 되었을 것이다.

가족 간에 언쟁을 일으킬 수도 있겠지만 나는 젊은이들에게 이렇게 말하고 싶다. 가족이 원한다는 이유로 어떤 직업이나 직종을 선택해야 한다고 생각하지는 말라. 하고 싶은 분야가 아니면 시작도 하지 말라. 하지만 부모님의 조언에 대해 심사숙고하라. 그분들은 여러분보다 두 배는 더 사신 분들이다. 그리고 많은 경험과 오랜 세월을 통해서만 얻을 수 있는 지혜를 가지고 계신다. 하지만 최종적인 판단은 여러분이 내려야만 한다. 선택한 직업을 통해 행복해지거나 불행해지는 것은 결국 여러분 자신이기 때문이다.

이제 이 정도로 언급했으니 직업 선택과 관련된 다음과 같은 제안을 하고자 한다. 일부는 경고일 수도 있다.

1. 전문 직업 상담사를 선택하려면 다음의 다섯 가지 제안을 읽은 뒤 생각해보라. 이 제안을 한 사람은 유명한

직업 상담 전문가인 컬럼비아 대학의 해리 덱스터 킷슨 교수다. 여러분이 충분히 신뢰할 만한 사람이다.

1) 여러분의 '직업 적성'에 대해 알려주는 마법 같은 시스템이 있다고 말하는 사람들을 찾아가지 말라. 그들 중에는 골상학자나 점성술사, 성격 분석가, 필적 감정사 등이 있다. 그들의 시스템은 신뢰도가 떨어진다.

2) 여러분이 어떤 직업을 선택해야 할지 알려주는 검사를 해보겠다고 하는 사람에게는 가지 말라. 그는 직업 상담사로서 상담을 받는 사람의 신체적, 사회적, 경제적인 상황을 고려해야 한다는 규정을 어긴 사람이다. 직업 상담사는 상담할 때마다 내담자가 선택할 수 있는 직업인지에 대해 생각해본 뒤 조언해야 한다.

3) 직업에 관한 적절한 자료를 보유하고 상담 과정에서 그것을 활용할 줄 아는 직업 상담사를 찾아라.

4) 철저한 직업 상담을 위해서는 두 번 이상 상담하는 것이 좋다.

5) 우편으로는 절대 직업 상담을 하지 말라.

2. 사람들이 몰려 들어서 이미 인력이 넘치는 사업이나 직업은 피하라. 미국에는 2만 개가 넘는 직종이 있다. 생각해 보라. 2만 개가 넘는다. 그런데 젊은이들은 과연 이 사실을 알고 있을까?

한 학교의 경우 남학생의 5분의 2와 여학생의 5분의 4가 2만 개의 직종 중에서 겨우 다섯 개의 직종을 선택했다. 소수의 사업과 직종이 이미 포화 상태라는 것은 놀랄 일이 아니다. 또한 전문직에 대한 불안함과 걱정, 그리고 수시로 불안함이 엄습하는 것 역시 놀랄만한 일이 아니다. 특히 법률, 언론, 방송, 영화 등의 인기 직종에 들어가기 위해 너무 애쓰지 말라.

3. 생계를 유지할 가능성이 10분의 1밖에 안 되는 분야는 피하라. 생명 보험을 판매하는 일을 예로 들어보자. 제대로 된 일자리를 구하지 못한 수만 명의 젊은이들이 매년 앞으로의 전망에 대해 생각해보지도 않은 채 보험 판매원의 길로 나서고 있다. 그들의 앞날에는 이런 일들이 기다리고 있다. 이 말은 필라델피아 주에서 부동산 신탁

빌딩을 운영하는 프랭크 L. 베트거가 한 말이다. 그는 20년간 미국에서 가장 성공한 보험 판매원으로 꼽힌 사람이다. 그는 보험 판매를 시작한 사람들 중 90퍼센트는 극심한 마음고생과 좌절감 때문에 1년 안에 일을 그만둔다고 말했다.

나머지 10퍼센트의 사람들이 판매하는 보험 중에서 90퍼센트는 한 사람이 판매하는 것이며 10퍼센트의 보험만을 나머지 사람들이 나눠서 판매한다. 다시 말해, 만약 여러분이 생명 보험을 판매하기 시작했다면 12개월 내에 실패한 뒤 일을 그만둘 가능성은 90퍼센트라는 말이다. 그리고 보험을 판매해 1년에 1만 달러를 벌 수 있는 가능성은 고작 1퍼센트다. 만약 여기서 살아남는다 해도 겨우 생계를 유지할 수준을 넘어 설 가능성 역시 그중 10퍼센트에 불과한 것이다.

4. 어떤 직업을 선택하겠다고 결심했다면 그 전에 몇 주간, 혹은 몇 달간 그 직업에 대해 모든 것을 조사해보라. 어떤 식으로 해야 하는가? 그 분야에서 10년, 20년, 혹

은 40년간 일한 사람들을 만나보는 것이다.

이 만남은 여러분 미래에 아주 큰 영향을 미치게 될 것이다. 내가 직접 경험한 일이기 때문이다. 20대 초반 나는 선배 두 명에게 직업에 대해 조언을 구했다. 이제 와 생각해보면 그 두 번의 만남이 내 경력과 관련된 전환점이 되었다. 솔직히 말해서 그 두 번의 만남이 없었다면 지금 내 모습이 어떨지 상상조차 되지 않는다.

직업과 관련된 안내를 받을 수 있는 이런 만남의 자리를 어떻게 마련할 수 있을까? 여러분이 건축가가 되기 위한 공부를 하겠다고 결심했다고 가정해 보자. 그 결정을 내리기에 앞서 여러분은 여러분이 사는 도시나 그 주변 도시의 건축가를 만나기 위해 몇 주를 할애해야 한다. 직업별로 분류된 전화번호부를 보면 그들의 이름과 주소를 찾아낼 수 있다. 미리 약속하고 방문하면 좋겠지만 약속하지 않더라도 그들의 사무실을 찾아갈 수 있다. 만약 미리 약속하고 싶다면 다음과 같이 편지를 보내라.

귀하께 간청하고 싶은 일이 있어 편지를 드립니다. 귀

하의 조언이 필요합니다. 저는 지금 18세이며 건축가가 되기 위해 공부를 하려고 생각하고 있습니다. 그래서 최종적인 결정을 내리기 전에 귀하의 조언을 듣고 싶습니다. 너무 바빠서 사무실에서 시간을 내기 어려우시다면 댁에서라도 30분 정도 뵐 수 있다면 정말 감사하겠습니다. 제가 여쭙고 실은 질문은 다음과 같습니다.

1) 만약 인생을 다시 살 수 있다면 그때도 건축가가 되시겠습니까?

2) 저를 보시고 난 뒤 제가 건축가로서 성공할 수 있는 자질이 있는지 판단해주십시오.

3) 건축 분야의 인력은 포화 상태입니까?

4) 4년을 공부하고 난 뒤 직장을 구하는 것은 어렵겠습니까? 처음에는 어떤 직장을 구하는 게 좋을 것으로 생각하십니까?

5) 제가 남들과 비슷한 수준의 능력이 있다면 처음 5년간 수입은 어느 정도가 되겠습니까?

6) 건축가의 장단점에는 어떤 게 있습니까?

7) 귀하가 제 아버지라면 제게 건축가가 되라는 조언을 해 주시겠습니까?

만약 여러분이 용기가 없어서 혼자서 유명 인사를 만나러 가기 부담스럽다면 다음의 두 가지 방법을 사용해 도움을 얻어라.

첫째, 또래 친구와 함께 가라. 둘이 함께 간다면 자신감이 더욱 커질 것이다. 만약 또래를 찾지 못하면 부모님과 함께 가라.

둘째, 그에게 조언을 요청함으로써 여러분은 그에게 찬사를 보내고 있다는 사실을 기억하라. 여러분의 요청을 받는 그 사람은 아마도 어깨가 으쓱해질 것이다. 어른들은 젊은 사람들에게 충고하는 것을 좋아한다는 사실을 기억하라. 그 건축가는 만남을 즐거워할 것이다. 만약 편지를 쓰는 것이 부담스럽다면 약속하지 말고 그의 사무실로 찾아가 조언해 주시면 정말 감사하겠다고 말하라. 그럴 리는 없겠지만, 만약 다섯 명이 건축가를 찾아갔는데 그들이 모두 바빠서 여러분과 대화를 나눌 시간이 없다고 한다면 다섯 명을 더 찾아가라. 그중 몇 사람은 여러분을 만나 줄 것이며, 그들이 건네는 조언은 여러분이 수많은 시간 낭비와 상심을 하게 되는 것을 막아줄 것이다.

여러분은 지금 인생에서 가장 중요하고도 큰 영향을 미치는 두 가지의 결정을 내리기 위한 준비를 하고 있다는 것을 기억하라. 실행하기 전 사실 확인을 위한 시간을 가져라. 그렇지 않으면 인생의 절반을 후회하면서 보낼 수도 있다.

가능하다면 30분이라는 시간을 내주고 조언해준 상대에게 보답을 제시하라.

5. 여러분이 단 하나의 적성을 가지고 있다는 그릇된 믿음을 떨쳐버려라. 평범한 사람들 모두 여러 개의 직업군에서 성공할 수 있고 또 평범한 사람들 모두 여러 직업군에서 실패를 맛볼 수도 있다. 내 경우를 예로 들겠다. 만약 내가 다음과 같은 직업들에 대해 공부하며 준비했다면 어느 정도는 성공도 하고 즐기면서 일할 수 있었을 것

이다. 여기서 내가 말하는 직업은 농사, 작목, 과학적 영농, 의학, 판매, 광고, 지방지 발간, 교직, 임업이다. 반면 나는 특정 직업에서는 불행과 실패를 맛보았을지도 모른다. 경리, 회계, 엔지니어링, 호텔 혹은 공장 경영, 건축가, 기계와 관련된 모든 직종과 이외에도 수백 종류의 직업에서 말이다.

PART

9

금전 걱정을
줄이는 방법

우리의 모든 걱정 중
70퍼센트는……

만약 내가 사람들의 금전 걱정을 해결해줄 수 있다면 지금 여기서 이 책을 쓰고 있지는 않을 것이다. 아마 대통령 가까이에 앉아 있을 것이다. 하지만 내가 할 수 있는 분명한 한 가지가 있다. 바로 이 주제와 관련된 권위자들의 말을 인용하고 지극히 현실적인 제안을 하며 추가적인 정보를 얻기 위한 책자를 구하기 위해 어디로 가야 할지 알려주는 것이다.

《레이디스 홈 저널》지에 따르면 모든 걱정의 70퍼센트는 돈에서 비롯된다고 한다. 갤럽 여론조사 창설자 조지 갤럽은 사람 모두가 자신의 수입에서 10퍼센트만 올라도 금전적인 걱정이 없을 거라 믿는다고 설명했다. 이 말이 맞을 때도 많다. 하지만 놀라울 정도로 맞지 않을 때도 많다.

나는 엘시 스테이플턴이라는 예산 관련 전문가와 상담했다. 그녀는 수년간 뉴욕의 워너메이커 백화점과 짐벨스 백화점의 고객에게 재정과 관련된 조언을 해주고 있다. 또한 금전적인 문제로 신음하는 사람들을 돕기 위해 개인 상담사로 몇 년간 일하기도 했다. 그녀가 도움을 준 사람들은 연 수입 1,000달러도 되지 않는 포터부터 10만 달러 이상을 벌어들이는 사장에 이르기까지 매우 다양한 수입의 규모를 가진 사람들이었다. 그녀는 내게 이렇게 말했다.

"대부분의 재정적 고민은 돈을 많이 번다고 해결되지는 않습니다. 수입의 증가는 소비의 증가로 이어지며 결국 고민의 증가로 귀결되는 경우를 많이 봐왔으니까요. 사람들이 고민하는 이유는 돈이 부족해서가 아니라 가진 돈을 어떻게 써야 할지 몰라서입니다."

여러분은 이 마지막 문장에서 코웃음을 치기 전에 스테이플턴의 말이 모든 사람들에게 적용되는 것은 아니라는 사실을 기억하기 바란다. 그녀는 '대부분'이라고 말했다. 그녀는 여러분에 대해 말하고 있는 게 아니다. 여러분의 형제자매, 지인의 지인들에게 말하고 있는 것이다.

많은 독자들은 이렇게 말할지도 모른다. "카네기라는 사람이 내 수입으로 모든 비용과 책임을 감당해봤으면 좋겠네. 분명 어조가 달라질 텐데 말이야."

내게도 재정적인 문제는 있었다. 나는 미주리 주 옥수수 밭과 건초 창고에서 하루 열 시간씩 고된 일을 했다. 당시 내가 가장 바라던 것은 녹초가 되도록 육체적 노동을 하는 고통에서 해방되는 것이었다. 그러한 고된 노동의 대가로 받은 돈은 시간당 1달러도, 50센트도, 10센트도 아니었다. 나는 시간당 5센트를 받으며 하루에 열 시간씩 일했다.

나는 욕실이나 수도가 없는 집에서 20년간 생활한다는 게 어떤 것인지 잘 알고 있다. 영하 20도까지 내려가는 침실에서 잠자는 기분이 어떤지 알고 있다. 5센트의 차비를 아끼기 위해 몇 킬로미터씩 걷는다는 게 어떤 것인지, 바닥에 구멍이 난 신발을 신고 엉덩이가 해진 바지를 입는 기분이 어떤 것인지 알고 있다. 식당에 가서 가장 싼 음식을 시키고 다림질할 돈이 없어 바지를 매트리스 밑에다 깔고 자는 게 어떤 건지 알고 있다.

하지만 그 당시에도 나는 돈을 모으고 있었다. 불안했기 때문이다. 그 경험을 통해 나는 여러분이나 내가 빚과 재정적인 걱정을 막을 방법을 알게 됐다. 우리는 기업의 방식을 따라야 한다. 우리는 돈을 어떻게 써야 할지 계획을 짜고 그 계획에 따라 돈을 써야 한다. 하지만 대다수가 그렇게 하지 않는다. 내 친구의 예를 들어보자. 출판사 이사회 회장 레온 심스킨은 수많은 사람이 이해할 수 없을 만큼 돈에 대해 무지하다고 말했다.

그는 자신이 아는 한 경리 이야기를 들려주었다. 그는 업무와 관련해서는 숫자를 훤히 꿰뚫고 있지만 자신의 재정적인 문제와 관련해서는 많이 부족하다. 그가 만약 금요일 낮에 급여를 받는다고 가정해보자. 그러면 그는 시내로 나가 마음에 드는 외투를 발견하는 즉시 그것을 산다. 자신이 쥐고 있는 급여 봉투에서 조만간 방세와 전기세 같은 고정 비용이 지출돼야 한다는 사실에 대해서는 전혀 신경 쓰지 않는 것이다. 그는 지금 자신이 돈을 가지고 있다는 그 사실만이 중요할 뿐이다. 하지만 그는 자신이 일하고 있는 회사가 자기처럼 기분 내키는 대로 사업을 한다면 파산하게 되리라는 사실을 알고 있다.

우리는 이 사실을 명심해야 한다. 여러분은 가진 돈에 관해서만큼은 사업하는 것이나 마찬가지다. 여러분이 여러분의 돈에 관해서 하는 일은 말 그대로 '여러분이 사업'이다. 그렇다면 돈을 관리하는 원칙에는 어떤 것이 있을까? 우리는 어떻게 예산을 정하고 계획을 세워야 할까? 열한 가지의 규칙을 제시해보겠다.

규칙 1. 사실을 기록하라.

아널드 베넷은 50년 전, 런던에서 소설가로 살기 시작하면서부터 가난에 시달렸다. 그래서 그는 동전 한 푼을 쓸 때도 적어두었다. 그는 자신의 돈의 출처가 궁금했던 것일까? 결코 아니다. 그는 확실히 알고 있었다. 그는 자신의 아이디어가 마음에 들어서 훗날 큰돈을 벌고 세계적 명성을 얻어 개인 요트를 소유하게 되었을 때에도 그런 식으로 계속 기록했다.

존 D. 록펠러 역시 장부에 기록했다. 그는 저녁에 기도하고 잠자리에 들 무렵이면 자신의 재정 상태에 대해 아주 상세하게 파악하고 있었다. 여러분이나 나 역시 노트 한 권을 준비해 기록해야 한다. 앞으로 평생을 그래야 하는가? 꼭 그럴 필요는 없다. 예산과 관련된 전문가들은 최소한 달간, 가능하면 석 달 정도 우리가 지출하는 돈을 정확히 기록하라고 권한다. 그래야만 우리는 우리의 돈의 출처를 정확히 기록할 수 있고 예산을 짤 수 있기 때문이다.

여러분은 돈이 어디로 흘러가는지 아는가? 알 수도 있다. 하지만 만일 그렇다면, 여러분은 1,000명 가운데 한 명에 해당한다. 스테이플턴 씨가 내게 말한 바에 따르면, 많은 남녀가 그녀에게 몇 시간 동안 여러 가지 내용들과 숫자를 말한 뒤 그녀가 그것을 기록한 것을 보고 나면 상당수가 깜짝 놀란다고 한다. "내 돈이 이렇게 사라지고 있었나요?" 그들은 그 결과를 믿기 힘들어 한다. 여러분도 그런가? 그럴지도 모른다.

규칙 2. 처지에 맞는 예산안을 마련하라.

한 마을의 거의 비슷한 집에 사는 두 가족이 서로 자녀 수와 수입이 같다고 해도 두 가족의 예산의 형태는 완전히 다를 수 있다고 스테이플턴 씨는 말한다. 왜 이런 일이 벌어지는 것일까? 그것은 사람들이 다르기 때문이다. 그녀는 사람마다 예산이 다르기 때문에 자신에게 맞는 예산을 짜야 한다고 말한다. 예산이라는 개념은 삶에서 즐거움을 빼앗아버려야 한다는 개념이 아니다. 이 개념은 물질적인 안정을 갖기 위한 것이며 대부분의 경우 물질적으로 안정이 되어야 감정적으로 안정이 되며 걱정이 없어지는 편안함이 생기기 때문이다. 스테이플턴 씨는 내게 이렇게 말했다.

"예산을 계획해서 사는 사람들은 더욱 행복한 인생을 살 수 있습니다."

그렇다면 예산은 어떻게 짜야 하는가? 우선, 앞서 언급했듯 모든 비용을 나열해봐야 한다. 그런 뒤에 조언을 구하는 것이다. 여러분은 미국 농무부에 편지를 보내 이 주제와 관련된 자료를 요청할 수도 있다. 밀워키나 클리블랜드, 미니애폴리스 혹은 그 정도의 규모를 가진 수많은 도시에서 여러분의 재정과 관련된 문제를 상담해줄 것이다. 또 예산을 세우도록 도와줄 전문 상담원을 둔 은행들도 있다.

2만 명 이상의 인구를 둔 수많은 도시의 가족 복지 단체들은 재정과 관련된 여러분의 문제에 대해 무료 상담을 진행하고 여러분의 수입에 맞는 예산을 짤 수 있도록 도움을 줄 것이다. 이 가족 복지 조직들은 직종별 전화번호부에서 사회 조직 항목을 살펴보면 쉽게 찾을 수 있을 것이다. 또한 시장의 사무실이나 적십자 혹은 지역협력기금에 전화를 걸어보면 여러분이 살고 있는 지역의 가족복지 단체들을 찾는 데 도움을 줄 것이다.

나는 스테이플턴 씨에게 "만약 당신이 작은 마을이나 농장에 살고 있는데 예산 수립을 위해 개인적으로 조언을 구하고 싶다면 어떻게 하시겠습니까."하고 물었다. 그녀는 이렇게 답했다. "저 같으면 주변의 도시에 있는 가장 규모가 큰 신문사에 편지를 보내 예산을 짜고 싶은데 어디에 가서 조언을 구할 수 있는지 물어보겠습니다. 만약 필요하다면 하루를 투자해서라도 찾아가 조언을 얻겠습니다."

규칙 3. 현명하게 소비하는 법을 배워라.

이 말의 의미는 여러분이 가진 돈으로 최대의 가치를 얻을 수 있는 법을 배우라는 것이다. 어느 정도 규모가 있는 회사라면 오로지 회사를 위해 최선의 구매를 위해 노력하는 구매 담당자나 구매 대행인이 있을 것이다. 여러분의 자산에 대한 관리인이자 집행인인 여러분 역시 그래야 하지 않을까? 그러기 위해서 필요한 몇 가지 조언이 있다.

1. 워싱턴 문서관리국에 편지를 보내 구매자와 고객을 위한 조언이 적힌 정부 고시와 관련된 목록을 보내달라고 요청하라. 이런 자료들은 대부분 약간의 비용만 지불하면 쉽게 구할 수 있다.

2. 1년에 50센트를 지불하면 농무부에서 발간한 《소비

자 가이드》지를 한 달에 한 번 우편으로 받을 수 있다.

　3. 최대한 효율적으로 돈을 쓰는 방법을 배우기 위해 1
년에 6달러를 투자할 수 있다면 뉴욕 주 마운트버논 워싱
턴 가 256번지의 컨슈머 리포트에서 발간하는 잡지를 구
독하라. 구매 보고서의 브리태니커 백과사전에 해당하는
잡지다. 권당 50센트이며 12월에 발간되는 종합판 구매
가이드는 1.75달러다.

　규칙 4. 수입이 늘어나도 고민은 늘리지 말라.

　스테이플턴 씨가 털어놓은 바에 따르면, 그녀가 예산과
관련해서 가장 상담하기 힘든 대상은 연소득 5,000달러인
가정이다. 그 이유를 물었더니 그녀는 이렇게 말했다.

　"대부분 미국인 가정에서는 연 소득 5,000달러를 목표
로 하는 경우가 많습니다. 수년 동안 합리적이고 이성적
으로 생활하다가 연 소득이 5,000달러에 이르면 이제 '달
성했다'는 생각을 하게 되면서 그때부터 소비가 늘어나
기 시작합니다. '아파트 임차 비용보다 싸다.'라고 하면서

교외에 집을 장만하고 새 차와 새 가구, 수많은 새 옷들을 사들이지요. 그러다 보면 당연히 적자가 됩니다. 사실 그들은 예전보다 덜 행복합니다. 소득의 증가에 비해 턱없이 많은 소비를 하고 있으니까요."

이것은 자연스러운 현상일 뿐이다. 우리는 누구나 인생을 더 풍족하게 살고자 한다. 하지만 멀리 보았을 때 어떤 것이 우리를 더 행복하게 할까? 예산에 딱 맞춰 사는 것일까? 아니면 대출 상환 고지서가 날아오고 추심원들이 현관문을 들락날락하는 것일까?

규칙 5. 대출을 대비해 신용도를 높여라.

만일 여러분에게 위급한 상황이 생겨 불가피하게 대출을 받아야 할 상황이 됐다면, 생명 보험 증권이나 미국 재무성 채권은 주머니 속에 든 현금이나 마찬가지다. 하지만 보험을 담보로 대출받기 위해서는 여러분의 보험 증권이 저축성인지 확인해봐야 한다. 현금으로서 가치가 있기 때문이다. 일종의 '보장성' 보험들은 위험에 대비하기 위한 것일 뿐 나중에 받을 수 있는 것이 아니다. 그러므로 이런 보험은 대출을 받을 때 전혀 상관이 없다. 물어보라. 보험 증서에 서명하기 전에 대출받을 때 쓸 수 있는 해약 환불금이 있는지 물어보라.

만약 여러분이 대출받을 수 있는 보험이 없고 가진 채권도 없지만, 집이나 자동차 혹은 그밖에 다른 담보물을 소유하고 있다고 가정해보자. 어디에 가서 대출을 받을 것인가? 은행이다. 은행은 그 지역의 신뢰도가 필요하기 때문에 여러분에게 공정한 대우를 해줄 것이다. 만약 여러분이 재정적으로 곤란한 상태라면 은행이 여러분의 문제를 상의해주고 계획해주면서 여러분에게 걱정과 채무 상태에서 벗어날 수 있게 도와줄 것이다. 거듭 강조하지만, 담보물이 있다면 은행으로 가라. 아주 드문 경우겠지만, 여러분이 저당 잡힐 것도 보유한 재산도 없어서 봉급 외에는 담보물이 전혀 없다고 가정해보자.

자신의 인생을 소중히 여긴다면 다음 말을 꼭 기억하라. 정식 허가 업체가 아니라면 절대로 '대부 업체'를 찾아가지 말라. 러셀 세이지 재단이 제안한 통일소액대부업법이 통과되지 않은 서부와 남부의 일부 주에서 여전히 무허가 '고리대금업자'들이 활개를 치고 있다. 반면에 이 법률이 통과된 32개 주에 있는 허가된 대부 업체들이면 안심해도 된다. 그곳은 질병이나 긴급한 상황에 처해 급한 돈이 필요한 사람들을 위해 서비스를 제공하고 있다. 은행보다 이자율이 높긴 하나 그곳은 더 큰 위험을 감수하고 있으며 자금을 조달하는 비용 또한 더 크기 때문에 어쩔 수 없다. 하지만 만약 여러분이 대부업에 대한 규제가 없는 주에 살고 있다면 대부 업체를 찾아가기 전에 은행 담당자를 만나 신뢰할 만한 업체를 추천해 달라고 솔직히 말하는 게 좋다.

그렇게 하지 않는다면 여러분은 고리대금업자의 마수에 걸려들게 될 것이다. 특히 다음에 제시하는 주에서는 더욱 그렇다. 소액 대부에 관한 유효 법률이 없는 주: 캔자스 주, 몬태나 주, 노스다코타 주, 사우스다코타 주, 사우스캐롤라이나 주. 소액 대부업에 대한 법률은 있지만, 일부 혹은 전반적으로 효력이 발생하지 않는 주: 앨라배마 주, 아칸소 주, 조지아 주, 미시시피 주, 노스캐롤라이

나 주, 테네시 주, 텍사스 주, 와이오밍 주. 컬럼비아 지역
에서도 고리대금업자들은 활개를 치고 있다. 불법 사채업
자들은 일반적으로 은행보다 4~50배 높은 240퍼센트의
이자를 받는다. 그들은 신중하지 못한 사람들에게 연간 1
억 달러가 넘는 돈을 갈취하고 있다. 그들은 여러분이 빚
을 갚지 못하게 하고 곤란하게 만들 방법이 10여 가지나
있다.

규칙 6. 보험을 들어 질병이나 화재, 위급 상황에 대비
하라.

보험은 비교적 적은 돈으로 모든 종류의 사고와 재난,
그리고 있을 법한 위급 상황에 대비할 수 있는 좋은 수단
이다. 목욕탕에서 미끄러지는 것에서부터 풍진(風疹)에
걸리는 것 같은 모든 상황에 대비해 보험을 들라는 것이
아니다. 단지 여러분에게 돈이 들게 하고 여러분의 걱정
을 유발할 것으로 예상되는 주요 재난에 대비하라고 제안
할 뿐이다. 비용 측면에서는 그렇게 하는 것이 더 저렴하

기 때문이다.

한 여성 이야기를 하겠다. 그녀는 작년에 열흘간 입원했었는데 퇴원 당시 그녀가 낸 돈은 8달러에 불과했다. 병원 보험을 들었기 때문이다.

규칙 7. 사망 보험금을 부인에게 일시금으로 지급하도록 설정하지 말라.

만약 여러분이 사망한 뒤 가족에게 보험금을 남기고 싶다면, 당부하건대 일시금으로 지급되지 않게 하라. 메이언 S. 에벌리 여사의 이야기를 들어보자. 그녀는 뉴욕시 매디슨 애비뉴 488번지에 있는 생명보험협회 여성분과 위원장이다. 그녀는 여성들의 모임이 있는 곳이라면 미국 어디로든 달려가 사망 보험금을 일시금으로 받는 것보다 종신 소득형 상품을 사는 것이 현명한 일이라고 강연한다. 그 사례로 현금으로 보험금을 받았던 어느 여성의 경우를 들었다. 그녀는 2만 달러의 보험금을 받은 뒤, 아들이 자동차 액세서리 사업을 시작할 수 있도록 사업 자금으로 빌려주었다.

　사업은 실패했고 그녀는 수중에 돈 한 푼 없는 신세가
됐다. 다른 여성의 경우 "1년 후에는 땅값이 두 배로 오른
다."라는 부동산 업자의 꾐에 넘어가 보험금을 공터를 구
입하는 데 투자했다. 3년 후 그 땅을 팔 때 그녀는 자신이
사들인 가격의 10분의 1밖에 건지지 못했다. 다른 여성은
1만 5,000달러의 보험금을 받은 지 12개월이 지나기도 전
에 자녀들을 위해 '아동복지기금'에 도움을 요청해야만
했다.

　"부인 손에 들어온 2만 5,000달러의 평균 수명은 7년이
채 되지 않는다." 《뉴욕 포스트》지의 경제부장인 실비아
S. 포터가 《레이디스 홈 저널》지에서 한 말이다. 수년 전,
《새터데이 이브닝 포스트》지 사설에 이런 글이 실린 적이
있었다.

　"사회 경험도 없고 조언을 구할 만한 금융 전문가도 알
지 못하는 미망인이 가족이 남긴 보험금을, 처음으로 접
근하는 교활한 세일즈맨의 감언이설에 너무도 쉽게 넘어
가 쓰레기 같은 주식에 투자한다는 것은 잘 알려진 사실

이다. 변호사나 금융 전문가라면 이런 사례를 수십 개씩 들 수 있을 것이다. 한 사람이 오래 희생하고 절제하며 평생을 아껴 모은 돈을 하루아침에 모조리 날려버리는 경우를 말이다."

여러분이 배우자나 자녀를 보호하고 싶다면 J. P. 모건에게 배우는 것이 어떨까? 그는 열여섯 명의 상속인에게 유산을 남겼다. 그중 여성이 열두 명이었다. 그가 그녀들에게 현금을 남겼을까? 아니다. 그가 그녀들에게 남긴 것은 매월 일정 수입을 보장해주는 신탁 기금이었다.

규칙 8. 자녀들에게 돈과 관련된 책임감을 심어주어라.

나는 언젠가 《유어 라이프》 지에서 읽었던 글을 평생 잊지 못할 것이다. 그것은 스텔라 웨스턴 터틀이라는 사람이 쓴 글이었다. 그녀는 어린 딸에게 돈에 대해 책임감을 느끼도록 지도하는 방법을 상세히 알려 주었다. 그녀는 은행에서 수표책을 하나 받아서 아홉 살 된 딸에게 주었다. 딸은 매주 받은 용돈을 엄마에게 '저금'했다. 엄마가

'은행'인 셈이었다. 그러다 주중에 돈이 필요할 경우 딸에게 '수표'를 발행해주고 잔액을 확인시켜 주었다. 어린 딸은 그렇게 함으로써 재미도 느끼며 자신의 돈을 관리하는 실질적인 책임감을 익히게 됐다.

여러분에게 고등학생 자녀가 있고 그 자녀에게 돈을 관리하는 법을 알려 주고 싶다면 강력히 추천하고 싶은 책이 하나 있다. 누구라도 필수적으로 소장하고 있어야 하는 책이다. 바로 『돈 관리법』이라는 책이다. 워싱턴 16번가 1201번지에 있는 전미교육협회에서 소비자 교육을 위한 시리즈의 하나로 출간했다. 그 책에는 머리를 손질하는 방법부터 콜라에 이르기까지 10대들의 실생활과 관련된 모든 이야기가 담겨 있다. 게다가 대학 졸업 때까지 필요한 예산을 계획하는 방법도 다루고 있다. 만약 내게 고등학생 아들이 있다면 이 책을 읽게 한 뒤 가족 예산을 계획하는 데 도움이 되어달라고 하고 싶다.

규칙 9. 주부들은 부엌에서 용돈을 벌 수 있다.

만약 여러분이 현명하게 돈을 관리하고도 예산을 맞추는 것이 어렵다면 다음 두 가지 방법 중 하나를 택할 수 있다. 하나는 잔소리를 하고 짜증을 내며 걱정하고 불평을 늘어놓는 것이고, 또 하나는 약간의 부수입을 위한 계획을 짜는 것이다. 어떻게 가능한가? 여러분이 돈을 벌고 싶다면 지금 제대로 충족되지 않는 필수적인 요구를 만족시켜 주면 된다.

뉴욕 주 잭슨하이츠 83번가 37~9번지에 사는 넬리 스피어 부인이 바로 이런 일을 했다. 1932년에 그녀는 방이 세 개 딸린 아파트에 홀로 남겨졌다. 남편은 세상을 떠났고 두 아이들은 결혼해 출가했다. 어느 날, 가게 판매대에서 아이스크림을 사던 그녀는 거기서 모양도 형편없고 맛도 없어 보이는 파이를 파는 것을 보았다. 그녀는 가게 주인에게 자신이 집에서 만든 파이를 가져올 테니 사지 않겠느냐고 물었다. 그러자 주인은 두 개를 주문했다. 스피어 부인은 내게 이 이야기를 들려주면서 이렇게 말했다. "제가 요리는 꽤 하는 편이었지만 조지아에 살 때는 항상 하녀들이 있었어요. 그래서 평생 파이를 열 개 이상 구워

본 적이 없었지요. 그래서 파이 두 개를 주문받은 뒤 이웃 집에 사는 부인에게 사과 파이를 굽는 법에 대해 물어보았지요. 그 가게에서 제가 만든 파이를 사 먹은 손님은 아주 마음에 들어 했습니다. 하나는 사과 파이였고 다른 하나는 레몬 파이였어요. 다음 날은 그 가게에서 다섯 개의 파이를 주문받게 되었지요. 그러면서 점차 다른 가게와 식당에서도 주문이 들어오기 시작했습니다. 2년도 안 돼서 저는 한 해에 5,000개의 파이를 구워 냈지요. 그 모든 일을 저희 집 작은 부엌에서 혼자 했습니다. 그래서 저는 1년 만에 1,000달러를 벌게 되었습니다. 파이에 들어가는 재료비 빼고는 어떠한 비용도 들이지 않고 말입니다."

스피어 부인이 만든 파이를 원하는 사람은 많았다. 부인은 집 안 부엌에서 작업하지 못하고 가게를 열어 여직원 두 명을 고용한 뒤 파이와 케이크, 빵과 롤 등을 굽기 시작했다. 전시 상황에서도 사람들은 부인의 수제품을 사기 위해 한 시간씩 줄을 서서 기다렸다.

스피어 부인이 말했다. "제 평생 이렇게 행복한 적은 없었습니다. 저는 가게에서 열 시간에서 열네 시간을 일했지만, 결코 피곤하지 않았습니다. 그건 제게 일이 아니라 흥미진진한 모험이었으니까요. 저는 제가 할 수 있는 선에서 사람들을 더 행복하게 해주었습니다. 저는 너무 바쁜 나머지 외로워하거나 걱정을 할 여유가 전혀 없었습니다. 그 일로 말미암아 어머니와 남편, 그리고 집을 잃은 뒤 느꼈던 허전함을 채울 수 있었습니다."

나는 스피어 부인에게 인구가 1만 명이 넘는 도시에 거주하는 요리 솜씨가 좋은 다른 여성들도 그런 식으로 돈을 벌 수 있냐고 물었다. 그녀가 말했다. "물론 가능하지요!"

오라 스나이더 부인도 아마 같은 말을 할 것이다. 그녀는 3만 명 정도의 인구가 밀집된 일리노이 주 메이우드에 살고 있다. 그녀 역시 비용이 얼마 안 드는 재료들로 부엌에서 사업을 시작했다. 그녀는 남편이 병으로 쓰러지는 바람에 돈을 벌어야만 했다. 하지만 경험도 기술도 자본도 없었다. 그녀는 그저 평범한 가정주부였다. 그녀는 부엌 구석에서 계란 흰자와 설탕으로 캔디를 만들었다. 그러고 나서 학교 근처로 가져가 하교하는 어린이들에게 1

페니씩에 팔았다. 그녀는 아이들에게 이렇게 말했다. "내일은 돈을 더 많이 가지고 오렴. 아줌마가 집에서 캔디를 만들어와서 매일 여기에서 기다리고 있을 테니." 그렇게 그녀는 첫 주에 4.15달러를 벌었고 삶에 대한 새로운 열정이 생기기 시작했다. 그녀는 그녀 자신과 아이들을 행복하게 만들고 있었기에 걱정할 시간이 없었다.

일리노이 주 메이우드에 사는 말수가 적고 왜소한 이 가정주부는 이 일에 적합한 사람을 고용해 가게를 열어 자신이 만든 캔디를 혼잡하고 화려한 대도시인 시카고에서 팔아야겠다고 생각했다. 그녀는 길에서 땅콩을 파는 한 이탈리아인에게 조심스럽게 다가갔다. 그를 찾아오는 손님들은 캔디가 아닌 땅콩을 사러 오는 손님이었다. 하지만 그는 그녀가 건네준 캔디를 맛보고는 마음에 들어 했다. 그는 그녀의 캔디를 팔기 시작했다. 스나이더 여사는 장사를 시작한 첫날에 2.15달러라는 수익을 얻었다. 그로부터 4년 후, 그녀는 시카고에 자신의 첫 가게를 열었다. 너비가 2미터 정도 되는 작은 가게였다. 그녀는 밤에 캔디를 만들어 낮에 판매했다.

부엌에서 캔디를 만들기 시작했던, 소심했던 이 가정주부는 현재 열일곱 개의 공장을 운영하고 있으며 그중 열다섯 개는 시카고에서도 번화가에 속하는 루프에 있다.

뉴욕 주 잭슨하이츠에 사는 넬리 스피어나 일리노이 주 메이우드에 사는 오라 스나이더는 무언가를 하기 위해 적극적으로 행동했다. 그들은 자신의 부엌에서 간접비도, 월세도, 광고비도, 직원의 급여도 필요 없는 아주 작은 사업을 시작했다. 이런 조건이라면 어떤 여성도 재정적인 걱정으로 쓰러지진 않을 것이다.

주변을 보라. 아직 충족되지 못한 요구들을 찾을 수 있을 것이다. 만약 여러분이 열심히 연습해서 훌륭한 요리사가 된다면 여러분의 부엌에서 젊은 여성들을 위한 요리 교실을 열어 돈을 벌 수 있다. 수강생은 집마다 찾아다니며 모집하면 된다.

규칙 10. 절대 도박하지 말라.

경마나 슬롯머신에 돈을 투자해 돈을 벌겠다고 하는

사람들을 볼 때마다 놀라지 않을 수 없다. 나는 '한손잡이 강도'를 늘어놓고 사업하는 사람을 안다. 그는 사람들을 이길 수밖에 없게 만들어진 기계를 이겨 보겠다는 어리석은 생각을 하는 멍청이들을 경멸하고 있을 뿐이다.

나는 미국에서 가장 유명한 출판사 사장도 안다. 그는 성인을 대상으로 하는 내 강좌의 수강생이었다. 그는 자신이 경마에 대해 해박하지만 경마로 돈을 벌기는 불가능하다고 내게 말했다. 하지만 현실은 어리석은 사람들이 한 해에 60억 달러나 되는 돈을 경마에 쓰고 있다.

이것은 1910년 미국의 국가 채무 총액의 여섯 배에 해당하는 금액이다. 그 사장은 만약 정말 꼴 보기 싫은 원수가 있어 그의 인생을 마치고 싶다면 경마를 하도록 부추기는 것이 제일 나은 방법이라고 말했다. 그에게 경마 정보지에서 시키는 대로 경마를 하는 사람들은 어떻게 되느냐고 묻자 그가 말했다. "그런 식으로 경마를 하면 돈을 몽땅 털리게 되겠지요."

만약 도박을 하고 싶다면 최소한 현명하게 해야 한다. 우리가 이기고 지는 확률이 얼마나 되는지 확인해봐야 한다. 어떻게 하면 되는가?『확률 계산하기』라는 책을 보면 된다. 브리지와 포커 게임이 권위자이며 훌륭한 수학자, 확률 계산 전문가이자 보험 계리인인 오스왈드 자코비의 저서다. 그는 여러분이 경마, 룰렛, 크랩스, 슬롯머신, 드로포커, 스터드 포커, 콘트랙트 브리지, 옥션 피노클 등을 할 때 이길 수 있는 확률을 무려 215페이지에 걸쳐 계산해놓았다. 이 책의 저자는 다른 의도가 있는 것은 아니다. 다만 일반적인 도박에서 여러분이 이길 확률을 제시하고 있을 뿐이다. 만약 여러분이 그 확률을 본다면, 경마나 카드 게임, 주사위 놀이나 슬롯머신 등에 자신이 피땀 흘려 번 돈을 갖다 마치는 불쌍한 노름꾼들을 동정하지 않을 수 없을 것이다.

규칙 11. 재정 상태를 개선하지 못한다 하더라도 자신을 용서하고, 바꿀 수 없는 상황에 관해 불평하지 말라.

우리는 재정 상태를 개선하지는 못해도 정신 상태를 개선할 수 있다. 누구에게나 재정적인 고민은 있다는 것을 기억하자. 우리는 존스네 집만큼 잘 살지 못하기 때문에 고민할 수도 있다. 하지만 존스네 역시 리즈네만큼 잘 살지 못해 고민하고 있을 것이다. 리즈네 역시 반더빌트네만큼 잘 살지 못해 고민하고 있을 것이다.

미국 역사상 가장 유명한 사람 중에서도 재정적 문제가 있는 사람들이 있었다. 링컨과 워싱턴이다. 두 사람 다 대통령 취임식에 참가하기 위한 여비를 위해 돈을 빌려야만 했다.

우리가 모든 것을 가지지 못한다 해도 인생을 걱정과 분노로 망치지는 말자. 우리 자신을 용서하자. 철학적으로 살자. 에픽테토스는 철학을 이렇게 정의했다. "자신의 행복을 외적인 것에 의존하지 않는 것, 이것이야말로 철학의 핵심이다." 세네카는 이렇게 말했다. "무언가에 대해 결핍을 느끼고 있다면 온 세상을 다 가져도 비참해질 뿐이다."

우리가 온 세상을 다 가지고 빽빽한 울타리로 에워싼다고 해도 하루에 세 끼밖에 먹을 수 없고 하나의 침대밖에 쓸 수 없다는 사실을 기억하자. 막노동자도 그 정도는

한다. 그 사람이야말로 록펠러보다 맛있게 먹고 더 평온
하게 잠들 수 있을 것이다.

금전 걱정을 덜기 위한 열한 가지 방법

1. 사실을 기록하라.

2. 자산의 상황에 맞는 예산안을 마련하라.

3. 현명하게 소비하는 방법을 배워라.

4. 수입이 늘어나도 고민은 늘리지 말라.

5. 대출을 대비해 신용도를 높여라.

6. 보험을 들어 질병이나 화재, 위급 상황에 대비하라.

7. 부인에게 사망 보험금을 일시금으로 지급되도록 설정하지 말라.

8. 자녀들에게 돈과 관련된 책임감을 심어 주어라.

9. 주부들은 부엌에서 용돈을 벌 수 있다.

10. 절대로 도박을 하지 말라.

11. 재정 상태를 개선하지 못한다 해도 자신을 용서하고, 바꿀 수 없는 상황에 대해 불평하지 말라.

작가에 대하여

데일 카네기(Dale Carnegie)는 1888년 11월 24일 미국 미주리 주 매리빌에 있는 가난한 농장주의 둘째 아들로 태어났다. 그의 나이 16세에 그의 가족은 워렌스버그로 이주하였고, 카네기는 이곳에서 고등학교와 센트럴 미주리 사범대학을 졸업했다. 이후 아머 컴퍼니(Armour & Company)에서 비누, 베이컨, 라드 등을 팔며 세일즈맨으로 일하였고, 500달러를 모은 뒤에 뉴욕에 있는 아메리칸 아카데미 오브 드라마틱 아트 스쿨의 연기과정을 수강하며 배우가 되는 꿈을 키우기도 했다. 하지만 배우로서 성공하지는 못했다.

1912년, 카네기는 실업자인 상태로 뉴욕의 125번가에 위치한 YMCA에 살게 되었다. 그러던 중 이곳에서 아이디어를 얻어 성인을 대상으로 한 YMCA 대중 연설 강의를 시작했다. 강의에 대한 반응이 뜨거웠으며 데일 카네기라는 이름을 세상에 알리게 되었다. 그리하여 1914년에는 매주 500달러를 받는 유명 강사가 되었다.

그가 강의했던 당시에는 인간관계에 관해 참고할 만한 제대로 된 교재가 없었다. 그래서 카네기는 자신이 직접 교재를 만들겠다고 결심했다. 그가 만든 책은 『인간관계론(How To Win Friends & Influence People)』, 『자기관리론(How to Stop Worrying & Start Living)』, 『성공대화론(Public Speaking & Influencing Men In Business)』으로 카네기의 '불후의 3부작'으로 꼽히고 있다.

카네기의 강의는 사례를 중심으로 진행하는 것이 특징이었으며 책 또한 그러했다. 당시의 선풍적인 인기에 더불어 카네기는 카네기 연구소를 설립하고 인간경영과 자기계발 강좌를 개설했다.

카네기의 저서들은 80년이 지난 지금도 꾸준한 사랑을 받고 있다. 그가 쓴 다른 책으로는 『데일 카네기 1% 성공 습관』, 『데일 카네기 나의 멘토 링컨』, 『화술 1, 2, 3의 법칙』 등이 있다.

작가 연보

1888년 11월 24일 미국 미주리 주 매리빌의 가난한 농장
주인 제임스 윌리엄 카네기와 아만다 엘리자베스
하비슨의 둘째 아들로 태어남.

1904년 워렌스버그로 이주. 고등학교를 다니며 다양한 하
계 문화 교육(Chautauqua) 프로그램에서 하는 스피
치 수업에 관심을 보임.

1906년 고등학교 졸업 후 센트럴 미주리 사범대학에 입학.

1908년 대학을 졸업함. 아무르 앤드 컴퍼니에서 판매원으
로 일함.

1911년 뉴욕에 있는 미국극예술아카데미에서 공부했지만
배우로서 성공하지 못함.

1912년   실업자인 상태로 뉴욕 YMCA에 기거하며 스피치 수업에 대한 아이디어를 얻고, 강의를 시작함.

1914년   주급 500달러(현재 가치 1500만원)를 받는 강사가 됨.

1920년   『YMCA의 대화강좌(Public Speaking: the Standard Course of the United Y. M. C. A. Schools)』 출간.

1926년   『성공대화론(Public Speaking: a Practical Course for Business Men)』 출간.

1932년   『데일 카네기의 멘토 링컨(Lincoln the Unknown)』 출간.

1936년   『인간관계론(How to Win Friends & Influence People)』 출간.

1937년   『성공대화론(Public Speaking & Influencing Men in Business)』 보충하여 재출간.

1948년   『자기관리론(How to Stop Worrying and Start Living)』 출간.

1955년   11월 1일 뉴욕 포레스트 힐에 위치한 자신의 집에서 사망.